高校体育教学理论与创新发展研究

蔡增亮◎著

线装书局

图书在版编目（CIP）数据

高校体育教学理论与创新发展研究 / 蔡增亮著. --北京：线装书局, 2023.7
ISBN 978-7-5120-5536-0

Ⅰ．①高… Ⅱ．①蔡… Ⅲ．①体育教学－教学研究－高等学校 Ⅳ．①G807.4

中国国家版本馆CIP数据核字(2023)第126306号

高校体育教学理论与创新发展研究
GAOXIAO TIYU JIAOXUE LILUN YU CHUANGXIN FAZHAN YANJIU

作　　者：	蔡增亮
责任编辑：	白　晨
出版发行：	线装书局
地　　址：	北京市丰台区方庄日月天地大厦B座17层（100078）
电　　话：	010-58077126（发行部）010-58076938（总编室）
网　　址：	www.zgxzsj.com
经　　销：	新华书店
印　　制：	三河市腾飞印务有限公司
开　　本：	787mm×1092mm　　1/16
印　　张：	12
字　　数：	280千字
印　　次：	2024年7月第1版第1次印刷
定　　价：	68.00元

前　言

　　人才竞争不仅仅是知识与技能的竞争，同时也是体能和体质的竞争，在培育当代大学生良好的道德品质和综合素养的同时，应注重发挥大学体育教学的积极作用，促使当代大学生具备强健的体魄，使其适应新时代背景下的人才发展要求。大学体育课程作为高校课程体系的必不可少的组成部分，在高校开展育人工作以及督导大学生在促进自我全面发展方面同样担负着不可推卸的职责。

　　然而，大学生的身体素质状况并不是特别理想，在很多的体能测试中成绩普遍落后，一般只有专业的体育特长运动生才对体育锻炼较为重视。这一问题的出现与多方面的因素有关。首先，从大学生自身来说，进入大学后，每个人都专注于专业知识的学习，且在日常管理方面，大多数都是依靠学生自觉，没有教师强制要求进行体育方面的锻炼，因此很多大学生都比较忽视体育学习。在课余休闲的时间里，很多的大学生都把时间花费在网络游戏，社团联谊等活动中，不愿意主动进行体育锻炼。另外，从学校方面来讲，虽然教育改革在不断的推进，对大学生的身体素质培养也有明确的要求，但是大多数情况下，大学生在专业方面的表现重视度远大于体能方面。从学校的课程计划安排中就可以看出，大学阶段的体育课程基本上就安排1~2个学年，课时在每周2~3节，这些远不能完全满足大学生的体育锻炼要求。再者，从家庭方面来讲，大多数的家长对学生的专业学习比较重视，希望毕业后踏入社会能够有一份较好的工作，在体育学习方面就权当个人爱好。多方面的原因都促使大学生对体育运动学习较为忽视，在体育锻炼方面缺乏主动性，因而身体素质还有待提高，这就需要大学体育教学进行有效的改革。

　　本书的章节布局，共分为九章。第一章是高校体育教育概述，介绍了高等学校体育概述、体育锻炼与体能以及体育健身与大学生身体发展；第二章对高校体育教育基本理论做了相对详尽的介绍，介绍了体育教学的主要特征、原则以及高校体育教育的地位与作用；第三章是高校体育教育理念的创新，本章主要就当前我国高校体育教育的三大理念进行详细阐述，并结合我国国情和国外体育教育理念对我国的启示进行深入分析，以此为当前我国高校体育教育理念的改革与创新提供理论指导；第四章是高校体育教学内容的创新，介绍了体育教学内容概述、目标与要求以及编排与选择等；第五章是高校体育教学方法的创新，介绍了多媒体、微课、慕课以及翻转课堂的应用；第六章是高校体育教学模式的创新，介绍了高校体育教学模式概述、应用以及发展；第七章是体育教学改革的实践创新路径，主要介绍了体育教学评价的改革策略、创新路径、策略分析以及创新实践路径；第八章是课程思政与高校体育教学融合的现状与意义，要推动大学体育课程思政的顺利开展，首先要明确大学体育课程思政的相关概述，掌握大学体育课程思政设计的理论基础，认识到大学体育课程思政开展的必要性和可行性；第九章是课程思政与高校体育教学融合的途径，本章将在阐述大学体育课程思政设计的基本原则的理论基础上，对大学体育课程思政的目标、内容等进行深入探究。

  本书在撰写过程中，参考、借鉴了大量著作与部分学者的理论研究成果，在此一一表示感谢。由于作者精力有限，加之行文仓促，书中难免存在疏漏与不足之处，望各位专家学者与广大读者批评指正，以使本书更加完善。

编委会

刘智华　张建晟　骞　虎

马天龙

目 录

第一章 高校体育教育概述 …………………………………………………… (1)
    第一节 高等学校体育概述 …………………………………………… (1)
    第二节 体育锻炼与体能 ……………………………………………… (6)
    第三节 体育健身与大学生身体发展 ………………………………… (8)

第二章 高校体育教育基本理论 ……………………………………………… (21)
    第一节 体育教学的主要特征 ………………………………………… (21)
    第二节 体育教学的主要原则 ………………………………………… (24)
    第三节 高校体育教育的地位与作用 ………………………………… (28)

第三章 高校体育教育理念的创新 …………………………………………… (31)
    第一节 我国高校体育教育的理念 …………………………………… (31)
    第二节 我国高校体育教育理念的改革与创新 ……………………… (41)

第四章 高校体育教学内容的创新 …………………………………………… (47)
    第一节 体育教学内容概述 …………………………………………… (47)
    第二节 体育教学内容的目标与要求 ………………………………… (49)
    第三节 体育教学内容的编排与选择 ………………………………… (53)
    第四节 体育教材化与高校体育教学内容的变革 …………………… (59)

第五章 高校体育教学方法的创新 …………………………………………… (64)
    第一节 多媒体技术在高校体育教学中的应用 ……………………… (64)
    第二节 微课在高校体育教学中的应用 ……………………………… (72)
    第三节 慕课在高校体育教学中的应用 ……………………………… (76)
    第四节 翻转课堂在高校体育教学中的应用 ………………………… (82)

第六章 高校体育教学模式的创新 …………………………………………… (89)
    第一节 高校体育教学模式概述 ……………………………………… (89)
    第二节 常见的高校体育教学模式及应用 …………………………… (96)
    第三节 高校体育教学模式的发展 …………………………………… (110)
    第四节 运动教育模式引入高校体育教育的探索 …………………… (116)

第七章 体育教学改革的实践创新路径 （131）
第一节 体育教学评价的改革策略 （131）
第二节 体育教学改革的创新路径 （137）
第三节 体育教学改革的策略分析 （142）
第四节 体育教学的创新实践路径 （146）

第八章 课程思政与高校体育教学融合的现状与意义 （153）
第一节 高校体育课程思政概述 （153）
第二节 高校体育课程思政设计的理论基础 （159）
第三节 高校体育课程思政的必要性与可行性 （163）

第九章 课程思政与高校体育教学融合的途径 （167）
第一节 高校体育课程思政设计的基本原则 （167）
第二节 高校体育课程思政目标设计 （170）
第三节 高校体育课程思政内容设计 （175）
第四节 高校体育课程思政实施设计 （180）
第五节 高校体育课程思政效果评价设计 （184）

参考文献 （188）

第一章 高校体育教育概述

第一节 高等学校体育概述

一、体育的概念与组成

（一）体育的概念

体育的本质属性是什么？概括地说，体育使人们有意识地用自身的身体运动，来增进健康、增强体质，促进人的身心发展的活动。以这一本质属性为内涵，体育的概念是：体育（广义）是指以身体练习为基本手段，为增强体质、提高运动技术水平、进行思想品德教育、丰富社会文化生活而进行的一种有意识的身体运动和社会活动，属于社会文化教育的范畴，受一定社会的政治经济的影响和制约，也一定为社会的政治经济服务。

（二）体育的组成

中华人民共和国成立以来，我国社会主义各项事业迅速发展，这不仅促进了学校体育的发展，而且也极大地推动了群众体育和竞技运动的迅速发展，并逐步形成了独立的体系，使社会主义体育事业在社会生活中越来越显示它的重要地位和作用。"体育"一词已不仅局限于教育范畴的狭义体育了，而是包括竞技运动和体育锻炼在内的一个总的概念体系。所以，广义体育是由狭义体育、竞技运动、体育锻炼三个基本方面组成的。狭义体育是与德育、智育、美育等相配合，增强体质，传授锻炼身体的知识、技术和技能，培养道德意志品质的一个教育过程。

二、体育的功能

体育的功能是指体育活动对社会进步和人类发展所产生的特殊作用和影响。随着社会生产力的快速发展，人们的生产劳动和日常生活方式也发生了根本性的转变，体力劳动减轻，对脑力劳动的要求相对提高。近年来人们的生活水平虽不断改善，但工作压力却越来越大，更多的人需要通过体育锻炼来强身健体、释放压力、娱乐身心。社会的强烈要求，极大地刺激了体育快速地向社会化深入发展，成为人类社会文化教育不可缺少的重要组成部分。体育在促进人体生长生育、挖掘和增强人的各种功能、培养人的道德品质、加强人与人的联系、繁荣和加快经济发展等方面起到重要作用。

（一）智育功能

学校体育通过各种各样的体育活动，可以促进学生的智力发展。体育锻炼能够促进学生神经系统的发育，这为智力开发奠定了生物基础。学校体育本身是一项创造性的活动，蕴含着丰富的开发智力、培养创造力的内容，对全面培养观察能力、广泛训练记忆能力、启迪诱导想象力和提高思维能力具有重要的作用。此外，有研究表明，运动有助于开发大脑右半球的功能，对发展儿童的直觉、空间转换、形体感知等形象思维及创造力具有重要的作用。学生进行系统的锻炼，加上合理的营养，可以使大脑获得更多的养分，从而进一步提高大脑的认识思维能力和脑细胞的反应速度，使其反应敏捷，扩散思维能力增强、对事物的观察判断更加准确。学校保证学生每天一小时的体育活动时间，对学生的智力发展有着积极的作用。

（二）德育功能

学校体育是德育的重要内容和手段，对学生的个体社会化过程和人格完善过程起着重要作用。学校体育可以培养学生的道德认识和信念，使学生的道德信念通过体育活动得到强化，并化为学生具体的道德行为。学校体育能有效地培养学生的个性和意志品质，如勇敢、顽强、对挫折和困难的承受力等，学校体育还可以培养学生的集体主义和爱国主义精神，以及责任感和荣誉感。这不仅是学校德育的重要内容，也是现代人所必备的重要素质。

（三）美育功能

学校体育是学校美育的重要与特殊的途径，这是因为运动的过程始终伴随着美。学校体育在塑造学生身体美的同时，伴随着行为美、运动美和心灵美，四者在运动实践中得到完美的结合。体育锻炼的这种塑造健美身体的作用是非常直接的。通过体育锻炼，能使学生身体匀称、姿态优雅、动作矫健，这既是健康的标志,也是人体美的表现运动中的形体美、动作美、协调美、节奏美以及服饰美等都将给学生以强烈的美感体验,使其得到美的享受和情感的陶冶与升华。学校体育培养学生鉴赏美、表现美和创造美的作用是独特的、具体的,有着极强的实践性,这是一般学科所无法比拟的。不用说冰上芭蕾、花样游泳、体操等在优美的旋律伴奏下进行的各项运动,就是随便一个体育动作无不是在对学生进行美的教育。

(四) 健心功能

培养学生的健康心理,是各级各类学校教育,尤其是体育教育中一个非常值得注意的问题。紧张的工作生活和学习中的竞争,对人的心理有巨大的压力和影响,一部分青少年的心理存在问题。体育教育可以培养学生乐观进取、积极向上的精神,可以使学生勇敢、坚定、果断,提高自控能力,可以协调人际关系,提高交往和协作能力。体育竞赛活动能使学生在平等条件下的竞争中,充分发挥各自的能力,不断进取。竞赛的结果,则是对学生正确对待成败观的教育,使学生能正确地对待失败与挫折,正确地认识自己,增强自信心,成为生活的强者。

(五) 健身功能

体育锻炼是增进健康、推迟衰老、延年益寿的有效方法。通过锻炼可使血液循环加快、增强心脏的功能;可以改善大脑的供血状况,消除脑力劳动后的疲劳,使头脑清醒,思维敏捷;可使呼吸肌增强,肺活量增大,肺功能提高;能使肌肉粗壮结实、丰满有力;能使骨骼坚韧,骨密度增厚,骨的抗弯、抗折能力增强;还可以提高人体的基本活动能力、对环境的适应能力和抵抗疾病的能力。如果长期坚持体育锻炼,人类的体质就会得到增强,健康水平就会不断提高。

三、高校体育的地位、目的和任务

(一) 体育在高校中的地位和目的

体育是学校教育的重要组成部分,是培养德、智、体、美全面发展的社会主义建设人才的一个重要方面。因此,必须重视体育,并通过体育教育学生不仅要锻炼身体,而且还要了解德智皆寄予体育,健康的体魄是学习、工作的物质基础。根据体育本身的特点与作用和我国社会主义制度的要求,高校体育的目的是:增强学生体质,提高运动技术水平,为建设社会主义服务。体育的这一目的突出体现了体育的主要作用是增强体质,也反映了我国社会主义建设对体育的要求。

(二) 高校体育的任务

1.增进学生身体健康,增强学生体质,提高学生抵抗疾病与适应环境变化的

能力，促进学生的身体全面发展

我国大学生年龄约在17至22岁，处于身体发育的后期。根据调查资料，我国城市男女青年身高均值最高年龄为22岁，这说明在大学阶段的学生身高仍在逐年增长。坚持体育锻炼，就能促进身体各器官、系统的正常生长发育。大学生的身体素质中，最基本的是力量和耐力。力量素质是发展其他素质的基础因素，一个人具有丰满结实的肌肉，就能保持正确的姿势和健美的体型，就能经受持久的体力劳动。所以，力量素质是人们劳动、生活和体型健美的基础。人们在日常生活和工作中，对肌肉的工作力量和耐力的要求是基本的，在体育锻炼中所发展的力量和耐力素质，可以直接转移到日常生活和学习工作之中。因此，在全面增强身体素质的同时，应着重发展力量素质和耐力素质。为了解决身体适应外界环境变化和提高免疫能力，以及对各种病毒、病菌的抵抗能力的问题，应注重利用日光、空气、水等自然因素来锻炼身体。

2.激发学生参加体育锻炼的兴趣，使学生掌握体育卫生的基本知识和科学锻炼身体的方法，提高学生的体育文化素养与能力，培养学生良好的锻炼习惯与卫生习惯，为学生的终身体育锻炼奠定良好的基础

现代体育综合了生理、解剖、生物化学、医学、力学、哲学、心理、教育等自然科学和社会科学的知识，内容极其丰富。只有深刻认识了锻炼身体的意义和作用，才能激发锻炼身体的热情和锻炼的自觉性。人体的结构是一个复杂的整体，在大学阶段，要加深学习人体生理、解剖等方面的知识，掌握运动生理知识、运动技术和技能与锻炼身体的科学方法，并且把锻炼的自觉性和科学的锻炼方法结合起来，才能收到积极的锻炼效果。掌握了运动技术，才能形成爱好，进而养成习惯，终身受益。

3.提高部分学生的体育运动技术水平，为国家培养优秀的体育运动后备人才

现代大学生的国际交往活动频繁，努力提高运动技术水平以适应我国大学生参加各种国际体育竞赛的需要，是高校体育的一项战略任务。世界青年体育运动交往和比赛，不仅是身体素质和运动技术水平高低的比赛，在某种意义上也是各国的经济、科技、文化教育发展水平和民族精神面貌的比赛。组织运动队训练，提高运动技术水平，对发展我国体育运动，实现我国体育的宏伟目标有深远的意义。在高校广大青年学生中，有许多具备运动才能的体育人才，高校又具备较好的训练条件，完全有可能把我国大学生的运动成绩提高到国际先进水平，在国际体育竞赛中获得优异成绩。所以，高校应为振兴中华，为祖国争取荣誉做出更大的贡献

4.陶冶学生的情操，锻炼学生的意志

培养学生的爱国主义和集体主义精神，增强学生的组织纪律性，提高学生的

思想品质。体育对实现党的教育目标有着重要意义,由于体育的特点,它在完成教育的使命中可发挥特殊的作用。

四、高等学校体育工作基本标准

为落实立德树人根本任务,加强高等学校体育工作,切实提高高校学生体质健康水平,促进学生全面发展,根据国家有关规定,教育部制定了高校体育工作基本标准。此标准适用于普通本科学校和高等职业学校的体育工作。

(一)体育工作规划与发展

全面贯彻党的教育方针,服务立德树人根本任务,将学校体育纳入学校全面实施素质教育的各项工作,认真执行国家教育发展规划、规章制度及各项要求。创新人才培养模式,使学生掌握科学锻炼的基础知识、基本技能和有效方法,学会至少两项终身受益的体育锻炼项目,养成良好锻炼习惯。

统筹规划学校体育发展,把增强学生体质和促进学生健康作为学校教育的基本目标之一和重要工作内容,纳入学校总体发展规划,全面发挥体育在学校人才培养、科学研究、社会服务和文化传承中不可替代的作用。

设置体育工作机构,配置专职干部、教师和工作人员,并赋予其统筹开展学校体育工作的各项管理职能。实行学校领导分管负责制(或体育工作委员会制),每年至少召开一次体育工作专题会议,有针对性地解决实际问题。学校各有关部门积极协同配合,合理分工,明确人员,落实责任。

加强学校体育工作管理,在学校体育改革发展、教育美学、教研科研、竞赛活动、社会服务等各项工作领域制定规范文件,健全管理制度,加强过程检测。建立科学规范的学校体育工作评价机制,并纳入综合办学水平和教育教学质量评价体系。

(二)课外体育活动与竞赛

将课外体育活动纳入学校教学计划,健全制度,完善机制,加强保障。面向全体学生设置多样化、可选择、有实效的锻炼项目,组织学生每周至少参加三次课外体育锻炼,切实保证学生每天一小时体育活动时间。

学校每年组织春、秋季综合性学生运动会(或体育文化节),设置学生喜闻乐见、易于参与的竞技性、健身性和民族性体育项目,参与运动会的学生达50%以上。经常组织校内体育比赛,支持院系、专业或班级学生开展体育竞赛和交流等活动。

注重培养学生体育特长,有效发挥体育特长生和学生体育骨干的示范作用,组建学生体育运动队,科学开展课余训练,组织学生参加教育和体育部门举办的体育竞赛。

加强校园体育文化建设，促进中华优秀体育文化传承创新。学校成立不少于20个学生体育社团，采取鼓励和支持措施定期开展活动，形成良好的校园体育传统和特色。开展对外体育交流与合作。通过校报、公告栏和校园网等形式，定期通报学生体育活动情况，传播健康理念。

因地制宜开展社会服务。支持体育教师适度参与国内外重大体育比赛的组织、裁判等社会实践工作。鼓励体育教师指导高校体育教学、训练和参与社区健身辅导等公益活动。支持学校师生为政府及社会举办的体育活动提供志愿服务。

（三）基础能力建设与保障

健全学校体育保障机制，学校体育工作经费纳入学校经费预算，并与学校教育事业经费同步增长。加强学校体育活动的安全教育、伤害预防和风险管理，建立健全校园体育活动意外伤害保险制度，妥善处置伤害事件。

根据体育课教学、课外体育活动、课余训练竞赛和实施《国家学生体质健康标准》等工作需要，合理配备体育教师，体育教师的年龄、专业、学历和职称结构合理，健全体育教师职称评定、学术评价、岗位聘任和学习进修等制度。

将体育教学、课外体育活动、课余训练竞赛和实施《国家学生体质健康标准》等工作纳入教师工作量，保证体育教师与其他学科（专业）教师工作量的计算标准一致，实行同工同酬。

体育场馆、设施和器材等符合国家配备、安全和质量标准，完善配备、管理、使用等规章制度，基本满足学生参加体育锻炼的需求。定时维护体育场馆、设施，及时更新、添置易耗、易损体育器材。体育场馆、设施在课余和节假日向学生免费或优惠开放。

第二节 体育锻炼与体能

一、体育锻炼应遵循的原则

体育锻炼是增进健康、增强体质最积极、有效的方法。体育锻炼不仅能使人更加健康，还能减少精神上和情绪上的压力，提高睡眠质量，并能促进青少年形成正确的姿态，塑造体型，矫正身体的畸形发展，达到健美的作用。体育锻炼是人们达到"健身、健心、健美"效果的最佳途径。体能是指人类进行各种体育活动而必须具有相应的走、跑、趴、攀、蹬等基本能力及极限能力。身体素质是体能的重要组成部分，体育锻炼的主要目的是改善与提高人的身体素质。

（一）正确选择锻炼方法

体育锻炼方法多种多样，目的不同，采用的方法、手段也不尽相同。有氧锻炼主要改善心血管系统、呼吸系统的功能。力量练习主要提高肌肉的工作能力。为了将动作做得更美，我们必须加强对灵敏性、协调性动作的锻炼等。

（二）全面发展原则

体育锻炼追求的是使人体的形态、机能、各种身体素质以及心理品质等诸方面得到全面和谐的发展。人体是一个完整的有机体，各器官系统既相互影响又相互制约。局部机能的提高能促进机体其他部位机能相应得到改善。只有丰富体育锻炼的内容和方法，机体才能获得良好的整体效应。每个人应以一些功效大且有兴趣的运动项目锻炼为主辅之其他项目进行全面锻炼，这样才能达到真正全面锻炼的目的。

二、发展速度素质

（一）发展速度素质的生理基础

决定反应速度的生理学基础主要表现为：感受器的敏感程度，即兴奋阈值的高低；中枢延搁；效应器的兴奋性。其中，中枢延搁又是最重要的。反射活动越复杂，历经的越多，反应也就越慢。反应速度还与中枢神经系统的灵活性与兴奋状态有密切的关系。此外，反应速度还决定于条件反射的巩固程度。随着动作技能的日益熟练反应速度变快。动作速度的生理学基础主要表现为：肌纤维的百分比组成及其面积；肌力；肌纤维兴奋性高时，刺激强度低且作用时间短就能引起兴奋；条件反射的逐渐巩固。位移速度的生理学基础主要表现为：大脑皮层运动中枢兴奋与抑制的转换速度；肌肉中快肌纤维的百分数及其肥大程度；提高各中枢间的协调性，能增快有关动作的速度，也能加大肌肉收缩的力量。

（二）速度素质的测试方法

速度素质有30-60米跑及4-7秒钟冲刺跑两种方法测定。30米跑测量方法：受试者以站立式姿势起跑，听到起跑信号后即快速跑向终点。不得抢跑，犯规者重测。测验至少由两名测试者实施，一人组织发令，另一人计时和记录，测两次，取最佳成绩。4秒冲刺跑测量方法：受试者可以用任何起跑方式，听到起跑口令后，迅速沿跑道快跑，当听到停跑哨声时，停止跑动。测验至少由两名测试者实施，一人发令兼计时，另一人则在跑道前方预等，并随受试者的远近而动，听到停跑哨音后，即记下受试者所跑的距离，测两次，以所跑的距离为成绩，取最佳成绩。除上述介绍的测验外，还可用30米途中跑、50米途中跑和6秒钟冲刺跑来测验。

三、发展耐力素质

（一）提高耐力素质的要求与方法

耐力是指人体长时间内进行肌肉活动的能力。提高持续跑能力是发展人体耐力素质的关键。从运动生理学的角度来划分，耐力又包括一般耐力、肌肉力量耐力、速度耐力和静力耐力四类。其中，一般耐力是指人体进行一般工作的抗疲劳能力，如1500米跑；速度耐力是指人体在不太长时间内肌肉的快速运动能力，如400米跑等；力量耐力是指肌肉长时间进行收缩活动的能力，如俯卧撑等；静力性耐力是指肌肉在长时间内进行静力性收缩的能力，如蹲马步等。根据耐力素质的特点，我们通常采用定量计时、定时计量和极限式三种形式来进行耐力素质的锻炼。定量计时是指受试者完成特定动作的时间作为区分优劣的测验。定时计量是指以受试者在单位时间内完成规定动作的次数来区分优劣的测验。极限式是指以受试者竭力完成规定动作或距离的测验。

（二）发展耐力素质的生理基础

（1）从呼吸系统来说，利用深呼吸等方法能导致肺通气量增大，提高氧耐力水平。

（2）影响有氧耐力的主要因素之一是血红蛋白的数量多少。

（3）每搏输出量的大小是衡量心脏功能的好坏又一因素，也反映了有氧耐力水平。

（4）肌组织进行的有氧代谢影响肌组织利用氧的能力。

第三节　体育健身与大学生身体发展

一、健康与身体发展

（一）健康的定义

从古到今，健康与长寿始终是人类探求的主题。受传统观念和世俗文化的影响，人们往往将健康单纯理解为"无病、无残、无伤"。健康是指一个人在身体、精神和社会等方面都处于良好的状态。健康包括两个方面的内容：一是主要脏器无疾病，身体形态发育良好，体形均匀，人体各系统具有良好的生理功能，有较强的身体活动能力和劳动能力，这是对健康最基本的要求；二是对疾病的抵抗能力较强，能够适应环境变化、各种生理刺激以及致病因素对身体的作用。传统的健康观是"无病即健康",现代人的健康观是整体健康。世界卫生组织提出,"健康不仅是躯体没有疾病,还要具备心理健康、社会适应良好和有道德"。因此,现代人的健康内容包括:躯体健康、心理健康、道德健康、社会适应能力等。

(1)躯体健康。通常认为"躯体健康"就是人体生理健康,指人体结构的完整和生理功能正常,具有良好的健康行为和习惯。这是其他健康的基础。从外表看为"体格健壮,精力充沛",从生理指标看即表现为常用的几个指标,如心跳、脉搏、血压、肺活量等正常。但是由于年龄段不同、性别不同、地域差异、民族情况以及不同职业间的差别,躯体健康的指标都会有所不同。因此,目前的躯体健康只能是粗线条的,主要参照以下两方面:

①体能是一种能满足生活需要和完成各种活动、任务的能力。主要通过体育锻炼和体力活动而获得。具备这种能力,就可以预防疾病,提高生活质量。

②智力健康是指智力正常,具备思维的认知能力,能够准确地用语言和文字表达自己的思想,描述不同的事物,并能对不同的人与事物做出分析与判断,在长期的学习和生活中,大脑始终保持活跃状态。有许多方法可以使大脑活跃、敏捷,如听课、与朋友讨论问题和阅读报刊书籍等。努力学习和勤于思考还能使人有一种成就感和满足感。

(2)心理健康。心理健康,是现代人健康不可分割的重要方面。那么,什么是人的心理健康呢?人的生理健康是有标准的,一个人的心理健康也是有标准的。不过,人的心理健康标准不及人的生理健康标准具体与客观。了解与掌握心理健康的定义对于增强与维护人们的健康有很大的意义。当人们掌握了衡量人的心理健康标准,就能以此为依据对照自己,进行心理健康的自我诊断。发现自己的心理状况某个或某几个方面与心理健康标准有一定距离,就可有针对性地加强心理锻炼,以期达到心理健康水平。如果发现自己的心理状态严重地偏离心理健康标准,就要及时地求医,以便早期诊断与早期治疗。

心理健康是指一种持续且积极发展的心理状态,在这种状态下,主体能做出良好的适应,并且充分发挥其身心潜能。心理健康教育是"新健康教育"的一个重要组成部分,它是以培养身心健康的社会公民为目的,通过运用健康管理的方法,以校园环境、功能环境的改善为主,与人文环境的改善相配合,以老师和学生为两个主体,提供科学、健康、专业的指导。"新健康教育"在学校建设了专门的健康指导室(心理咨询室),配备专业的心理咨询师,以开设心理课程和开展课外活动等方法引导学生的健康心理发展。同时,开设"亲情聊天室",为亲情的连接打开通道,为学生们的健康成长铺就一条畅途。

心理健康是形成健全人格的重要基础。它应以一个人的整个行为以及他对整个客观世界的适应性作为观察、评估心理健康的基础,不能孤立地观察或只是重视某一方面的症状和表现。

心理健康主要包括两个方面：情绪健康和精神健康情绪健康指应对日常生活中人际关系和环境压力的能力。情绪涉及我们对自己的感受和对他人的感受，情绪健康的主要标志是情绪的稳定性，所谓情绪稳定性是指个体适应日常生活的人际关系和环境压力的能力。生活中偶尔情绪高涨或情绪低落属于正常，关键是在生活的大部分时间里要保持情绪稳定。精神健康对于不同宗教、文化和国籍的人意味着不同的内容，主要包括理解生活基本目的的能力以及关心和尊重所有生命的能力，属于心理的高层次范畴。

心理健康的标准包括：有适度的安全感，有自尊心，对自我的成就有价值感。适度地自我批评，不过分夸耀自己，也不过分苛责自己。在日常生活中，具有适度的主动性，不为环境所左右。理智、现实、客观，与现实有良好的接触，能容忍生活中的挫折与打击，无过度的幻想。适度地接受个人的需要，并具有满足此种需要的能力。有自知之明，了解自己行为的动机和目的，能对自己的能力作客观的估计。能保持人格的完整与和谐，个人的价值观能适应社会的标准，对自己的工作能集中注意力。有切合实际的生活目标。具有从经验中学习的能力，能适应环境的需要改变自己。有良好的人际关系，有爱人的能力和被爱的能力。在不违背社会标准的前提下，能保持自己的个性，既不过分阿谀，也不过分寻求社会赞许，有个人独立的意见，有判断是非的标准。

（3）道德健康。道德健康主要是指不以损害他人利益来满足自己的需要和有辨别真假、善恶、荣辱、美丑等是非观念。人在社会生活中，每个人都会深深感到，一个社会的全体成员、一个团体的全体成员的道德修养，对于调整人与人之间的和谐、友好的关系，改善社会风气，促进人们的身心健康关系重大。人类的道德规范产生于人类的社会生活，一个在社会生活中遵循道德规范的人应该说这是他道德健康的体现。道德健康教育是"新健康教育"的一个重要组成部分，它以培养道德健康的社会公民为目的，通过运用系统管理的方法，以人文环境的改善为主，以校园环境、功能环境的改善相配合，运用知识教学与环境塑造相结合的方式，注重从思想上与行为上培养高尚的道德修养。"新健康教育"配备专业的老师在学校举办道德健康讲座，开展各项活动普及法律知识，让学生们通过爱自己、爱父母、爱同学、爱老师，逐步升华到爱家乡、爱祖国、爱集体，在切身行动中加强道德观念修养，养成良好的道德行为习惯，成为道德健康的人。

（4）社会适应能力。社会适应能力是指人为了在社会更好生存而进行的心理上、生理上以及行为上的各种适应性的改变，与社会达到和谐状态的一种能力。个体在遇到新情境时，一般有3种基本的适应方式：解决问题，改变环境，使之适合个体自身的需要；接受情境，包括个体改变自己的态度、价值观，接受和遵从新情境的社会规范和准则，主动地做出与社会相符的行为；心理防御，个体采用心理防御机制掩盖由新情境的要求和个体需要的矛盾产生的压力和焦虑。

（二）影响健康的因素

影响人类健康的因素是十分复杂的，大致可分为两大类：一类是有利于健康的因素，称为"健康促进因素"；另一类是不利于健康的因素，它是可以直接或间接地招致疾病或死亡，或可使发生疾病或死亡的可能性增加的因素，称为"健康危险因素"。世界卫生组织（WHO）提出："健康不是基本人权，而是自我责任，现代健康观应该是学会自我医疗与自我保健。"因此，现代健康应包括健康教育、健康保护、健康促进，提倡自我保健，要求人们把注意力由偏重于治疗（并非治疗不重要）转向积极地预防和保健，由依赖医生转向由自己把握健康。

影响人体健康的因素究竟有哪些？随着医学模式和健康观的转变，从社会医学和预防医学的"大卫生观"出发，一般将影响人体健康的因素分为下列四大类。

（1）生物学因素。生物学因素对健康的影响包括生物性致病因素、心理因素、遗传因素三个方面。生物性致病因素是指感染到病菌病毒、螺旋体、立克次体、衣原体和支原体等病原微生物或感染寄生虫而引起的疾病。随着预防医学的发展和诊疗技术的提高，生物性因素致病概率在不断下降，治愈率在不断提高，因此其对健康的危害正在退居次要地位，而随着市场经济带来的压力增加，加上医学模式的转变，心理因素的致病作用越来越被人们所认识和重视。今后，心理性问题和精神疾病对人类健康的危害将会进一步显现。

遗传因素对健康的影响分为遗传性疾病和体质遗传两个方面。前者是指遗传缺陷性疾病，如血友病、白化病和有遗传倾向的疾病如高血压、糖尿病及某些肿瘤等；后者是指体质机能，如胖瘦等，是通过后天的营养和运动等能够加以改变的。有遗传倾向的疾病也可通过改良生活方式及行为达到预防或延缓发病年龄的目标。

（2）环境因素。环境因素是指围绕着人类空间及其直接或间接地影响人类生活的各种自然因素和社会因素之总和。人类环境强调人体与自然环境和社会环境的统一，强调健康、环境与人类发展问题不可分割。

（3）行为和生活方式因素。行为和生活方式因素指因自身不良行为和生活方式，直接或间接给健康带来的不利影响

（4）卫生保健因素。卫生保健包括预防服务、治疗服务、康复服务等几个方面，是指促进及维护人类健康的各类医疗、卫生活动，它包括医疗机构所提供的诊断、治疗服务，也包括卫生保健机构提供的各种预防保健服务。一个国家医疗卫生服务资源的拥有、分布及利用，将对其人民的健康状况起重要的作用。

随着社会的发展，人们健康观的转变以及人类疾病的不断变异，人类行为和生活方式对健康的影响越来越引起人们的重视。合理、卫生的行为和生活方式将促进、维护人类的健康，而不良行为和生活方式将严重威胁人类的健康，甚至导致一系列身心疾病。

二、体质与身体发展

（一）体质的概念

"发展体育运动，增强人民体质"作为新中国体育事业发展的方针，一直指导着我国体育事业的发展。但对于体质，体育界一直没有明确定义。直至1982年，中国体育科学学会体育体质研究分会对体质下了一个权威定义：体质，是人体的质量，它是在遗传性和获得性基础上表现出来的人体形态结构、生理功能和心理因素的综合的、相对稳定的特征，是人体在先天遗传的基础上和后天环境的影响下，在生长、发育和衰老的过程中逐渐形成的身、心两方面相对稳定的特质。遗传是人的体质发展变化的先天条件，对一个人的体质强弱有重要影响，如机能、体形、性格等，都与遗传有关。后天因素，如环境、营养、体育锻炼等条件，也与体质强弱有密切关系。体质在人的不同发展时期及年龄段具有明显的差异性和阶段性。不同人的体质差异表现在形态发育、生理机能、心理状态、身体素质、对环境的适应及对疾病的抵抗能力等方面。同时，在人的生命活动的各个阶段，从幼儿、儿童、青少年到中老年，体质状况不但具有某些稳定特征，而且在发展过程中表现出阶段性。

（二）体质的内容

体质通常包含身体的形态发育水平、生理功能、身体素质和运动能力、心理发育水平及适应能力5个方面。

（1）身体的形态发育水平，即体格、体型、姿势等。常用测试的指标主要包括身高、坐高、体重、胸围、腰围、臀围、皮褶厚度等。身高是反映人体骨骼生长发育和人体纵向高度的主要形态指标，它与体重等指标的比例关系可以反映体型特点；体重是反映人体横向生长的整体指标；胸围可以表示胸廓大小和肌肉发育状况，是人体宽度和厚度最具代表性的指标；腰围不仅可以反映体型特点，同时，保持腰围和臀围的适当比例还对成年人的健康及寿命有重要意义。

（2）生理功能，即机体新陈代谢水平及人体各器官、系统功能。测定的主要指标有脉搏（心率）、血压和肺活量等。脉搏、血压是检查人体心血管功能的简易指标；肺活量能反映肺的容积和肺的扩张能力。

（3）身体素质和运动能力，即速度、力量、耐力、灵敏、柔韧等素质和走、跑、跳、投、攀爬等运动能力。例如，50米跑反映了速度素质，即人体快速奔跑的能力；1000米跑反映了耐力素质，即较长时间的奔跑能力；立定跳远主要反映下肢肌肉爆发力和弹跳能力。

（4）心理发育水平，即本体的感知能力、个性、意志等。

（5）适应能力，即对内外环境的适应能力和对疾病的抵抗能力，它反映了人体在适应自然环境和社会环境中所表现出来的机体能力。

以上5个方面相互依存、相互影响和相互制约，决定着人们的不同体质水平。一方面，身体形态发育水平和生理功能构成了体质的基础，身体素质和运动能力、适应能力及心理发育水平是体质的外在表现。一定的形态结构和生理功能表现出某种身体素质、运动能力及心理状况。另一方面，通过提高身体素质和运动能力，使与机体相对应的生理功能和身体形态结构也会发生一系列变化，这些变化是与机体外在环境改变相适应的。同时，提高身体素质和运动能力的过程对人的心理也会产生一定影响，从而促进大学生个性、心理良性发展。

（三）优质健康的标准

（1）身体发育良好。人体的生长主要表现在身体上的变化，而发育则是指人体各器官系统在形态和机能上的变化。人体生长、发育受遗传、营养和自然生长的影响，但体育锻炼能够加速这个过程并使之更加完美。据统计，经常参加体育锻炼的青少年要比不参加体育锻炼的青少年身高高出4-8厘米。体形的健美主要表现为身体健壮、匀称和谐、比例协调。此外，健壮的体格还是发展体能的基础。

（2）精神状态良好，生命力旺盛。精神健康是衡量体质的一个重要方面。精神状态对身体健康有重要影响。一个人精力充沛，生命力旺盛，他的精神状态也会很好。

（3）机体适应能力较强。长期在各种条件下进行锻炼，能改善机体体温调节的机能，提高机体对自然环境的适应能力；同时由于体育运动能促进血液循环，加速新陈代谢，提高造血机能，因而就提高了对疾病的抵抗能力。因此，大学生要有意识地在各种条件下进行运动，使身体能较好地适应各种环境。

（4）体能全面发展。体能是指机体在身体活动中表现出来的能力，它的发展与提高身体机能的过程是一致的。例如，发展了耐力素质，会使心血管系统、呼吸系统和肌肉的工作持久力都得到发展，所以，身体素质好的人，身体的基本活动能力就强。教育部颁布的《国家学生体质健康标准》（2014年修订）中规定了衡量各项身体素质的标准。值得注意的是，锻炼中要注意体能的全面发展，不能偏废。

三、影响身体发展的基本因素

（一）遗传因素的影响

遗传是人体生长发育产生变化的主要原因，是人类和其他生物体共同具有的生物特征之一，各种生物都是通过生殖产生子代的。子代和亲代之间，在外貌、体态、性格、气质和生理机能等方面都很相似，这种现象叫遗传。遗传的物质基础是基因，基因的最主要成分是脱氧核糖核酸（DNA），正是由于亲代把具有自己特征的DNA传给子代才使子代获得与亲代相同的遗传性状。遗传性是生物体的一种属性，它使人体生长发育获得了物质基础，具备了人体生长发育所需的条件。关于人类遗传的研究证明，人与人之间存在着遗传素质的差异，这种现象既存在于群体之中，也表现在亲代和子代之间，是一种生物体的变异反应。世界上不存在完全相同的人体，正常子女的身高、容貌在很大程度上取决于父母，但又不完全像。同一母亲所生子女，甚至孪生兄弟也各有不同之处，如肤色、身高、体重、身体素质、运动能力、智力、气质、性格、身体的基本活动能力及寿命等方面都具有不同的遗传性。这是遗传性的变异，是生物体发展的基础。遗传和变异是生命运动中的一对矛盾，这对矛盾既对立又统一：遗传是相对的、保守的，而变异是绝对的、发展的。正因为人体有遗传性，后代才能继承前代的性状，才保持了人类相对稳定的特性。而变异能使人体产生新的适应性变化。因此，遗传和变异是人体发展变化的基本规律，也是生物进化的主要动力，有变异才会有人类的发展。

人类存在着种族和血缘的关系。遗传是大学生身体发展、变化的先天条件，遗传基因对大学生身体形态、机能、肤色、气质、性格及健康、寿命均有影响，这是由于亲代的遗传基因（DNA）或称"遗传密码"在数目上、顺序上和排列方式上的一致性向后代传递的结果。然而，亲代之间遗传基因的排列和组合也存在着变异的现象，所以子女往往跟父母有所不同。这种变异形成生物体发展进化的基础。正确地掌握遗传与变异的规律，运用优生学原理，可使亲代之间的优越因素繁殖传递，从而改善后代的先天素质。

（二）环境因素

适宜的环境可以使遗传因素得到充分的发展，还能使某些遗传方面的缺陷受到抑制和弥补。人类生活在自然环境、社会环境、家庭环境中，这些环境对人体发展起着主要作用。但是，起决定作用的应是社会环境，这个环境是人类生活的物质条件。

（1）社会环境。一个国家经济发展水平和物质文明、文化教育、医疗卫生制度等因素构成的社会环境,是决定大学生群体生长发育和体质状况的重要因素。例如,营养水平是社会物质生活条件的重要指标,长期营养不良,会导致体质水平的下降。从我国历年来对大学生体质调查情况看,合理的营养、良好的人文环境和社会制度、健全的医疗保健制度等是增强体质的有效保证和关键因素。

当今社会,人才的竞争非常激烈。这种机遇和挑战,既给大学生带来动力,也给他们造成巨大的压力。激烈的竞争,使大学生担心学业、毕业和就业,使他们产生极大的心理压力和精神负担;勤工俭学、繁忙的家教、复杂的社会工作也给他们的躯体和精神带来疲劳。

人类社会为人们提供了生存和发展的物质保障,人们如果离开这些物质条件就难以生存下去。人的知识、才能、形态、机能等只有在人类社会环境中才能形成和发展。一个国家的社会制度、环境、物质生活条件、社会的经济状况及政治、经济文化等方面,对人体的发展有很大的影响。社会经济落后,物质生活贫困,必然导致人的体质下降。长期的营养不良,会使儿童和青少年生长发育迟缓,体重减轻,青春期的增长幅度减少,造成人体免疫力降低。社会经济的发展,物质生活条件的改善,能促进人的生长发育,增强人的体质,延长人的寿命。

社会适应是每个大学生都应该具备的一项重要能力,它所表示的是个人或群体与社会环境之间的积极地互相沟通的关系,具体是指个人或群体在与社会环境相互作用的过程中通过不断调整自己的身心状态,从而使自己与社会环境相互协调、和谐。大学生的社会适应,主要是指大学生离开高校进入社会后,通过个体与社会环境的协调而达到的与社会和谐统一的状态。

(2) 自然环境。人类的生存依赖于自身所处的自然环境,所以自然环境对其健康产生直接或间接的影响。自然环境是指天然形成的水、空气、土壤、阳光等生存系统,它们是人体生存的物质基础。良好的自然环境与人体保持着一种平衡关系——生态平衡,对人体健康有促进作用。但由于地理或地质等原因,有些地区的土壤或水中富含或缺少某种元素,使当地居民体内某种微量元素过多或过少,造成地方病。

如何处理好环境保护与防止污染的问题已成为当今世界各国政府和人们所关注的重要问题,各国都已采取了有关措施,如保护臭氧层、重视净化自然环境设施的建设、保护生物、维持生态平衡等。作为大学生更应加强环保意识,爱护一草一木,注意环境卫生,为营造良好的生态环境做出积极贡献。

(3) 家庭环境。大学生来自社会各阶层的不同家庭,他们的身心无不打上家庭的烙印。家庭成员的人生观、世界观、价值观及他们的思想作风、生活方式、家庭经济拮据或富裕、家长漠不关心或寄予过高的期望、家庭成员关系融洽与否等因素都会给学生的身心健康带来影响。

良好的家庭环境对塑造孩子健康人格具有积极的作用和深远的影响。因此，作为合格的父母，要注重孩子的全面健康，促进健全人格的建构。

（三）心理健康因素

心理活动是受中枢神经系统支配的，它与生理活动有着不可分割的联系。因此，心理状态的好坏必然影响躯体的健康。对人体心理健康构成影响的因素主要有两种：一种是消极情绪，如焦虑、怨恨、忧郁、愤怒、恐惧、悲伤等，会给大脑皮质带来恶性刺激，出现心跳加快、血压升高、失眠、食欲减退、尿急、月经失调等症状，造成机体的抵抗能力下降，各种生理功能失调。《黄帝内经》中早就提出"怒伤肝、思伤脾、忧伤肺、恐伤肾"的医学论述，说明消极情绪会给人体的健康带来不良的影响。另一种是愉快情绪，如希望、快乐、豪爽、和悦等，愉快的情绪会给人带来安宁幸福、健康和长寿。同时，良好的情绪会通过神经系统和内分泌系统改善人体其他器官系统的活动，协调各器官系统的关系，充分调动人体的潜在能力，从而起到保护和促进人体健康的作用心理健康的标准是一个不确定的衡量指标。心理健康的人一般具有正常的智力和逻辑思维、积极稳定的情绪、坚强的意志、良好的性格、应激反应适度、心理与行为相协调等特征。心理健康大体表现在以下几个方面。

（1）完善的自我意识。人对自身的认识和评价叫做自我意识，在心里确定"自我"的形象判断，它反映个人对自己的态度，是心理健康的重要过程。人是在个人与现实环境的相互关系中，在个人的实践活动中来认识自己的。一般正常的人对自己的认识，即关于"自我"的形象判断，是比较接近现实的，即所谓有"自知之明"。在认识自己的同时，要有相应的评价伴随着某些情绪体验，如对自己的长处和优点感到欣慰而产生的自豪感，又不至于狂妄自大；同时对自己的弱点、缺点既不回避迁就，也不感到不可容忍和自暴自弃，而是持积极的态度来对待自己。这被称作"自我接纳"。大学生在入学不久就要经历一次自我观察、自我认识、自我判断和自我评价的过程，在接受那些不可避免而又令人不安的现实过程中，在不断调整"现实我"与"理想我"的差距中得到自我观念的完善，建立起明确的自我意识。

（2）良好的人际关系。良好的人际关系是与别人交往的必要条件，也是衡量心理健康的标志。心理健康的人都有正常的交往活动，没有人天生喜欢孤独，长期的离群索居，会使人性格变态。性格孤僻者一般不愿主动与人交往，缺乏彼此间的交流，这不仅影响集体间交往的效果，更影响个人活动的积极性和学习效率。良好的人际关系的建立有赖于对自己、对他人及两者之间关系的正确认识和评价。个体在集体中能有一种稳定感和归属感，从而增强自信心和克服困难的能力。能

"接纳自我",又能"接纳别人",才能与别人友好相处,达到人际关系的和谐。只有懂得怎样尊重别人的人才会得到别人的尊重。在现实生活中,不论是现代化大工业生产、科研或是一般社会工作都需要协同合作,良好的人际关系往往是成功的重要保证。

(3)健康的性心理。性心理的形成是人体发育成熟的重要标志之一。健康的性心理是受理智控制和调节的,是区分人类和其他动物的重要标志;是受社会环境和道德规范约束的,失去约束就是病态心理。

(4)社会适应正常。能够正视社会现实,既要进行客观观察以取得正确认识,以有效的办法应付环境中的各种困难,不退缩,又要根据环境的特点和自我意识的情况努力进行协调,或改变环境适应个体需要,改造自我适应环境。

(5)情绪健康。能够经常保持情绪稳定和心情愉快,具体包括:愉快情绪多于负性情绪,乐观开朗、富有朝气,对生活充满希望;情绪较稳定,善于控制与调节自己的情绪,既能克制自己又能合理宣泄自己的情绪;情绪的表达既符合社会的要求又符合自身的需要,在不同的时间和场合有恰如其分的情绪表达;情绪反应与环境相适应,反应的强度与引起这种情绪的情境相符合。

四、健身锻炼对大学生身体发展的促进作用

(一)健身锻炼促进大学生身体发展的原理

(1)身体锻炼的生物进化论机制。不言而喻,身体锻炼对人类的进化过程起着积极有效的作用。身体锻炼不仅可以使人们有目的地医治直立姿势带来的种种身体缺欠,弥补生产劳动给身体造成的片面发展,补充现代生产方式和生活方式造成的运动不足,使那些处于"饥饿"状态的肌肉得到营养和活力,使人的机体能力得到扩展,而且身体锻炼可以用于人类进一步实现自己的进化,控制自己的进化和发展自己的进化。关于进化论的理论,有达尔文和拉马克两个学派,即"自然选择"和"用进废退"两种进化理论。身体锻炼与人类进化的关系在这两种理论中都可以得到合理的解释。对人类总体而言,身体锻炼提供了一种"自然选择"的方式。它为人类身体的汰劣留良、发展进化、遗传变异提供了外部条件,使人类能逐代健康地繁衍下去。对每个发育着的个体而言,由于"用进废退"的原理,身体锻炼能使个体的运动器官及辅助运动器官、工作器官和其他器官得到相应的发展,如肌肉体积、重量的增长,骨骼的增长,皮肤的加厚等。器官的用进废退是生物进化过程中的一种保护性反应,它能使生物和人有效地适应外界环境。

(2)身体锻炼的防治疾病机制。人体的生命活动过程中,机体与外界环境,

体内各系统器官间的活动既对立又统一，不断地维持动态平衡进而影响健康和劳动能力，这就称为患病。

疾病的发展过程是损伤和抗损伤这一对矛盾的斗争过程。致病因子作用于机体后，一方面引起机能、代谢和形态结构上的各种病理性改变，同时引起机体对抗各种损伤的反应。疾病过程中损伤与抗损伤的对比关系决定着疾病的发展方向。如果损伤占优势，病情恶化，甚至导致死亡。反之，如果抗损伤反应占优势，则疾病就向有利于机体恢复正常功能的方向发展，直至痊愈。

（二）健身对大学生身体发展的作用

体育锻炼对青少年身心的发展具有独特的、多方面的功能，它的实际效果超出了增强体质的作用，有促进青少年身心协调发展的全面效应；它也超出了学校教育的范畴，具有广泛的社会价值；它还超出了学生时代的时间界限，具有终生的意义。

（1）健身运动能增强大学生的运动系统功能。运动系统主要由骨、软骨、关节和骨骼肌等组成，其主要功能是起支架作用、保护作用和运动作用。人体的运动系统是否强壮、坚实、完善，对人的体质强弱有重大影响。例如，骨骼和肌肉对人体起着支撑和保护作用，它不仅为内脏器官，如心、肺、肝、肾以及脑、脊髓等的健全、生长发育提供了可能，而且能保护这些器官使之不易受到外界的损伤。骨、软骨、关节、骨骼肌是人体运动器官，骨的质量，关节连接的牢固性、灵活性，肌肉收缩力量的大小和持续时间的长短等，在很大程度上决定人体的运动能力。青少年经常从事体育锻炼，能促进骨的生长，使骨骼增长、横径变粗，骨密度增大，骨重量增加。经常锻炼，也能使肌纤维变粗，肌肉横断面积加大，肌肉收缩能力和张力增强，从而不断提高肌肉的力量和耐久力。据测定，一般人的肌肉重量约占体重的40%，而经常锻炼的运动员的肌肉重量可达体重的45%至50%。体育锻炼也是调节体重的重要因素，可使其身体成分明显改变，改变程度视训练强度和时间而异。研究人员威尔士观察34名每天坚持锻炼的青春期女孩，发现5个月后其瘦体重显著增加，脂肪量相应减少，体重却变化不大。研究人员对11岁至18岁男孩进行长达7年的追踪观察，发现他们的运动强度不同（每周分别运动6小时、4小时、2.5小时），体重增加也不同，且两者之间有显著的相关性。身高、体重、胸围是衡量青少年身体发育水平的主要指标。国内外的学者曾通过横剖面调查和追踪调查，取得了许多数据资料，发现经常坚持体育锻炼的青少年的身高、体重、胸围的增长幅度，一般高于不经常锻炼的青少年。这说明，体育锻炼对于人体的肌肉、骨骼系统的发育起着良好的促进作用。

（2）健身运动能改善大学生的神经系统功能。人体是一个整体，主要由神经系统统一控制、协调全身各器官的活动，包括思维、生理功能和行动。神经系统包括中枢神经和周围神经。中枢神经是全身的指挥中心，处于统帅地位。它由大脑、小脑、脑干和脊髓等组成。从脑和脊髓发出的周围神经分管着全身不同的功能。人体各器官系统在神经和神经体液的协调下相互制约，维持生命的正常活动。在体育锻炼时，好像只是肌肉在活动，如跑步时，从表面上看，只是腿部肌肉在收缩，双手在摆动，但此时心跳已经加快，血液流动已经加速，呼吸变得急促等，这些都是身体内环境的变化；从外环境来说，气温、场地、观众以及比赛的对手等因素，都对机体产生影响。神经系统对内外各种复杂因素引起的变化，都需要做出迅速而正确的应答，体育运动需要有一个完善的、反应敏捷的神经系统的指挥。反之，体育锻炼也增强了神经系统的指挥协调能力，能更好地适应各种环境，改善某些器官功能上的缺陷，促进并提高各组织器官向更高、更强、更完善的生理功能发展。保护和提高神经系统的指挥协调功能，最好的方法是加强锻炼。了解神经系统的功能和活动规律，能使我们对体育锻炼更富于理性认识，从而增强对身体锻炼的积极性、自觉性和目的性，做到持之以恒。

体育运动对人体的各个系统都有良好的作用，是日常生活中不可缺少的部分。在儿童、少年、青年时期，它可以促进人体的生长发育；在壮年时期，它可以使人们保持充沛的精力与体力，不至于使机体发生早衰现象；到了老年，它可以防止人体细胞过早退化，使我们的生活充满活力，有利于培养乐观的情绪。在运动时人们排除一切忧虑，这对于各个内脏器官和整个机体的新陈代谢有良好的作用。

（3）健身运动对消化系统生理功能的影响。消化系统包括消化道和消化腺两大部分。消化道从口腔、咽、食管、胃、小肠直至大肠。消化道是食物被消化、吸收及排泄的通道。消化腺包括唾液腺、肝脏、胰腺以及整个消化管壁内的许多小腺体。消化腺分泌各种消化液，将食物分解、消化，然后由消化道吸收其有用的成分，排出糟粕。

体育锻炼时，肌肉活动明显加强，需要充足的能量供应，要求消化系统加强活动，分泌更多的消化液；运动促进胃肠血液流动，有利于吸收更多的营养物质供机体利用。所以，在体育活动的影响下，胃肠功能得到了进一步加强和改善。锻炼后，身体消耗了许多能量，迫切需要得到补充，这时人们常常会有饥饿感，食欲明显增加，消化和吸收功能会明显加强。长期坚持锻炼，偏瘦的人体重会逐渐增加，肌肉会逐渐增大。对有消化不良、胃肠功能紊乱者，锻炼也会起到作用。

（4）健身运动对心理和睡眠的影响。睡眠是一种复杂的生理和行为过程。经过睡眠后，神经系统的机能可得到最大限度的恢复。高质量的睡眠可以起到调节心情、延年益寿的作用。人人都需要睡眠，人的一生大约有1/3的时间是在睡眠中度过的。睡眠就像水和空气一样，是人类生命活动所必需的基本生理、心理过程，是人体必不可少的。睡眠不是简单觉醒状态的终结，而是不同生理、心理现象循环往复的主动过程。人体睡眠和觉醒的交替与昼夜节律相一致，这种昼夜节律的变化是人体生物钟体系的重要功能之一。在睡眠中人的大脑仍然在活动，其身心活动仍保持一定的水平，正常的睡眠时间和节律与人体生理及心理健康关系密切，是反映身心健康的重要标志。运动锻炼有效地改善了人体的睡眠质量，增加了人们的社会交往，增强了对生活的适应感、信心感、快乐感和道德修养，消除和减轻了抑郁、紧张、焦虑、易激惹、敌对等情绪障碍，使运动者对生活充满自信心和乐趣，进而提高了人体的身心健康水平和生活质量。

第二章 高校体育教育基本理论

第一节 体育教学的主要特征

一、身体参与的直接性

体育教学的根本目的是增强学生的体质，其教学本质就是通过肌肉群的运动，促进学生身体机能的发展，从而增强学生的运动技能。这就决定了体育教学这门课程需要通过反复的教授和实践，让学生掌握锻炼的方法。直观地说，就是通过肌肉的感觉将信息传递到中枢，然后经过反复的条件刺激，建立起条件反射，最终经过分析、总结，使学生达到对某种技能的理性认识，并且掌握某项体育运动的技能。因此，体育教学的特点之一就是身体参与的直接性。身体参与的直接性主要表现在两个方面：第一是教师身体参与的直接性，因为有些体育运动需要教师亲身示范，这是体育教学中最常见的一种教学方式；第二就是学生身体参与的直接性，按照教师的示范，通过亲身参与，进行反复尝试和练习。

二、运动知识传承的可操作性

体育运动知识指的是身体知识，这一点也是体育运动同其他学科相比最为明显的差异之处。同时也是人们对自然外部知识的追求逐渐向人体内部知识进行转移的结果，更是一种面向人类本体、人类本身与人类自我的挑战。

现阶段，教育界对于学生的主体性地位给予了肯定与重视，而这样对人类自我知识的再度追求，不仅仅对高校体育教学的特殊性进行了展示，同时还使得高校体育教学具有了传承知识的重要意义。从这个角色上来讲，高校体育教学并不是传统意义的，而是对身体知识的传承，而身体知识是一种能够实现人类自身感觉真正回归的知识,并且也是科学知识的一种,只是人们没有发现与挖掘这种知识的重要性而已。可以想象的是,这类知识在未来肯定会受到人类的广泛认可、关注,并能够在人类身心健康的相关研究中被广泛应用。

三、教师与学生身体活动的频繁性

在高校体育教学开展的过程中,教师需要不断对运动项目的动作进行示范、指导与反馈,这主要是因为身体知识来源于身体的不断实践与操作,同时对于学生而言,也需要身体的操作和体验。如果想要学习、掌握运动技能,就需要反复地进行身体的操作和演练。因此,在体育课堂教学开展的过程中,教师和学生身体活动会比较频繁,学生不仅有身体的强烈活动,还有运动体验的欢快情绪。

四、学生身心合一的统一性

体育从本质上来讲,就是改造人自身的过程,强调生理机能和形态结构统一的同时,还强调身心的和谐发展。高校体育教学活动开展的过程不仅要追求体育文化的传承,还要使学生的身体改造得到一定的促进,同时还要使学生的心理素质与社会适应能力得到强化。高校体育教学开展过程营造了许多生动的情境,这一点也是其同智育教学间的差异之处,为学生心理素质的发展与社会适应能力的提高创造了良好条件。

所以,高校体育教学过程同辩证唯物论的观点是相符的,讲究身心发展的统一性。身体发展是基础,而身体的发展支持了心理发展,同时心理的发展还能够对身体的发展起到促进作用。高校体育教学开展过程中身心合一的统一性,主要体现在以下三个方面。

(1)高校体育教学内容要注重对学生各种能力和素质的培养,注重心理与社会的适应性培养,符合社会学和心理学等方面的要求。

(2)体育教师的教学方法和教学组织必须要与学生的身心发展规律相符,在动作与休闲的反复交替过程中,使学生的健身目的得以实现。练习活动与休息在一定的范围内合理地交替进行,因此,学生的生理机能变化会以一条波浪式曲线呈现出来。

(3)体育课程教学同学生的年龄特征与心理特征也是相符的。学生的心理活动所呈现出来的曲线图像是高低起伏的,而这种生理、心理负荷的波浪式曲线变化规律,使高校体育教学的鲜明节奏性与身心统一性、和谐性得到展现。

所以,体育教师在对各种教法与组织进行安排的过程中,应该充分考虑学生的心理特征,只有这样才能够使学生的身体发展得到促进,使学生的兴趣爱好与积极性得到有效激发,进而促进高校体育教学功能的有效发挥。

五、体育教学过程的直观形象性

体育课程教学开展的各个过程，都对鲜明的直观形象性进行了体现。例如，对于体育教师而言，其讲解要使用有趣贴切、形象生动的语言，艺术性地加工所要传授的东西，将语言简单化，使学生加深对教学内容的感知。同时，体育教师需要应用特殊的演示形式，通过动作示范、优秀学生的示范、学生正误对比示范、人体模型、动作图示、教学模具等直观地、形象地进行展示，从而建立清晰正确的运动表象，使学生从感官上对动作进行感知。通过直观的动作演示，学生能够将得到的表象同思维紧密联系在一起，更好地掌握体育知识与体育技能。

六、学习者身体生理负荷性

体育教学中涉及很多的运动和锻炼，这些都是通过肌肉群的运动，促进身体机能的变化。从生理角度而言，很多体育运动、活动都会牵涉到身体做功的问题，学生在参与的过程中，可以通过肌肉群的运动促进新陈代谢，增加身体的生理负荷，最终达到强身健体的作用。例如组织学生参加跑步活动，跑步结束时，学生会感觉到小腿肌肉和大腿内侧的肌肉有酸胀感，同时也会造成身体的劳累，这就说明了体育锻炼具有增加人体的身体生理负荷性的特点。除了跑步这项运动之外，跳远、篮球、足球等能够带动机体肌肉群的运动，都能对机体产生负荷。在进行体育教学的过程中，教师也可通过引导学生反复地进行体育运动的实践，完成教学任务。

七、体育内容的审美情感性

体育课程教学的美，最直观的表现是运动开展过程中教师与学生的人体美与运动美。通过运动塑身，教师和学生身体各部分线条的美与身体比例对称的美得以形成，并且人体运动的美也在这一运动过程中得以实现。上述这些都是外显的内容。在运动开展过程中人体的精神美也会得以实现。例如，在运动开展的过程中，需要克服生理障碍和心理障碍，使高校体育教学目标得以顺利完成，使得礼貌、谦让和谦虚等风范得到体现。

高校体育教学活动不仅展示了人体美、运动美和精神美，还使得高校体育教学内容的审美性得到体现。每个运动项目都对审美特征和美学符号进行了不同的表述，例如，球类运动项目不仅使个人的运动优势得到展示，也可兼顾到群体互助、协调和合作等人际素养；田径运动不仅使学生个人的运动才能得到表现，同时也展示了永不言败、永不服输的豪气；体操运动项目使人的技艺与灵巧得到展示等。这些内容都是前人累积的经验总结，教师加工后传授给学生，以此让学生去感知，获得身心的全面健康发展。此外，高校体育教学活动作为一种社会活动，具有一定的创造性，教师与学生共同营造的教学情境在精神上能够给人以启迪，令人回味。

八、客观外界条件的制约性

同其他学科教学相比，高校体育教学的另外一个不同之处就是，高校体育教学效果很容易受到外界各方面的影响和实际客观情况的约束。例如，学生的性别、年龄、生理特点、心理特点、体质强弱与运动基础、体育场地、运动设施、客观气候条件等。在高校体育教学对象的层面上而言，高校体育教学应该使教育的全面性得以实现，在运动基础方面区别对待不同水平程度的学生，同时还要针对学生的性别、年龄、生理特点、心理特点与体质强弱等方面的实际情况实现区别对待。例如，在机能水平、身体形态、运动功能与运动素质等方面，男女学生也会存在明显的个同，因此，在教学选择、教学设计和教学组织等方面就应该对性别差异进行考虑。在高校体育教学环境的层面上而言，鉴于室外存在较多的影响因素，所以体育课堂教学一般会在室内开展室外教学，使学生的视野更加广阔，但同时学生的注意力也非常容易分散，如意外声响和汽车鸣笛声等的干扰。当然，也有一些不可控因素的存在，比如天气，都会干扰到高校体育教学过程。由于体育课程教学在体育场地、器材设施和客观气候条件等方面存在一定的要求，所以体育教师在制订学年高校体育教学计划、课时具体计划、选择教材内容、实施教学组织方法的时候都应该将上述影响因素纳入考虑，尽量减少各种因素的干扰性，促进高校体育教学效果与质量的提高。此外，体育教师还应该对酷暑、严寒等自然条件进行利用，使学生适应环境的能力得到培养。

第二节 体育教学的主要原则

无论是一般的课程教学还是体育教学，其教学原则都由几个乃至几十个构成。体育教学涉及的因素和内容较多，要归纳起来是非常困难的。一般来说，体育教学原则分为教育性原则、科学性原则、锻炼性原则三大类。

体育教学原则是对体育教学实践经验及规律的概括和总结，是实施体育教学最基本的要求，是保持体育教学最基本的因素，是判断体育教学质量的基本标准。

一、合理安排身体活动量原则

(一) 合理安排身体活动量原则的含义和依据

体育教学的特点是身体活动或称身体运动，因此，体育教学要使学生身体所承受的运动负荷有效、合理，以达到锻炼身体、掌握体育技能的目的，这就是体育教学中合理安排身体活动量的原则。

合理安排身体活动量原则是依据体育教学的本质特点和体育教学的运动负荷规律提出来的。一般来讲，运动负荷就是学生做练习时身体所承受的生理负荷量，它由运动强度和运动量构成。运动强度就是单位时间内身体所承受的运动量的大小，运动量就是运动的内容、数量、时间等。在体育教学中，合理地安排身体活动量，使学生都能达到适宜的生理负荷量，才能在锻炼中收到锻炼效果。

(二) 贯彻合理安排身体活动量原则的基本要求

1.身体负荷量的安排要服从教学目标

一堂体育课的合理的身体活动量的安排是为实现课程教学目标而确定的，简单来讲就是要根据课程目标、课程类型来安排不同的运动负荷。

2.要针对学生的特点安排身体活动量

在体育教学过程中，参与学习锻炼的学生存在个体差异，学生的体质不同、性别不同，则身体形态、身体机能、身体素质也不同。因此，一定要根据不同学生的特点安排运动负荷。

3.运动负荷的调节

运动负荷由运动强度和运动量构成，要使体育教学过程中学生的身体活动量适宜，就必须根据课程目标、教学内容、教学进度、教学设计等来调整运动负荷。

调整方法无外乎调整运动强度或调整运动量两个方面。一般而言，强度大，量就小；反之，强度小，量就大，这是一般的体育教学运动负荷调整原则。在体育教学中一般对运动量进行调整，即调整练习的内容、练习的时间或练习的数量即可达到适宜要求。

二、促进运动技能不断提高原则

体育教学的目的是促进学生技能的提高，因此在教学的过程中要注重促进学生技能不断提高的教学原则，保证教学目的的实现，提高教学质量。

(一) 促进技能不断提高原则的含义

促进体育教学技能不断提高的原则是由体育教学的目标、社会的需求和肌体发展的需求三个因素决定的，同时也是实现体育教学终身化的基本前提和条件。

掌握体育教学的运动技能，是通过体育教学提升学生的运动能力、发展学生的运动素质、提升学生运动技能的有效途径，也是让学生体验运动的乐趣、提升体育教学质量的前提，更是判断体育教学目标是否完成、检测教师教学能力高低的标准。

（二）贯彻促进运动技能不断提高原则的基本要求

促进学生运动技能的不断提高，是体育教学目标的重要组成部分，也是体育教学的意义所在。在制订这一教学原则的时候，应该做到以下几点。

1. 正确认识运动技能在体育学习中的重要意义

在前面关于"促进技能不断提高原则的含义"的讲述中，我们已经清楚掌握运动技能是教师教学和学生学习的目的。掌握运动技能可以锻炼学生的身体，提升学生的运动素质，促进教学质量的提高。因此，教师在教学的过程中，要注重提高学生的运动技能。

2. 明确运动技能学习的目的，有层次地掌握运动技能

体育教学要求学生掌握运动技能，就是为了丰富学生的学习生活，增强学生的身体素质，保证学生的健康成长。因此在教学的过程中，开展以"提高运动技能"为目的的教学时，要树立"健康第一"和"终身体育"的思想。将体育教学目标根据教学任务进行分阶段的划分，有层次和分门别类地让学生掌握体育教学大纲所要求的运动技能。

3. 要钻研"学理"和"教学"，提高教学质量

要想提高教学质量，首先应该做到"知己知彼"。因此，要让学生很好地掌握体育运动技能，就必须详细地掌握运动技能的规律，特别是教学环境中的各种运动技能的特点和发展的规律。因为体育教学是一门较为复杂的学科，并且教学的时间相对有限，为了保证体育教学的效率，我们必须研究体育教学技能提高的途径和规律。

4. 要创造提高运动技能的环境和条件

任何一种技能的学习都会受到环境和条件的影响，只有在环境和条件相适宜的情况下，才能最大限度地发挥教学的作用。影响这种环境和条件的因素，不仅包括教师自身的运动技能和水平、教学场地和器材的优化，还包括体育教师对学生学习氛围的营造。

三、在集体活动中进行集体教育原则

体育教学侧重集体性，有些活动强调以小组为单位，这有利于在活动进行过程中增强学生的团结意识，提升学生的集体荣誉感。这也是体育教学的目的之一。

因此，在集体活动中要注重以下集体教育原则。

（一）在集体活动中进行集体教育原则的含义

在集体活动中进行集体教育原则是指，在学生进行集体性的学习活动时，要注重对集体荣誉感和团结性等集体活动特性的培养，增强集体的凝聚力，使学生形成正确的集体意识，养成良好的集体行为习惯。在集体活动中进行集体教育原则依赖于组成集体的特点、集体活动的规律、集体运动的发展等。

体育教学活动主要以协同、竞争、表现为特点，这些特点主要是在集体活动形式中得到体现。再加上体育教学侧重于室外教学，受到场地、教学活动范围和教学方式的影响，体育室外教学的开展一般以小组为单位，这使得体育教学具有集体性。因此，在教学过程中要注重对学生进行集体教育的原则。

（二）贯彻在集体活动中进行集体教育原则的基本要求

根据体育集体活动和集体组成的特点，将体育教学中贯彻在集体活动中进行集体教育原则的要求介绍如下。

1. 分析、研究和挖掘体育教学中的集体要素

从体育教学的特点可以看出，体育教学中有很多集体性的要素，因此，在进行体育教学的过程中，要注重分析、挖掘具有集体含义的要素，如团队的意识、共同的目标、互帮互助的活动形式等。教师在进行集体教学的过程中，应将这些要素有目的、有意识地融入学生的集体活动和体育学习之中，以便促进对学生团结意识和集体荣誉感的培养。

2. 善于设立集体运动的场景

在体育教学过程中衡量教学活动是否具有集体性的依据是检测集体是否具有共同目标、是否具有共同的学习平台，因为共同的目标和学习平台是集体运动的重要组成部分。共同的学习目标是每个学生学习的动机和欲望，共同的学习平台是学习的场所和环境，能够体现集体的存在感。这两个要素能够让学生更好地凝聚在一起，互帮互助完成共同的目标。因此，教师要贯彻教学中的集体教育原则，就应该善于设立集体运动的场景，如打篮球、进行拔河比赛等。

3. 善于开发有助于集体学习的方法

要合理贯彻集体活动中进行集体教育原则的手段，就必须建立有助于集体学习的方法，这是促进教学目标实现的重要方法。组织学生进行课堂讨论、分组进行某种运动技能的比赛等，这些教学方法将为体育教学中贯彻集体教育原则提供技术上的保证。

第三节 高校体育教育的地位与作用

高校体育是高校教育的重要有机组成部分。它同德育、智育密不可分，都承担着为国家培养德、智、体、美、劳综合发展的高素质人才的重大责任。从全局来看，高校体育作为全民体育不可分割的一部分，为社会体育、竞技体育和终身体育奠定了基础，也因此成为我国体育事业的一个战略发展方向。所以，在综合性高素质人才培养方面，在全国体育事业繁荣昌盛方面，高校体育的作用无可替代。

一、高校体育与全面发展教育

全面发展教育是包括德育、智育、体育等多方面促进学生全面发展的一种教育形式。因此，高校体育无可替代地被纳入了全面发展教育中。高校体育的功能和作用决定了它在综合性高素质人才教育中的战略地位。高校体育和高校教育二者不仅是简单的包含关系，更是实现教育目的的主要方式。

在19世纪，马克思首次提出了人的全面发展理论，他说："我们把教育理解为以下三种东西：第一，智育。第二，体育。第三，技术教育。"在他著名的《资本论》中，他谈道："未来教育对所有已满一定年龄的儿童来说，就是生产劳动同智育和体育相结合，他不仅是提高社会生产力的一种方法，而且是造就全面发展的人的唯一方法。"

高校体育在学校教育中的基础性、无可替代性地位，体现在它是德育和智育的物质基础，更体现在它可以加速德育、智育、美育的进步，与德育、智育、美育有着不可分割的联系。

（一）高校体育与德育

高校体育教育可以促进身体健康，心理素质提高，更可以提升道德情操。学校通过教学大纲，体育培养方案进行体育教育，体育活动开展，可以增进学生的爱国主义使命感、集体主义荣誉感和社会主义认同感，帮助学生建立关爱同学、爱护集体、帮助他人、团结友爱、比学赶超、公平竞争、坚韧不拔、拼搏奋进等优秀品质，促进学生健全的人格发展和思想道德水平的提升。

（二）高校体育与智育

高校体育为智力开发提供良好的物质基础，是智力增长的重要途径。人的智力发育离不开大脑作为物质基础。已有的研究表明，人的智力水平和大脑的物质结构以及人的技能状况相互间紧密的联系。长期坚持体育运动，能够让大脑得到源源不断的氧气和能源物质供应，大脑的神经细胞因此能快速健康生长。大脑皮层细胞活动增强，均衡性和灵活性以及综合分析能力提升，都为促进智力发展创造了良好的生理条件。人们曾对少年乒乓球运动员进行观察，发现那些从小就开始系统练习乒乓球的学员，在运动速度、应激反应能力、智商指数测试上，都明显强于其他学生。而且，通过合理科学的体育运动，还可以培养学生灵活的思维能力、丰富的想象力、对环境敏锐的感知能力、细心的观察力和综合思维判断能力等，还能促进学生用脑时思路清晰，长时间注意力集中，从而提高学习效率，事半功倍。所以，高校体育对智力发展作用重大。

（三）高校体育和美育

高校体育也是对学生进行美育的重要形式。学校开展体育活动，可以使学生身体各个部分的骨骼肌肉得到均衡协调的发展，在体育运动中培养学生的形体美、姿态美、动作美、仪表美、心灵美和高尚情操，并且能提高学生创造美、鉴赏美、表现美、感受美的能力。因此，体育能使美育对学生身心的促进作用得到充分发挥，取得美育身心的成效。

综上所述，高校体育和德育、智育、美育等密不可分，四者共同促进，协调发展。体育对学生综合素质全面发展具有重要作用，是培育新时代思想积极、品格优良、才智卓越的优秀学子最有效、最成功的手段。

学校教育的最终目标就是为社会发展进步培养优秀人才。德育和智育是重要的，德才兼备，品学兼优，既有责任感又有真才实学，才能服务人民，报效国家，为社会主义现代化事业做出更大贡献。体育同样也是重要的。有了身体的强壮、健康，才能完成艰难繁重的学业，把对知识的渴求转化为孜孜以求的行动，最终成为社会主义事业的有用人才。所以，在学校的各项教育中，体育和智育、德育、美育等都要紧密配合，一起服务于培养全能型综合高素质学生的目的。

二、高校体育与全民健身

高校体育对全民族体质的增强、全民族素质的提高具有重要意义。目前，全球各国都在进行综合国力的竞争，抢占新科技革命技术制高点。一国国民的体质是民族竞争力的重要组成部分。国民体质的强弱、全民族素质的高低，都关系着民族的前途和国家的命运。青少年的身体素质是一个民族身体素质水平的象征和表现。他们在学校期间正处在身体生长发育的成熟期和完善期，体育锻炼是影响学生身体生长发育与完善的重要因素。所以，做好高校体育工作，积极引导学生参加体育活动，有利于增强学生体质，促进学生身体发育成熟，还能培养他们热爱体育锻炼，养成运动习惯，提高运动技能，为终身运动、健康工作做好保障。

做好高校体育工作，能扩大我国体育锻炼人口，掀起体育社会化风潮。可见，高校体育是我国体育事业的重要组成。做好高校体育工作，学生就能得到良好的体育练习，他们将来在事业发展中，更容易脱颖而出，做出一番事业。这对全民健身运动的提倡、体育运动的全民普及、体育人口范围的扩大、体育社会化进程的推进具有极大的积极作用。

三、高校体育与终身体育

进入20世纪下半叶，社会革命和新科学技术革命大大促进了人们生产生活水平的提高。一方面，人们对身体素质要求越来越高，对愉快、文明、健康的休闲生活水准的要求也越来越高；另一方面，现代社会快节奏、高强度的工作环境也给人体健康带来了损害。为了积极应对来自社会进步的压力和挑战，终身教育、终身体育锻炼理念被人们传播开来。

显然，终身体育不仅仅是指高校体育，还包括学前体育、高校体育和学后体育整个人生周期。所有的社会成员都要接受学校教育，而学校教育是终身体育的基础，起到承前启后的作用，是终身体育的关键组成部分。

首先，高校体育要为终身体育打好体质基础。儿童和青少年处于成长的重要时期，长知识离不开长身体。高校体育必须满足学生发展的需要，尊重学生心理、身体素质特点，因材施教，有的放矢，促进学生身体茁壮成长，健康成长，高质量发展。这样有利于他们全身心投入繁重的学习思考活动中，为他们将来的人生打下坚实的身体基础。

其次，高校体育要培养学生终身体育的意识、习惯和能力。所谓的终身体育意识，通常指对终身体育的认识，只有认识到了终身体育的价值，才能自发地产生锻炼运动行为。终身体育的习惯是指在正确认识指引下，坚持体育锻炼，发展为爱好，进而成为一种好习惯，这样就能长期坚持下去。高校体育就是一个有目的、有计划的体育教育过程。体育学科的各项知识技能和科学训练原理与方法都通过学习系统掌握，这样就能促进体质健康，培养起终身体育的意识、习惯和能力。

终身体育的能力可以理解为终身体育的本领，具备了这种能力就能更好从事终身体育锻炼。它主要包括自学、自练、自评、创造等能力。自学是指学生自主学习，主动学习陌生知识技能的能力。自练和自评能力一般是指学生在体育锻炼中能根据自身情况以及实际条件进行计划、安排、组织、实施和评估。创造能力则是对学生创造性运用所学知识解决实际问题的能力。这些能力并不是孤立的，它们构成了终身体育能力。学生对这种能力的掌握和运用，能使学生长远受益。它对学生的终身体育教育起着极为重要的作用。

第三章 高校体育教育理念的创新

第一节 我国高校体育教育的理念

一、"健康第一"理念

(一)"健康第一"教育理念概述

1."健康第一"教育理念的基本内涵

"健康第一"这一理念在我国的提出是在20世纪50年代,据悉,新中国成立初期,国家体育发展面临的首要问题是国民体质较差、青少年儿童健康教育较为落后。在1950年,国家为了改变新中国成立之后学生负担太重、健康水平日益下降的基本现状,首次提出"健康第一"思想。

20世纪90年代,为了进一步促进我国体育教育改革,"健康第一"的理念和思想被再次提出并引起重视,这一时期的"健康第一"理念与20世纪50年代的"健康第一"理念本质不同,它是在我国素质教育改革下的一种教育诉求,是一种新的具有创新意义教育理念。

"健康第一"教育理念强调体育教学中的教学首要目标是要促进学生的身心健康发展,其次才是体育技能的提高,其在"学校教学忽视体育教育"和"体育教学以竞技体育为主要内容"的传统学校教育教学中是一种新的教育思想和观念的突破。

2."健康第一"教育理念的依据

(1)"健康第一"教育理念符合世界发展潮流

1948年,世界卫生组织提出健康现代健康新理念,之后,世界各地开始广泛开展健康教育。为适应世界健康发展新趋势，我国提出"健康第一"教育指导思想。1990年6月，教育部和卫生部首次联合颁发《学校卫生工作条例》，依法将健康教育纳入到学校体育教学，积极开展各种健身活动，关注学生的健康发展。学校体育教育教学的重点发生了根本性的变化，已经从"单纯地技能传授、重视学生体育技能发展"向"促进学生身心健康发展和社会能力的提高"方面转变，2005年党中央国务院公布的《关于深化教育改革全面推进素质教育的决定》，进一步明确了在现代我国体育教育教学中坚持"健康第一"指导思想的重要地位与作用，在全世界都强调素质教育的大背景下，"健康第一"成为我国体育教育教学的重要改革指导思想。

（2）"健康第一"教育理念适应当代社会发展需求

当前社会，科技不断进步、经济发展迅速、生活节奏日益加快，人类的体力劳动越来越少了，又由于科技的进步，人们用于家务劳动的时间也大大缩短。长时间伏案工作所造成的"运动不足""肌肉饥饿"严重影响了人们的健康。

21世纪的人才是全面发展的人才，社会的快速发展与激烈竞争要求现代人才不仅要有正确的政治思想，具备扎实的科学知识和能力，还必须具备强健的体魄。要想在这个充满竞争的社会中立于不败之地，必须首先拥有一个健康的体魄。实践表明，学生积极参与体育健身活动，不仅强化了体魄，增强了抵抗力，还有利于学生良好心理素质和智力的发展，这对学生的个人发展、国家与社会的可持续发展都十分有益。

3."健康第一"教育理念的特点

"健康第一"教育理念内涵丰富，其在体育教学实践中表现出以下特点。

（1）强调素质教育。"健康第一"教育理念重视学生的健康发展，它指出，学校教育教学的首要目标是促进学生的健康成长，学生的身心健康比考试升学更为重要。

（2）健康的基础是身体健康。健康的体魄是人全面发展所依附的基础，是人类发展的基本标志。所有教育的开始都源于健康的身体。学校应首先重视学生的身体健康培养。

（3）健康的全面性。"健康第一"教育理念中的"健康"是一种多维的健康，是真正意义上的健康，不只是身体的健康，还包括心理健康、社会适应、生殖健康、道德健康等。

（二）"健康第一"教育理念在我国高校体育教育中的实际应用

体育是一种身体文化现象，人的生理与心理是从事一切活动的基本要素。"健康第一"的出发点是每个人的全面发展，是学校体育发展的一种全新理念。"健康第一"教育理念的提出对于现阶段社会发展对综合素质人才的要求和学生日后的健康、全面、可持续发展具有非常重要的指导和帮助作用，体育教育促进健康的本质功能得到了充分的体现。

当前，"健康第一"体育教育理念在我国高校体育教育中的应用主要是，在"健康第一"教育理念的指导下，不断促进我国高校体育教学各要素的发展与完善，使之充分体现"健康第一"教育思想内涵，并在具体的教学过程中得以落实。

1.体育教学目标的明确

"健康第一"的教育理念为促进我国高校体育目标多样性、多层次的建构提出了新的要求。当前，"育人"是学校体育教学工作的最根本目标，技术教育和体制教育并不能完全作为学校体育实践的重心，应该把重心从单纯地追求学生的外在技能水平向追求学生的全面协调发展转移。这些都体现出了我国在学校体育改革中更加注重学校体育目标的人文倾向。

"健康第一"教育理念的科学贯彻落实，要求我国高校体育教育应重视学生健康知识与素养的全方面培养与提高，应将体育教育、卫生教育、美育等有机结合起来，"人的全面发展"是以健康的体魄为基础的，人类发展的基本标志之一就是健康、长寿。具体来说，学校应加强学生的营养指导，让学生了解有关营养、卫生保健的知识，并形成完善的体系，紧密结合学生生长发育与生活实际开展健康教育，使学生学会自我保护，预防疾病发生。此外，还要把学生青春期教育和心理健康教育作为健康教育的重要内容应用来抓好，并寓美育于体育之中，提高学生对体育的兴趣，提高其运动质量。

2.体育课程体系的调整

课程体系改革是当前体育教学改革一个非常重要的方面。通过课程体系方面的改革，能够使教学内容更加丰富多样，还能够更好地满足学生的发展和社会的发展需求。

在"健康第一"教育理念影响下，传统体育教学中的教学课时少、课程内容安排不合理、课程体系不健全的情况等得到了有效的改善。学校在设置相应的体育教学课程时，开始考虑学生身心各方面发展的需求，并且在课程中逐渐将学生作为课程中的主体。学校在进行教学内容和课程体系设计时，更加注重学生的个性和性别特点，并且开始根据学生的身体素质水平来提供丰富多彩的、供学生进行选择的体育教学内容各种体育教学内容在促进学生的身心健康发展方面越来越贴近、效果更加明显。

3.体育教学方法的优化

体育教学方法是促进体育教学过程顺利开展的重要因素，在"健康第一"思想的影响下，通过多种形式的改革，体育教学方法日益丰富化和多样化，对于培养学生自觉的健康意识和健康行为发挥着重要的作用。

当前,促进体育教学方法的优化是"健康第一"教育理念的一个重要要求,要求体育教学方法在体育教学中的科学应用必须能够实现体育教学对学生参与体育积极性和主动性的调动,使学生从主观上重视体育对健康的促进作用,使学生在体育教学过程中得到全面、健康的发展。

4.教学评价体系的完善

在"健康第一"思想的影响下,体育教学的评价应以学生的体质增强、身心健康发展为重要评价指标。当前,新的体育教学评价体系不仅注重对学生进行全面的评价,还注重对教师教学方面的评价。在对学生进行的全面评价中,一方面,教师开始重视对多方面的教学效果进行量化分析,并且将定性评价和定量评价相结合,大大提高了体育教学评价的科学性,对于学生认识自身的不足以及获得学习的动力起到了良好的促进作用。另一方面,教师对学生的评价内容日益多元化,关注学生的多方面成长与发展,具体的评价内容开始不仅仅局限于主动其对技术技能的掌握情况,而是更加注重对其创新能力、学习态度、意志品质等方面进行综合的评价,真正关注学生全面的健康与发展。

二、"以人为本"理念

(一)"以人为本"教育理念概述

1."以人为本"教育理念的内涵

"以人文本"是我国现代体育教学的一个重要教育理念与指导思想,它重点强调了教育中"人"的发展。"以人为本"教育理念指出,教育的出发点、中心以及最终归宿都是"人",教育是以人为基础和根本的,教育的目的是人的发展。

2."以人为本"教育理念的核心

(1)肯定人的重要地位和作用。充分肯定人性的,信任人的潜能、智慧,向往和追求健康体魄及身心和谐统一。

(2)肯定学生在体育教学中的主体地位与作用,对学生的人格、权利给予尊重,加以维护。

(3)客观尊重个体之间的差异性。具体到体育教学中,应充分了解和尊重学生之间的差异,因材施教,重视学生的个性发展。

(4)鼓励学生主观能动性的充分发挥,所有学生都能积极主动地学习体育知识和技能。

(5)保证所有学生都可以学有所得,学有所成,学以致用。

3."以人为本"教育理念的教学要求

"以人为本"教育理念的教学要求具体如下。

第一,"以人为本"教育理念要求所有的教育都必须贯彻以人为本的原则,这是现代教育发展的基本要求。教育实际上也是人的自我实现、自我理解以及自我确认的过程。

第二,"以人为本"教育理念要求在教育过程中将人的自由、幸福、和谐全面发展以及终极价值实现重视起来。体育教学应该对学生的个性发展给予一定程度的重视,使学生在体育训练中张扬个性,自由展现自我。体育教学在带给学生身心愉悦与快乐的同时,也应使学生的人性通过体育的方式得到最自然地流露,使学生在体育学习中自由宣泄和释放自己的情感。通过体育教学应促进学生的身体、心理、个性、品质的健康发展,使学生成为更完善、更优秀的个体。

第三,"以人为本"教育理念要求体育教育突破机器的教育模式,真正转变为人的教育。作为教育的对象,学生首先是一个"人",其拥有人权和自我价值,这是教育的起点。现代体育教学应重视以社会需求为基础加强对全面发展的新型人才的培养。在整个体育教学活动过程中,要充分尊重和重视学生的人性、人权以及价值。

第四,"以人为本"教育理念要求体育教育应体现人文关怀。人作为体育教育的对象,是有理性、有情感的,思考的方向由情感决定,而思考的结果是由理性决定的。体育教育中只有先以情感人,才能以理服人。无论采取何种先进的教育方法和手段,都要注重面对面教育;不管采用多么发达的现代传媒手段,人和人之间面对面的融合和交流都是不可替代的;人文关怀的巨大作用始终不容忽视。因此,体育教育教学必须要有人情味,要时时刻刻以"人"为中心,以学生为中心和教学主体。

(二)"以人为本"教育理念在我国高校体育教育中的实际应用

21世纪,将"以人为本"的基本发展理念融入体育教育,是人类社会协调和可持续发展的基本要求和重要内容。新时期,"以人为本"是我国高校体育教育的主导思想。

当前,"以人为本"教育理念在我国高校体育教育中的科学应用具体体现在以下几个方面。

1.体育教学目标的进一步明确

"以人为本"教育理念强调体育教学中社会本位目标与学生本位目标的统一。

首先,社会本位要求将体育教学的价值主体确定为社会,旨在满足社会发展的需要。

其次,学生本位要求在体育教学中以学生为价值主体,对学生个体的需要加以把握，以学生的兴趣、需要为出发点组织教学，使学生获得自由的全面的发展。

再次，"以人为本"教育理念要求有机统一社会本位目标与学生本位目标。具体来说，在体育教学中，不仅要注重社会价值目标，还要强调对学生学习动机和兴趣的培养，促进学生良好体育态度和习惯的形成；不仅要将学生学习期间应达成的短期目标重视起来，还应对终身锻炼的长远目标予以考虑。只有充分结合这两个本位目标，才能使体育教学目标真正实现，才能实现学生发展的长远功效与近期功效的有机结合，才能促进学生和社会的协调、可持续发展。

2. 体育课程内容的进一步丰富

"以人为本"教育理念指导下，现代体育教学内容越来越重视学生体育学习与参与兴趣的提高、越来越重视与学生日常生活的密切联系、越来越关注学生的多元化的体育发展需求。在体育教学实践中，体育课程教学内容的选择日益丰富，教师在对传统体育教学大纲所规定的技能方面的教材予以考虑的同时，注重将对学生体育兴趣进行全面的培养、对学生的人格发展有积极影响的教学内容的引入。

具体来说，当前教学内容的不断丰富和完善表现出以下教学内容的增多：具有娱乐性和趣味性的体育教学内容；具有创新性，有利于培养学生创新精神的教学内容；与社会和生活联系密切的，可以对学生终身体育能力进行培养的体育教学内容；更方便普及的健身性的体育教学内容。

3. 体育教学形式的进一步多样化

"以人为本"强调体育教育教学的以学生为本，由于学生之间存在着客观差异，要做到以每个学生为本，关注和促进每个学生的成长与发展，就必须采取多样化的体育教学形式来满足不同学生的体育参与和学习需求，使每一个学生都能从情感上行动上乐于进行体育学习，为了实现和达到这一教学目的和效果，就需要教师在体育教学中采取灵活多样的教学形式（如群体训练、小组合作、个人自觉练习等）来组织教学，使体育教学形式更加灵活、体育教学过程更加有趣，使学生不会将体育学习看作是很难的一件事情，同时，学生还能在体育参与过程中充分展示自我，充分激发学生的体育学习与参与的积极性与主动性，并切实促进学生的进步与提高。

4. 师生关系的进一步和谐化

"以人为本"强调学生在体育教学中的主体地位，体育教学的基本立足点是关爱学生生命，教师应尊重学生、关爱学生，在体育教学过程中，注重良好的师生关系的建立，这有助于体育教学过程的顺利进行。

首先，教师应尊重学生的人格和权益。对学生的独立性，个体性应予以尊重。

其次，教师应正视学生之间的差异性，在体育教学中要关注所有学生的体育学习，不能对学生失去信心而放任不管。

再次，教师应善于鼓励学生。教育鼓励是师生关系的润滑剂，鼓励可对民主、和谐的教学氛围进行营造，可促进融洽的师生关系的形成。在体育课堂教学中，教师要善于采用鼓励性的话语来激励学生，安抚学生。使学生在轻松自由的空间里和氛围中，能够积极与老师、同学沟通与交流，从而获取更多的体育知识，获得更多的成功体验，并在这种体验中更加积极地配合教师完成学习任务。

5.体育教学评价的进一步完善

"以人为本"的体育教育理念在体育教学评价方面，要求评价更加关注作为教学对象的学生的发展，而非只关注体育教学任务是否完成。

在现代体育教学评价中，评价应关注作为学生的"人"的发展，不同学生有不同的学习能力，所以一些能力高的学生轻而易举就能够获得高分，而能力相对较差的学生付出很大的努力也难以取得理想成绩。因此，体育教学评价应是全方面的，全面评价需遵循"以人为本"原则，要将学生的全面发展充分重视起来，力求通过全面评价充分了解学生对体育学科的态度、参与体育锻炼的情况以及对体育技能的掌握和运用情况，教学评价内容应涉及学生的平时表现、素质达标、技术技能运用等多个方面。教师要针对不同的学生采用不同的评价方法激励每个学生都能有所进步与成长。

三、"终身体育"理念

（一）"终身体育"教育理念概述

1."终身体育"教育理念的内涵

终身体育，具体是指在人的一生中都要进行身体锻炼和接受体育教育与指导，终身体育强调在个体生命整个过程中不同时期的体育，即体育健身贯穿于生命的全过程。

"终身教育"理念是社会发展到一定阶段的产物和现象。社会发展到今天，知识更新换代越来越快，从而要求人们对知识的学习要不断跟进。在这种社会条件下，相应地必然会产生终身教学的理念。必须充分认识到，"终身教育"理念的形成和社会发展有关，但却是多因素共同作用的结果。具体分析，其形成有外部社会客观因素的作用，当然也有教育内部的一些主观因素的影响。外部因素提出了终身教育的要求，内部因素为终身教育形成提供了理论和基础，二者结合，最终才能形成现在"终身教育"理念。

"终身体育"是终身教育的重要组成部分，它包含两方面的内容。首先，个体在正确认识与理解终身体育锻炼后产生内在需求，形成强烈的锻炼意识，该意识会激发个体自觉进行体育锻炼的动机，从而使其形成终身体育思想，只有先树立一定的意识，才会形成内在动机，并慢慢养成良好的体育运动习惯；其次，人的生命过程会经历不同的阶段和时期，不管在哪个时期，都应该坚持进行身体锻炼，养成终身体育锻炼的良好习惯，养成健康的体育习惯是终身体育健康发展的根本源泉。

2."终身体育"教育理念的特征

（1）体育锻炼时间的终身性

"终身体育"是一种先进的教育理念，它突破了传统的学校体育目标过分强调学习和掌握运动技能的观念，打破了传统的体育教学观念把人接受体育教育的时间仅仅局限在在校学习期间。"终身体育"教育理念关注个体的整个人生的生长发育、健康成长、养生保健，强调体育参与可使人受益终身，应终身参与。

（2）"终身体育"锻炼群体的全民性

"终身体育"教育理念是面向整个人类的一种教育理念，不仅仅局限于学校中的学生，还包括社会大众在学生从学校毕业进入社会之后，体育教育依然应该得到重视。体育教育贯穿人的一生，终身体育锻炼具有全民性。体育教育是一个系统工程，现代社会，生存发展是时代的主流，要生存就必须会学习、运动锻炼和保健，人们要想更好地生活，就要把体育与生活紧密联系在一起，积极参与体育锻炼并促进身心健康发展，因此，关于"终身体育"，每一个社会成员都应该重视和积极参与其中，故"终身体育"覆盖社会各个群体，因此，这是指接受终身体育的所有人，在对象上包括儿童、青少年、成人和老年人等；在范围上包括学校体育、家庭体育、社会体育等。

（3）"终身体育"锻炼目的的实效性

"终身体育"强调通过体育参与促进个体的终身健康、全面发展，因此，终身体育的锻炼内容、方式、方法等必须与个体的生活、学习、工作等密切结合起来。

"终身体育"以适应个人发展和社会发展为根本着眼点。人们为了改善自己的生活质量，根据自身条件合理选择适合自己的体育方式，做到有的放矢，具有较强的针对性和实效性，有助于促进运动者自身的全面发展和终身发展。

3."终身体育"与学校体育的关系

（1）终身体育与学校体育的相同点

共同的体育目标——育人。健康的身体是工作、学习、生活的基本保障，是人们参与现代化建设的前提条件。终身体育有机融合了身体锻炼、工作及生活，提倡终身坚持体育锻炼。学校体育主要是对德智体全面发展的人才进行培养，促进学生身体素质、心理素质及智力和社会适应能力的全面发展。

共同的体育手段——身体锻炼。终身体育强调个体应养成终身参与体育锻炼的习惯，在人生的每一个阶段都积极参与体育健身锻炼。体育教学以学生的身体练习为主要教学手段，旨在通过学生的各种体育活动参与促进学生的体能、技能、心理、智能的发展。

共同的体育任务——掌握知识和技术，提高运动能力。掌握体育知识与技术是个体参与体育锻炼的重要基础，也是学校体育的重要教学目标与任务，学校体育教学是终身体育教育的一个重要阶段，离开这个阶段的体育教育，终身体育就不可能实现发展，学校体育教育应与终身体育教育充分结合起来。

（2）终身体育与学校体育的区别

体育参与时限不同——终身体育贯穿人的一生，学校体育只负责学生在校期间的体育教育。

体育教育对象不同——终身体育以全社会所有成员为教育对象，学校体育以在校学生为教育对象。

终身体育的建立与形成与学校体育教学的发展有着极为密切的关系。终身体育作用于个人，由相互联系、相互影响的学校体育、社区体育、家庭体育构成，并要求学校、家庭、社区均应开展体育活动，为个体提供参加体育活动的机会。终身体育贯穿于人的一生，对社会而言，终身体育是全体国民的体育，终身体育与学校体育二者的统一是终身体育追求的最高目标。

（二）"终身体育"教育理念在我国高校体育教育中的实际应用

"终身体育"教育理念的形成能有效促进我国体育教学的发展。树立终身体育教育教学理念是我国高校体育教学目标改革的指导思想，也是我国高校体育教学发展的落脚点。终身体育能否实现，在很大程度上取决于这种观念是否树立和能力是否形成。

1. 学生"终身体育"思想的培养

人们参与运动并坚持长期从事体育锻炼，首先应对"终身体育"教育理念有一个正确的认识，在此基础上，才能建立和培养"终身体育"教育理念。

就当前整个社会发展背景来讲，现代社会生活节奏越来越快、竞争越来越激烈，每个人都面临着来自各方面的压力。而人的健康生存与发展是以健康的身体为基础和前提的，如果身体状况不理想，很难应对学习、生活和工作中的问题，即便可以勉强应对，也不会过上高质量的生活。

终身体育锻炼可以增强个体适应、抗击压力的能力。只有充分认识到这一点，个体才会主动去参与体育锻炼，这种科学的体育认知与体育情感共同决定着体育行为。

在体育教学中，对于学生来说，要想树立终身体育的观念，教师必须正确引导学生科学认识和理解体育的价值，端正学习体育的态度，积极学会体育锻炼的技能，掌握体育锻炼效果评价的方法，形成终身体育能力，为终身体育锻炼奠定基础。

2."终身体育"教学内容的设置

在高校体育教学中，不能只追求学生某一特定的运动技能和运动的熟练程度，而是重视学生学会能自我分析自身的身体锻炼和综合的运动实践能力，加强对学生终身体育意识与运动能力的培养，并以此为核心来对体育课程进行多功能和综合性的开发。

具体来说，就是要求学校体育课堂教育的延伸与拓展，使学校体育向终身体育延伸。一方面，在设置体育课程目标时，要客观评估学生体能、身体素质及其对体育知识和技能的掌握情况。在实施目标教学前，教师应充分了解与分析学生的现状，以体育课程终身体育教学目标为导向组织体育教学。另一方面，在选用体育课程内容时，应重视对休闲体育项目、时尚体育项目的引进，开展能够激发学生体育兴趣和潜能，调动学生体育积极性和创造性的新兴项目，如健美操、瑜伽、体育舞蹈、网球、跆拳道等。使学生在轻松愉悦的氛围中掌握体育技能，切实提高学生的实际运动能力。

3."终身体育"教学方法的运用

现代体育教学中，贯彻落实"终身体育"的关键在于学生体育学习兴趣的持续培养与提高，在体育教学中，教师应采取科学有效的富有创新的教学方法展开教学工作。在教学过程中注重采用多元化的教法，争取每节课都取得良好的成效，能够以不同学龄段学生的情况为依据有针对性地选择相应的教学方法，以不断活跃课堂气氛，使学生在欢乐气氛中形成体育兴趣，同时，有效避免教学中的一些因素对学生的阻碍，使学生在体育锻炼中感受快乐，树立自信，增强体育意识，全面提高学生的认知能力、技能水平，使学生获得良好的情感体验，进而主动参与体育锻炼。

4.学生需求与社会需求的统一

"终身体育"教育理念是体育教育教学的一个重要指导思想，对于充分发挥体育的教育作用，促进学生的身心健康发展、社会适应能力的提高，满足当代社会对人才发展的需求具有重要作用。社会劳动力由不同年龄段的人构成，有使身体保持在最佳的状态，才能更好地适应现代社会发展的需要，所以应在不同的人生阶段选择不同的锻炼方式和内容。无论是何年龄段、何种职业，都面临着对它的选择，以保证自己有更加充沛的精力，身体更加健康，以便更好地适应现代社会的发展以及满足未来生活的需要，而这种伴随人生一起发展的体育，就是终身体育。

学校是培养社会所需人才的重要场所，而无论何种人才，都必须首先拥有一个健康的身体,因此,高校体育教育应该重视把国家需要、社会需要与学生个体需要有机结合起来;把追求体育的健身价值与人文价值有机结合起来;把传授体育知识技能与终身体育教育有机结合起来,全面提高大学生的体育素养,促进大学生的终身体育能力的提高,以符合社会发展对人才的体质、体能要求。

在这里需要特别指出的一点是,学生的终身体育发展为社会对人才的需求奠定了基本人才素质基础,但学校体育教育是多方面的,不能单纯为社会需求发展服务,还应充分考虑"以人为本""健康第一"。此外,"终身体育"教育建立在"学会认知、学会做事、学会共同生活和学会生存"四个支柱之上,其实施不是某个单一教育环境所能进行的,需要学会整体参与,必须加强社会各种教育部门之间的紧密联系才能保证终身体育的真正贯彻和落实。

第二节 我国高校体育教育理念的改革与创新

一、现代体育教育理念改革发展的突破点

(一)正视多元体育教学理念的存在与发展

人类社会的发展过程中,随着人的认知不断深入与发展,许多新的观点和理念不断提出,在包括体育在内的教育领域,教育理念与观点的发展也是如此。在体育教学的发展过程中,不同的体育教学理念之间既有相同之处,又有相互对立和矛盾的地方,但正是因为有这些争论与矛盾的存在,才使得体育教学理念能够不断发展,不断突破,更具活力。

现阶段,我国体育教育理念的改革与突破应建立在充分借鉴多元体育教育理念的基础之上,更加突出具有现实意义的思想理论的重要性,使这部分理论进一步发展壮大,以不断丰富当前适合我国高校体育教育国情的体育教育理念体系的完善。

(二)结合体育教育理念的特点、规律和趋势来推动其改革与发展

一般来说,当一个教育现象和问题出现之后,会引起相关学者的关注与研究,并据此提出一些观点与看法,最终形成一种新的观念,从这一思想发展规律可以充分认定,体育教学理念具有一定的滞后性,因此要对社会的需求及时加以预测,及早对高校体育教育教学理念进行改善。

现阶段,我国经济发展迅速,人们生活条件在不断改善,因此逐渐拥有了更高层次的需求。随着社会的不断进步与发展,人越来越受到重视,教育对人的关注也成为一种必然。

随着我国高校体育教育教学改革的日益深入，越来越多的人逐渐认识到不能再单纯地将教育结果、知识传授看作是教育的一切，不再单纯对社会和集体进行高度关注，而开始将关注焦点转移到"人"身上，我们要提倡一种能够服务于人的全面发展的有价值的教育理念，而且该思想应该关注社会上每个个体的发展。

现阶段，我国教学改革的重要方向之一，就是对人性化教育、人本化教育与教育的意义与价值方面的改革。"人本"强调人的全面发展和自我实现，它对学生的自我体验是高度重视的。体育的过程是培养学生的社会性活动的过程，在这一过程中，人既是教育的出发点也是最终的归宿点。如果教育缺少了对人的社会性的培养，则其就失去了其所具有的独立存在的价值和本质特征。

（三）根据体育教育理念的发展影响因素来促进其改革与发展

体育教学理念在不同的时期会表现出不同的特点，这与人的认知与社会客观发展环境有关。确切地说，理念是一定历史时期的产物，不同的历史因素必然会对其产生、发展及变化造成影响。

体育的发展受到各方面因素的影响，在体育文化现象发展基础之上的体育理念也受到这些因素的影响。体育文化与社会经济的发展有密切的关系，并受社会经济发展的影响，在现代，经济比较落后的国家的运动员只能在简陋的条件下进行训练，其训练效果是不可能与经济发达国家的运动员相比的。科学技术的发展也对体育的发展产生极为重要的影响。从某种意义上说，现代体育尤其是竞技体育运动的发展，已经逐渐演变成为一场"科技战争"。体育运动发展过程中的每一次记录的产生，都包含诸多的科技要素。

在各个层面对体育产生重要影响的大背景下，必须要及时防止体育教学理念受到上述这些因素的不良影响，同时将这些影响因素中的有利因素充分利用起来，使其推动体育教学理念的发展。体育教学理念的发展会受到社会因素的影响，所以我们要不断对新的社会需求进行探索与分析，并据此来加强对教学思想的改善，同时进一步引导社会的健康发展。例如，利用政策对一些有意义的体育教学法规进行颁布，贯彻落实体育教学理念。

此外，除了上述几个影响因素以外，理论发展因素也会影响体育教学理念的发展，针对这一点，必须要对体育学科理论不断进行研究，使体育理论不断丰富和完善，从而推进体育教学理念的发展。同时，还应对相关学科和国外体育理论的发展予以关注，将有益的思想积极引进高校体育教育中来，以不断促进我国体育教育理念与教育事业的发展。

二、现代体育教育理念改革发展的方向

（一）层次性和延续性方向发展

新时期，各种体育教育理念与体育教学思想不断涌现，这些不同的教育理念与教学思想在不同程度上都推动了体育教学的发展，如为体育教学的改革指明了方向，使体育教学改革步伐不断加快，促进了体育教学质量的提高。

就体育教育教学实践来说，教学对象是体育教育发展改革应该重点关注的对象，而不同年龄段的学生，他们之间在很多方面都存在着显著的差异，所以从教学指导思想在教学实践中的运用可以看出，体育教学理念表现在各年龄阶段体育教学重点倾向性相似，教材的处理、教法的选用和组织安排不符合学生的身心特点及地区特点等，这些都对高校体育教育改革进程造成了一定程度的制约作用。

新时期的体育教育改革应该重视学生的长期、可持续发展，在教育理念上，要重视教育的层次性与各阶段的延续性，通过体育教学的科学组织与实施，结合不同年龄段学生的特点为依据对相应的体育教学指导思想进行构建，使之具有鲜明的层次性，以科学把握教学改革目标和教学改革方向，进一步优化教学改革进程控制，不断促进高校体育教育育人的效果。

（二）人文教育和科学发展观方向发展

在我国素质教育改革的推动下，我国高校体育教学理念从唯"生物体育观"转向了"三维体育观"（由生物、心理、社会因素构成），这就使得体育在健身、竞技、娱乐、文化和社会等方面的功能得到了进一步的拓展，使我国体育教学在传授"三基"、增强学生体质的同时朝着多元化的目标和功能方向发展。

在充分借鉴和引进休闲体育思想、快乐体育思想、终身体育思想等的基础上，我国体育教学理念得到了进一步发展。此外，在2008年奥运会成功举办后，人文奥运理念已深入人心，在一定程度上，奥林匹克运动也对我国学校体育的发展产生了重大的影响，未来学校体育会向着以人为本的方向迈进和发展，会更加重视学生的需要和全面发展，以"人文体育观"为核心的教学思想将会在体育教学中发挥更大的价值。

现代体育教育教学的发展离不开对人的关注，其重要的一点在于关注人的全面、可持续发展。

新时期的高校体育教育理念应将重点放在"重视学生综合素质教育"和"培养优质人才和促进人才的科学发展"两个方面。一方面，在现代学校体育教学改革发展形势下，体育教育只有改变以往的"知识型"人才的培养，转而走向"创造型"人才的培养的道路，树立全面育人的教育观念和意识，着重培养和提高学

校学生的综合素质和能力，才能够最终实现素质教育的目标。另一方面，应不断强调教育的育人作用，通过体育教育促进现代人才的培养与科学、持续发展。使学生在校期间能接受正确的体育观念的教育，使学生得到锻炼身体能力的培养，使他们对体育运动对人体短期、长期的各种影响有一个深刻的认识，在观念上使学生把参与体育作为一种自觉的行为，作为成为现代社会人才的一种基本素质进行培养与提高。

（三）教育理念的综合化方向发展

21世纪以来，我国学校教育发展迅速，高校体育教育也要适应新时代的发展潮流，不断革新观念，以科学的、合理的、人性化的教育观念促进学校体育的发展，让学生在健康第一思想的指导下，获得身心的全面健康发展

当前，素质教育是一种发展中的新的教育理念，它具有非常丰富的内涵。现阶段，我国素质教育还处于发展探索阶段，人们试图通过不同的途径，采用不同的教育理念去对体育教学实践进行指导，以使体育素质教育获得新的发展。

随着素质教育的不断推进，迫切需要从其他相关理论中对"合理内核"加以汲取和吸收，以不断丰富和完善素质教育理论体系。体育是教育的重要组成部分，其服务于人的全面教育，所以在学校体育教学中，应顺应素质教育的潮流，确立"健康第一""终身体育"与素质教育相结合的体育教学理念，在体育教学中，要始终将"健康第一"，"终身体育"的指导地位放在首位，这两个教育理念的作用和价值是不可轻易动摇的。只有充分认识到这一点，才能进一步深化素质教育改革。总结来讲，素质教育离不开"健康第一""终身体育"，前者是后者的发展基础，后者是前者的发展要求。

三、现代体育教育理念的科学创新策略

思想对个体的行为具有重要影响。传统体育要想在学校体育教学中获得根本上的进步必须要转变教学思想与教学理念。实践表明，只有在思想理念上做出创新，才能推动传统体育教学的改革，转变教学中不利于体育运动发展的一切困难与阻力因素。随着我国素质教育深入发展创新我国高校体育教育的理性思考是学生及时掌握运动技巧和运动技能的重要途径，也是培养学生积极向上的人生观、价值观的重要策略。

现阶段，实现体育教育理念的科学创新，应从以下几方面着手进行。

（一）更新传统体育教学理念

我国体育教育具有悠久的历史，在漫长的发展过程中，教育理念的发展几经变化与发展，在不同的时期都对体育教学的发展起到了重要的作用。在传统体育

教学发展和改革的过程中，生物体育观是其基础。在新的历史时期我国在人文体育观念的影响下，在教学改革中出现了"学习领域目标""课程目标"等一些新的概念。在教学过程中，对教学目标也进行了多方面的层次和类别划分，确立了"身体健康""运动技能""心理健康"和"社会适应"等立体化的多维健康的教育教学目标。

随着我国体育教育教学的不断发展，在我国改革开放社会经济转型的时期，素质教育被提上日程。在开展大学管理、教学等方面的活动时，处处体现着人文关怀的印记。在教学过程中，将其他所需要达到的目标穿插其中，从而让教学环境变得更加生动，学生的体育学习和参与兴趣积极性不断提高。

新时期，我们对体育教育理念也应有所转变，应以终身体育观为出发点，对体育教育的认识从低级走向高级，由封闭走向开放，由单一走向多元，由局部走向整体。在创新教育理念的指导下，应充分强调教育理念的创新性和时代性，从提高创新素质、塑造创新人格、培养创新人才出发，对体育教育规律及特征理性的认识与判断，使体育教育理念与思想更具系统性、指导性、时代性和创新性。

（二）融合多元体育教学理念

在体育教育的发展过程中，诸多体育教育教学理念被先后提出，这些体育教育理念并非都是先进的教育理念，有些教育理念只在特定的历史时期对体育教育起到重要的推动作用。全球化背景下，各种思想文化处在不断的发展和融合之中，教育思想也呈现出这一发展趋势，随着我国改革开放的深化进行，我国的学校体育教学思想呈现出多元化的发展趋势。

随着社会和时代的变革，不同教育理念对体育教育的指导作用也会表现出不同的促进或者阻碍作用，对此应科学分析、批判继承与发展。

从国外教育理念的发展来看，以科学主义教育思想与人本主义教育思想发展为例，科学主义教育思想对经济社会的发展具有重要的促进作用，符合社会发展的主流势，随着教育价值多元性逐渐被人们深刻的认识，人本主义教育思想逐渐呈现出与科学主义教育思想相融合的趋势，现代人本主义教育思想得以确立，其关注学生的健康全面发展，值得在新时期的高校体育教育改革与发展过程中进行思考与科学教育实践指导。

从国内外教育理念的不同来看，受多方面因素的影响，国外与我国体育教学思想之间存在着较大的差异性，因此，比较与融合中外不同的体育教学思想，指出二者之间的差异性非常有必要。通过对比，我们既要吸收外国体育教学思想中优秀的部分，又要摒弃其糟粕；既要总结我国体育教学优秀的思想，也要放弃不合时代的内容，同时还要比较中外文化背景差异性，比较中外体育教学思想的共性与差异性,从共性中寻找结合点,从差异性中寻觅不同的功能,把中外体育教学思想有效地整合起来,进一步完善我国体育教育理念的内容,从而促进我国高校体育教学的不断发展。

(三)体育知识(技能)教育与文化(人文)教育的整合

体育知识(技能)教育是以体育知识(技能)为本或为中心的体育教育;体育文化(人文)教育是一种由内容到层次都很丰厚的体育教育。

现代体育教育理念关注学生的全面、科学、可持续发展,关注高校体育教育教学的全面、科学、可持续发展。在具体的高校体育教育实践中,不仅要向学生传授体育知识(技能),更要传承体育文化(人文)的精髓,使学生在学习和参与体育过程中,产生对体育与体育文化的认同,提升体育与体育文化的自觉、自信,把体育融入日常生活,成为一种"新常态",并进一步实现"终身体育"。

第四章 高校体育教学内容的创新

第一节 体育教学内容概述

体育教学内容是体育教学工作者在进行体育教学时的主要参考,因此体育教学内容在体育教学中占据非常重要的地位。再加上体育教学内容所涉及的知识点较为繁杂、宽泛,因此,对于体育教学工作者而言,体育教学工作必须建立在对体育教学内容充分了解的基础上。

一、体育教学内容的概念

体育教学内容是指以健康教育为目的,以身体练习、运动技能和教学比赛等形式为手段,通过课堂教学实施,可以在教学环境下进行教学内容的总称。因此,体育教学内容和其他教学内容一样,都具有明显的教育性、科学性和系统性的特征,但是它与其他学科又有着明显的区别,体育教学内容突出的是实践性,师生在课堂不是封闭静止的,而是互动的、全开放的。另外,体育的许多教学内容来源于现实生活提炼,因而它又具备一定程度的娱乐性、观赏性和竞技比赛性。体育教学内容包含两层含义:

(一)体育教学内容有别于一般的教育内容

首先,体育教学内容是依据体育教学目标而选择的,在制定目标时充分考虑了学生身心发展需要、教学实际条件等因素。其次,体育教学内容是以身体活动为基本手段来进行的教育,以身体锻炼、身体练习、运动技术与技能学习和教学比赛等组织形式为主的教学形式,而语文、数学、英语等学科则是以理性知识传授为主的教育。

（二）体育教学内容有别于竞技运动的内容

竞技运动中的训练虽然也有育人功能，与体育教学类似，体育教学和竞技运动的内容都是运动项目而且大部分相同，但二者的目的和对运动项目的运用都有很大差异：体育教学以培养健康的合格公民为目的；竞技运动以培养高水平运动员和评出优异运动成绩为终极目标；体育教学内容需要根据社会发展进行必要的改造、组织和加工，而竞技运动内容不必和不允许进行改造。即使是相同的运动项目，二者对受教育（训练）者在体能发展的水平和动作技能的标准化程度等方面上的要求也迥然不同。

由于体育教学内容在形式、性质和功能上的多样性，使得体育教学内容在选择、加工、组织和教学过程控制中变得更加复杂。

二、体育教学内容的特点

（一）实践性

体育教学内容以身体锻炼、身体练习、运动技术与技能学习、教学比赛等组织形式为主，身体活动是这些教学内容的共同特征。身体运动的实践性是体育教学内容最突出的特点之一。这里的实践性是指体育教学内容绝大部分都与由骨骼支持的身体运动实践紧密相关，受教育者本人必须亲身参与这种以肌肉运动为特点的运动时才可能学会这些教学内容。体育教学内容中的知识学习和道德培养，也必须通过运动过程和体育学习情境氛围以及运动中的本体肌肉感觉和情感体验才能最终获得，这是与其他学科教育内容最根本的区别。

（二）健身性

由于体育教学内容以身体活动为基本手段，体育教学必然会对身体形成一定的运动负荷。因此，在运动方法和运动负荷合理的情况下，体育学习和练习自然会对身体产生锻炼的作用与效果。虽然由于教学时间的安排，运动负荷的大小、多少和学习目标的优先级等各种因素而经常处于非自觉状态，但只要在选择、分析和设计体育教学内容时根据受教育者不同的身心特点将这些健身性的内容进行科学的设计和控制，在体育教学中将以锻炼身体不同部位为主的内容进行搭配，在教学过程中对运动负荷大小进行合理安排，对每个教育内容的健身效果进行评价并反馈改进教学，就可以最大限度地发挥体育教学的健身效果。

（三）娱乐性

由于体育教学内容大多是竞技性的运动项目，参加者在这些运动过程中的学习、竞争、协同、挑战、表现、战胜、超越等心理体验和成就感、卓越感等，都会让人产生愉悦的审美体验。当学生在教学过程中真正感受到这种愉快的体验时，就会强化在体育教学中对运动乐趣的追求动机，这也是体育教学内容与其他文化课内容的重要区别。

（四）层次性

体育教学内容具有鲜明的层次性。体育教学内容的层次性表现在：其一，体育教学内容内在的层次性，即体育运动的内在规律使体育教学内容的技术与战术之间、内容与内容之间存在着由简单到复杂、由易到难的递进式的层次性，这种内在层次性可以相互联系和相互制约，如篮球运动中的运球、传球等基本技术是篮球战术学习的基础，田径教学中的短跑教学内容是跨栏跑教学内容的基础等。体育教学内容的内在层次性是我们编制体育教学内容的依据。其二，体育教学内容的外在层次性，即学生的生理、心理和社会特点等外在因素也具有递进式的层次性，这使得体育教学内容的安排应具备系统性、逻辑性并与以上层次性因素相适应。

（五）开放性

体育教学内容大多是以集体活动形式进行的运动学习和运动竞赛，这种集体活动又多是以队形变化、分组学习、分组练习来组织进行的。在运动学习练习和比赛中教师与学生、学生与学生可以自由地相互交流，互动频繁。具体以分组形式学习，要求"角色扮演"分工明确，在体育学习中的"社会角色"变化远远多于其他学科的学习。所以，体现出体育教学对学生集体主义精神、竞争意识、协同能力培养的独特功能。

（六）约定性

体育运动项目或身体练习方式是在一定的时间、场地、空间或在专门器械上，按照约定的规则和程序进行的，如"田径""郊游""沙滩排球""户外运动""沙地网球""平衡木""撑杆跳"等。也就是说，如果这些项目离开了特定时空的制约，其内容和形式就会发生质的变化，甚至内容本身就不存在了。由于体育教学内容的时空约定性，使体育教学内容对运动的时空有很大的依赖性，也使场地、器材、规则本身成为体育教学内容的制约因素。

第二节 体育教学内容的目标与要求

体育教学的内容来源于人类发展的各个时期，其教学内容的目标和要求都具有很强的时代性。这主要是因为体育教学内容由当地民众的文化水平、地域气候条件、社会政治经济发展状况、生产力水平、科学技术水平等因素决定。

一、传统性体育教学内容的目标和要求

传统性体育教学内容主要是指运用传统的教育方法对学生进行体育运动技能培训的一种形式，是体育教学内容中一直存在的锻炼项目。虽然体育教学内容随着时代的不断更迭而持续变化，但是传统性体育教学内容因其积极的教育作用仍然在教育界中占据很重要的地位。下面将对一部分传统性体育教学内容的目标和要求进行简单地叙述。

（一）体育保健

体育保健教学内容的目标：通过体育保健基本知识和原理的传授，首先让学生深刻地认识到体育教学在人的成长过程中的重要作用，学习体育运动对国家、社会的重要作用，从而激发学生对体育锻炼的使命感，使他们自觉地参加体育锻炼。除此之外，通过体育保健基本知识和原理的学习，学生能够了解一些体育学习的必要知识，形成对体育教学的正确认识。

体育保健教学内容的要求：体育保健教学内容的编写应该结合当前社会的状况、学生的实际需求等方面进行，并且精选一些对学生的实际生活和成长有较重要影响的体育运动项目，保证内容的真实性和目的性。同时在对这类内容进行教学的过程中，要结合实际操作进行演示，有益于学生掌握和接受。

（二）田径运动

田径运动是常见的运动项目，其主要包括跑步、跳高、跳远、投掷等内容。田径运动教学内容的目标：通过这项运动，学生能够了解田径运动的一般规律和基本知识，清楚地认识到田径运动对他们成长过程中身体素质培养的重要意义，掌握一些田径运动相关的基本原理和方法，掌握一些基本的田径运动技能，通过生活中的不断练习，达到增强学生体质的目的。

田径运动教学内容的要求：在设计田径运动教学内容的时候，不应该单单从竞技类运动的角度划分、分析田径运动的教学内容和作用，应该从文化、运动特点、技能作用等多方面进行教学内容的设计和组织，这样才能让学生更科学地掌握田径运动的基本知识，并且将获得的田径运动知识和技能正确地应用到健身实践中去。由于田径运动会使肌体产生一定的负荷，负荷强度太高会对肌体造成一定的损害，强度太低则达不到运动的效果，所以在教学过程中，应该根据学生的身体特点灵活教学。

（三）体操运动

体操运动是体育教学中的重要组成部分，由于其对人体的平衡和形体的训练有着非常积极的作用，体操这一运动颇受广大高校学生的喜爱。体操运动教学内

容的目标：第一，在教师的指导下，让学生充分地了解体操运动文化，了解体操运动对人体健康的作用；第二，让学生掌握一些基本的体操运动技能和方法，使学生能够在日常生活中使用体操来锻炼身体；第三，学生能够安全地从事体操运动，并且掌握一些体操比赛的基本常识和技巧。

体操运动教学内容的要求：体操不仅能锻炼人体的平衡性、协调性和灵活性，而且能对学生进行心理方面的积极引导和教育。因此，要从竞技、心理和生理等多视角来对体操教学内容进行分析。在教学内容的编排上要保证一定的层次性，不能总是停留在低水平的层次上。在教学过程中，要根据学生的身体特点，开展合理的训练，如有些平衡能力较弱的学生，应该对其进行更多有关平衡能力的练习，做到因材施教，这样才能保证教学质量的提高。

（四）球类运动

球类运动是一种常见运动，其主要包括足球、篮球、乒乓球等运动。由于球类运动是一项充满活力和竞技趣味的运动，因此很受当今高校学生喜爱。球类运动教学内容的目标：第一，让学生充分地了解球类运动的基本概念和球类运动中的一些比赛规则；第二，使学生能够掌握一些球类运动的技能和技巧，以及参加球类运动比赛的基本技能和常识性知识。

球类运动教学内容的要求：球类运动虽然是一项群众性的运动，但其技巧和方法较为复杂，因此在筛选教学内容的时候不能只对球类的单个技能进行教学，而忽视其与比赛之间的联系，否则就会失去球类运动的基本特性，同时还要注意教学内容选择的顺序性与实战性之间的联系。在教学过程中，要注重对技能的训练和对学生团队合作精神的培养。

（五）韵律运动

韵律运动其实就是一些类似于舞蹈、健美操、体操等的运动项目，韵律运动与其他运动最大的区别就是将舞蹈与运动相结合，在音乐节奏的作用下，实现了两者的完美结合，因此，韵律运动是当今女性尤其喜爱的一种运动。韵律运动教学内容的目标：使学生了解韵律运动的基本特征，了解从事这一项运动应该遵循的基本原则和规律，掌握一些基本的技巧和套路。除此之外，还可以通过此课程的学习，塑造学生优美的形体。

韵律运动教学内容的要求：因为韵律运动是一项表现运动，同时又是一项塑造形体的运动，不仅涉及音乐、艺术方面的因素，还涉及美学方面的知识，因此，韵律运动教学内容应该从学生审美观的培养、舞蹈音乐的了解和掌握等全面地、多角度地加以考虑。韵律运动教学内容还要强调对学生创新能力的培养。

（六）民族传统体育

民族传统体育是一个民族精神和文化的代表，反映着一个民族的发展历史。通过对民族传统体育的了解和研究，将其教学内容的目标确定如下：第一，借助这些民族传统体育的讲授，让学生对民族文化有更深的了解；第二，使学生学到一些民族传统体育的技能，既可以防身又可以继承和弘扬民族文化，如中国武术。

民族传统体育教学内容的要求：在编排内容时，不仅要结合学生的特点以及现代人的生活方式，而且要强调内容的文化性和实用性，特别是对民族传统体育文化背景和意义的介绍和揣摩。在教学过程中，要注意对学生兴趣的培养。

二、新兴体育教学内容的目标和要求

随着社会的不断发展，人们生活水平日益提升，科技不断进步，促进了各国政治、经济、文化的迅速创新和发展。在这种社会背景下，新的体育运动项目也逐渐兴起。研究新兴的体育教学内容有助于优化体育教学的结构。通过对体育教学内容的不断研究和分析，将新兴体育教学内容总结如下。

（一）乡土体育

近几年来，教育改革的不断深入、教育内容的不断创新、课程资源的不断开发，引起了广大体育教学研究者的重视，一些具有积极锻炼意义、散发着浓烈的乡土气息的运动项目重新登上体育教育的舞台。这类乡土体育运动的教学目标是，让学生对民间体育和民俗风情有更深的了解，使学生掌握一些具有地区特色的民俗体育知识和技能，促进当地传统文化的继承和传播。

乡土体育教学内容的要求：由于这类体育项目来自民间，具有民俗文化的传播作用，因此，要注重其内容的文化性、安全性、锻炼性和规范性，同时剔除一些不利于文化传播或是正能量传播的因素，摒除一些错误的实践。

（二）体适能与身体锻炼

随着社会对学生的身心健康全面发展要求的不断提高，一些针对性较强的体育锻炼作为培养学生身体健康的运动被正式带进课堂。这些内容与教师对此运动的实践技能的传授相结合，共同发挥着提高学生的身体素质和运动素质的作用。体适能与身体锻炼教学内容的目标：体育教师应该通过这一部分教学内容有效地锻炼学生的身体，让学生掌握更多实践锻炼和运动的原则和方法，帮助他们更好地提升运动技能。

体适能与身体锻炼教学内容的要求：由于这是对学生体适能的锻炼，因此要结合学生身体素质的状况，遵循体育锻炼时的基本规律，要注意锻炼的针对性、科学性和时效性，同时注意内容应该符合国家规定的关于学生体质健康的实行标准。

(三) 新兴体育运动

由于新兴体育运动教学的内容具有时代性，因此教师在教学时要注意对体育教学目标的掌握，现经过分析和研究，将新兴体育教学内容的教育目标总结如下：使学生掌握一些比较流行的体育运动文化，提高学生对新兴体育运动教学内容的兴趣，同时提高体育教学在终身教育方面的实用性，从而提高体育教学的质量。

新兴体育运动教学内容的要求：由于是一种新兴的体育教学内容，所以在选用这种教学内容时，首先要保证其符合教学条件的基本要求，其次要注意体育教学内容的文化性、教育性、安全性和实践性，同时注意对教育内容的筛选，杜绝不利于学生成长的体育内容。

(四) 巩固和应用类课程的基本教学内容

巩固和应用类课程的基本教学内容是新课标要求下的一种教学内容，而且是随着活动课程的发展而不断形成的，其教学内容的目标是，通过此类教学内容的学习，巩固学生有关体育教学的基本知识和技能，并能够将其与运动实践相结合，借此提高学生的体育锻炼技能以及在参加体育活动方面的常识和能力。

巩固和应用类课程的基本教学内容的要求：在选用教学内容时，应该注意将其与学科内容和体育教学内容完美地融合，同时注意对内容的延展性和应用性的掌握，注意对学生在体育教学活动中的创新能力和创新意识的培养，使学生能够进一步拓展所学习到的知识和技术。

第三节 体育教学内容的编排与选择

一、体育教学内容的编排

(一) 体育教学内容的编排模式

在对体育教学的课程内容进行排列组合时应坚持一定的策略，目前，体育教学内容的主要编排方式包括螺旋式排列和直线式排列，同时还包括以上两者综合在一起而得到的混合型排列方式。这里重点对螺旋式排列和直线式排列这两种体育教学内容编排模式进行详细分析。

1. 螺旋式排列

体育教学内容的螺旋式是当某项运动项目的教学内容的有关方面在不同年级重复出现时，逐步提高教学要求的一种排列方法。

在历来的教学大纲当中，只模糊地说明一些锻炼身体作用大的教材是适合用螺旋式排列来进行编排的，事实上，并不是仅仅锻炼身体作用大的教材才适合于螺旋式排列的编排方式。这是由于一些兼具难度和深度的教学内容，总是要求学生熟练掌握运动技能，这些教学内容也是更加适合于用螺旋式排列方式的。

2.直线式排列

与螺旋式教学内容的排列方式不同，直线式教学内容的排列意味着，学习了某一体育运动项目和身体练习之后，相同的内容基本上不再重复出现。

随着体育教学的发展，如何更加科学地对体育教学内容进行编排，以实现更好的教学效果，要求体育教学工作者在体育教学内容的编排过程中，注意考虑体育教学内容的循环周期现象。

研究表明，在体育教学内容的编排中，存在循环周期的现象。这种循环是指，在同一教学内容中，在不同的学段、学年等范围中进行的反复的重复安排就是循环周期现象。这种循环的周期有的是课，有的是单元，有的是学期，有的是学年，甚至有的循环是在某一个学段中。以跑步为例，一节体育课上要进行100米跑，下一次课当中仍要进行100米跑就是以课为周期的循环。在一个学期内安排100米跑，在下一个学期内的课程上仍要安排100米跑就是以单元和学期为周期的循环。以此类推。结合上述理论，我国体育教学学者根据不同的内容性质而将体育教学内容的编排分为以下四类。

（1）"精学类"教学内容——充实螺旋式。

（2）"粗学类"教学内容——充实直线式。

（3）"介绍类"教学内容——单薄直线式。

（4）"锻炼类"教学内容——单薄螺旋式。

以上四种体育教学内容编排方式很好地满足了新课程标准中对体育教学内容的要求，并根据体育教学内容中的自身理论，结合当前体育教学内容中的各种情况，创新地将各个方面的内容合理编排在体育教学中，所以在体育教学的发展改革中，上述几种编排方式都非常适用，有利于体育教学目标的实现。

（二）体育教学内容的编排方法

1.简化的教材化方法

简化的教材化方法具体是指将各种高水平、正规的竞技运动项目在各方面（包括竞赛的规则、技术、器材和场地等）进行简化，从而使其能够更好地适应体育教学活动的开展。这种方法是现代体育教学中，对教学内容进行教材化最为常用的一种方法。简化教材法能够使得教学内容与学校的条件、学生的能力与需求、教学的目标及教师的教学能力等各方面相适应，使教学更具操作性。

2.理性化的教材化方法

理性化的教材化方法主要通过对各种运动项目所包含的各种运动原理和知识等方面进行充分的挖掘，并将其组织安排在教学过程中的一种教材化方法。这种教材化的方法适用于具有一定体育基础的学生的体育教学。

3.实用化、生活化、野外化、冒险运动化的教材化方法

实用化就是使得教学内容与实用技能相结合；而生活化则是教学内容与日常生活相结合；野外化则是将正规的场地变为野外的非正规场地，或将各种场地运动转变为各种野外运动；冒险运动化就是增加一定的惊险性，激发学生的学习兴趣。这些方法能够与现实生活各种需求相结合，增加教学内容的趣味性，提高学生的学习兴趣。

4.游戏化的教材化方法

很多体育教学内容都比较枯燥，如跑、跳、投、体操、游泳等运动项目，因此在选择好教学内容后还需要对其进行一定的改造，而常用的方法就是游戏化的教材化方法。这种方法是将这些单调的运动用"情节"串联成游戏，提高参加者的兴趣，而同时又不会在很大程度上改变练习的性质，依然可以很好地达到增强练习效果的目的。

5.运动处方式的教材化方法

运动处方式的教材化方法是指以遵循锻炼的原理为基础，对运动的强度、重复次数、速率等因素进行组合排列，并以学生不同的需要为根据，组成处方来进行体育锻炼和教学。这是一种不可或缺的教材化方法，因为它对教会学生运用运动处方锻炼身体非常有利。

（三）体育教学内容编排的注意事项

1.注意学生基础和教学实际

体育教学内容的编排应符合学生的实际需求，促进体育教学质量的不断提高，应使得体育教学的内容与学生的实际情况和实际需求相适应。具体而言，在进行体育教学时，教师应在考虑体育运动和身体练习本身的难易程度的基础上，依据学生的实际需要、学生的体能和运动技能基础以及其发展的阶段特征等方面，合理安排体育课程内容。

2.突出不同体育运动和身体练习特征

体育教学内容丰富，在对体育教学的内容进行编排时，应注重各种运动技能的学习、改进、巩固、提高和运用。应该认识到，体育教学不仅要使学生了解相应体育知识和技能，还应该使学生能在日常体育锻炼中灵活运用这些知识和技能。这就要求教师在对不同体育教学内容进行编排时，突出不同运动项目的特色和技法特点。

二、体育教学内容的选择

体育教学内容这一因素在体育教学中非常重要，体育教学内容对整个体育教学活动的过程产生着非常大的影响。体育教学内容同时还将教师与学生连接在一起，促进学生和教师之间的信息交流。体育教学对于体育教学方法和教学手段通常起着制约作用，这有助于体育教学目标与课程目标的实现。为了适应现代社会发展的需求，体育教学内容的选择必须要有一定的依据，遵循一定的原则。

（一）体育教学内容选择的依据

1.体育课程目标

体育课程内容在实现体育课程目标的过程中，是作为手段而不是目的而存在的。体育课程目标存在多元性的特征，体育运动项目和身体练习也具备可替代性的特征，这都使体育教学内容的选择变得更加多样性。所以选择体育教学内容时必须有标准可以依据。

体育课程的目标是对教学内容进行选择的重要依据，这是由于，体育课程目标在体育课程编制的过程中，在每一个阶段内都作为教学内容的先导和方向，所以它经过了多方专家的合理思考验证，对各个方面的影响都进行了认真合理的验证。因此，在进行体育教学内容时，目标是必须遵循的，相应的体育课程目标对应着相应的体育课程内容。

2.学生的需要及身心发展规律

选择体育教学内容时，学生的需要是必须要考虑的。体育教学以促进学生身心发展为目的，所以对体育教学内容进行选择的一个必要的因素就是学生对于体育的需要和兴趣，这对于有效的学习是非常重要的。学习需要学生的主动参与，就是说，学生自身积极和努力是必不可少的。通常学生面对感兴趣的事情，参与的动力就会大大增加，学习的效率也将倍增。这非常符合一些学者所提出的观点：如果学习是被迫的而不是学生出于兴趣进行的，那么学习在某种意义上来讲是无效的。调查结果也非常符合这一说法，那就是如今学生虽然非常喜欢参与课外体育课程，但对于体育课却是兴味索然，最重要的因素就是教学内容缺乏趣味性。

学生对教学内容的接受程度取决于其身心发展规律以及特点，因此体育教育的内容必须以学生为主体，考虑学生的接受程度，内容进一步激发学生的兴趣。在选择体育教学内容时，不能忽略学生的实际情况，需要结合学生的特点来决定教学内容的各项要素。

3.社会发展的需要

学生的个体发展无法脱离社会的发展。因此，体育教学能够在健康方面为学生打下良好的基础，所以在进行体育教学的内容选择时，除了考虑学生本身的需求，社会现实发展的需求也必须被考虑进去。体育内容在选择方面不能够忽视学生走入社会后发展所必需的体育素质，所以体育教学内容必须能够满足学生走入社会后各方面的需要。除此之外，体育教学内容必须做到与社会生活和学生生活联系在一起，这样才能让学生体会到它的作用，其功能才能得以实现，因此体育教学内容的选择与社会实际相符是非常重要的。

4.体育教学素材的特性

在体育教学内容的选择上，最重要的要素就是体育教学素材，而它最大的特性就是并没有非常强的内在逻辑关系性，这种特性使得体育教学内容的选择无法完全按照难易程度和学生素质来进行。因此体育教学内容往往只是以运动项目来进行划分，但各个教材内容之间的关系是平行和并列的，如篮球和足球、体操和武术。表面上看似有联系，但这种联系并非非常清晰，而且并没有先后顺序，无法判断谁是谁的基础。所以在这里是无法确定教学内容内部的规定性和顺序性的。

体育教学素材的另一个特性是具有一项多能和多项一能的特点。所谓的一项多能就是指通过一个运动项目，能够实现非常多的体育目的，这就是说在这个项目中有着目标多指向性的特点，以健美操为例，有人利用这个项目来锻炼身体，有人用这个项目进行娱乐，同时这个项目还有表演的作用。在很多情况下，进行健美操运动往往能实现多个功能，这就是说，学生掌握了一项运动之后，就能够实现多种目的。多项一能则突出了体育教学内容之间具备相互的可替代性。比如，像从事投掷练习，可以扔沙袋、投小垒球，也可以推实心球，还可以推铅球。想通过体育运动得到娱乐放松，可以踢足球，可以打排球，还可以打篮球、打网球。这就是说想达到目的并非只能通过一个项目来实现，不同的项目也同样能够做到。正是由于这个特性的存在，使得在体育教学内容中没有无可或缺的项目，所以体育教学内容并不具备强烈的规定性。

体育教学素材还有第三个特性，那就是它拥有庞大的数量。庞大的数量使得其内容相当庞杂，并且在归类上存在一定的难度。自人类文明诞生以来，创造出的体育运动项目数不胜数，并且每一个运动的技能对于练习者的身体素质也有着各种各样的要求。鉴于这个原因，没有哪个体育教师能够精通全部的体育项目，所以体育教师的培养才要求一专多能，体育课程的设计者也很难将最合理的运动组合运用到体育教学内容当中，同时也几乎不可能编写出适合所有地区和教学条件的教材。

体育教学素材的第四个特性就是在每个运动项目中，其乐趣的关注点都是各不相同的。以篮球和足球为例，其乐趣就是在激烈的直接对抗中，通过娴熟的技术和精妙的战术配合而得分。再如，在隔网类运动中，其乐趣则是双方队员在各自的场地中通过巧妙的配合，将球击到对方场地而得分。因此，体育运动都有各自乐趣的特性使得它在体育教学内容的选择上是无法忽略的，这同时是快乐体育理论存在的事实依据，并且是这一理论在体育改革进程中发挥着关键影响的原因。

（二）体育教学内容选择的原则

1. 教育性原则

在选择体育教学内容时，首先应从教育的基本观点出发对体育教学素材进行选择，分析其是否与教育的原则相符，是否与社会的固有价值观同步。要明确分析它是否有利于学生的身心发展和身体锻炼。

选择的体育教学内容必须与体育课程的主要目标相匹配，确立"健康第一"的指导思想，并以此作为体育教学内容中最基本的出发点，同时看重其中的文化内涵，在学生学习体育技能的同时更能深刻体会到体育文化修养带来的益处。学校体育在培养学生适应时首先考虑对学生的品德、智力、体质等方面的全面发展是否有利，将理论与实际结合起来，在使学生了解人体科学知识的同时真正锻炼身体，还要从思想文化等方面下功夫，使其在多方面同时发展。体育教学内容的选择对于不同学段学生的发展特点和规律都要充分考虑到，其个体差异与不同需求将会在其中起到很大的作用，所以充分考虑能够确保每一位学生受益。在进行体育教学内容的选择时，还要符合各个方面的实际来确保选择时有足够的空间和灵活性。

2. 科学性原则

选择体育教学内容要遵循科学性原则，其中的科学性主要有以下三层含义。

（1）教学内容的选择必须有利于学生身心的协调共同发展。要注意，一些内容虽然有利于学生身体健康，但对于学生的心理健康并不合适，反之同样可能出现这种状况。因此，教学内容的选择必须做到使学生在开心的体育活动中同时积极促进身体的发展。

（2）教学内容同时也要使得学生能够从根本上对科学锻炼的原理和方法有一个深入的了解，这种了解可以增加学生从事体育锻炼时的自觉性和积极性。

（3）教学内容本身具有科学性，因此必须注意防止一些科学性不够强的体育项目作为教学内容进入课堂。

3. 趣味性原则

俗话说，兴趣是最好的教师，学生感兴趣，他们就会积极地参与其中，所以，教学内容要注重学习的兴趣点，选择他们喜欢的有兴致的，并且当前比较流行、受欢迎度比较高的内容。在日常教学工作中，若教师把更多的关注点放到教学体系的完整性方面，对日常教学采用培养专业运动员的方法，最终会导致学生产生抵触情绪，出现适得其反的效果。

4.实效性原则

实效性，顾名思义，就是考虑教材的实用性程度，是否有利于学生的健康发展，使用起来是否简便。我们国家针对教材改革也出台了相应的文件，文件中也不断地强调，教材内容要与社会进步相融合，添加新鲜的东西，吸引学生的兴致，教材讲授的知识一定要有助于学生终身学习。因此，教材选择方面一定要尽量添加一些学生们感兴趣的、欢迎程度比较高、符合时代发展的内容，与此同时，还要特别注重乐趣，为健康体育、快乐体育、终身体育做好铺垫工作。

第四节 体育教材化与高校体育教学内容的变革

一、体育教材化

任何一个学科都有其教材化的划分，这是学校学科教学的根本特点之一，为了保证体育教学的正常开展，体育教学工作者应该重视对体育教材化的研究，为体育教学过程提供良好的教学素材，保证教学工作的正常进行。

（一）体育教材化的概念

体育教材化的概念包括以下几层含义：

（1）体育教材化实际上就是将体育教学过程中的素材进行筛选、加工、编排，最终使其成为教学内容的过程，这是体育教材化最本质、最基础的含义。

（2）体育教材化侧重于对体育教学内容的加工和整理，体育教材也是加工的成果。

（3）体育教材化是依据学生的学习目标，结合学生的身体发育特点和认知规律，以为学生创造有利的教学条件作为前提而加工完成的。

（二）体育教材化的意义

纵观我国体育教学的现状以及特点，其涉及的内容非常广泛，它们有的来自人们的日常生活，有的来自传统的习俗，有的来自军队……都是体育教学内容的良好素材。但是这种素材绝不能被简单地认为是体育教学内容。如果我们将体育教材等同于体育教学内容，那么就无法保证教学过程的目标一致性，因为体育教材只是体育教学内容的参考，在教学的过程中，教师还应该根据体育教学的目标以及教学环境进行教学内容的筛选。体育教材化的意义可概括为以下几点。

第一，体育教材化是选择体育教学内容的依据和前提条件。在教学内容的选择过程中，可以选择一些与教学目标和学生的发展需要联系较为密切的知识作为教学内容，这样就可以避免教学内容的繁杂，避免教学内容选择过程中目的性不强等问题。

第二，体育教材化是对较为宽泛的体育教学内容的加工，这样可以使体育教学内容的选择素材更趋近于教学目标和教学实际，消除体育教学素材与体育教学内容之间的差异，使体育教学内容的选择更具有目标针对性。

第三，体育教材化是对体育教学内容进行不断编排、整理、选择的过程，因此通过体育教材化对教学内容的加工，可以使得所选择的体育教学内容具有整体性和系统性，体育教学工作者在教学过程中也能更好地发挥教学内容的教育作用。

第四，体育教材化能够通过将体育教学内容进行加工和整理，使得原本抽象的教学内容具体化，更容易融入教学活动中，更容易被学生接受，从而使得体育教学内容成为教学活动的依据，保证教学能够有条不紊地进行。

（三）体育教材化的基本层次

通常情况下，可以将体育教材化大致分为两个基本层次，具体如下。

1. 编制体育课程标准和编写教科书

通常情况下，国家和地方教育行政部门组织专家会负责这个层次的工作。具体来说，这个层次的工作主要包括从各种身体活动的练习中筛选出素材，进行教材的分类、加工、排列等。

2. 以课程标准和教科书为依据将教材变成学生的"学习内容"

一般来说，学校的体育教研组或体育教师会对这个层次的工作负责。具体来说，这个层次的工作内容主要包括：以体育课程标准和教科书的要求与规定为主要依据，与所面对的学生的具体情况和教学条件的实际有机结合起来，把面对一般学生情况和一般教学条件的教材变成适合一个班的学生与本校场地设施条件的教材。

（四）体育教材化的内容

体育教材化的工作内容主要有四个方面，即体育教学内容的选择、体育教学内容的编辑、体育教学内容的改造与加工、体育教学内容的媒介化。

1. 体育教学内容的改造与加工

（1）文化化的教材化方法。这种教材化方法是通过将竞技运动中的文化要素提取出来并加以强化，进而在教学中让学生通过各种文化性的要素来对运动文化的情调和氛围进行充分的体验。一般来说，这种教材化的方法适宜作为技能的辅助教学内容，对于学生体验和理解体育文化性质是较为有利的，这种教材化方法对于高中和大学的学生是较为适用的。

（2）变形化的教材化方法。变形化的教材方法从基本结构方面对原运动进行改造，使其成为一种适应教学需要和符合学生特点的新运动，这也是变形化教材方法的主要目的。当前，"新体育运动项目"就属于此类运动，这种教材化在处理那些高难度的运动项目或受场地器材制约很大的运动时往往能够取得理想的效果。

（3）动作教育的教材化方法。动作教育是一种体育教育思想和体育教材方法论。动作教育的教材化方法有着较为显著的特点，主要表现为将一些竞技体育运动以人体的运动原理为依据，将运动进行归类，并且提出要针对少年的教材设计，其中比较典型的有教育性舞蹈、教育性体操。

2.体育教学内容媒介化工作

将体育教学内容媒介化是体育教材化的最后一个工作，将选出、编集、加工和改造后的体育教学内容变成载在某种媒体上的教材形式，就是所谓的体育教学内容的媒介化。

体育教学内容媒介化工作的形式有很多种，其中较为主要的有教科书（包括学生用体育教材和体育教学指导用书）、音像教材、挂图、多媒体课件、黑板板书、学习卡片等。这里重点对多媒体课件和学习卡片进行分析和阐述。

（1）多媒体课件。教师以体育教学的需要为主要依据，用体育教学内容编辑成的计算机演示的系列材料，就是所谓的多媒体课件。当前，多媒体课件是体育教师常用的工具，究其原因，主要是计算机课件依靠计算机来演示动作，在速度调整、观看细节、多次重复演放以及视觉听觉的艺术效果等方面都具有教师的讲解、示范所无法达到的教学效果。

（2）体育学习卡片。体育学习卡片是体育教材的另一种载体形式。学生在体育课中使用的一种辅助性学习材料，就是所谓的体育学习卡片。这种形式比较适合体育教学特点。

二、高校体育教学内容的变革

（一）高校体育教学内容的发展趋势

1.对终身教育目标的要求进行充分考量

对于高校学生终身体育观念的建立和形成，高校体育在其中起着至关重要的作用。终身体育目标的达成取决于学生参加体育所需的技能、知识和态度。所以，教学内容应当更加注重健身性运动文化的传递性与娱乐性，在健身价值和终身运动性强的运动项目中间做出选择。

2.更加注重体育运动的规律性

以往在选择体育教学内容时总是根据各个体育项目中的逻辑关系进行选择，但事实是体育教学内容的逻辑性几乎是不存在的，所以这种方法是不科学、不合理的。因此，在未来选择体育教学内容时，要注重寻找体育学科当中内在的一些规律，体育课程中挑选的内容往往都是学生喜欢的，富有时代性的，并且根据年龄和学段的不同，在教学内容上加以区分。

3.学生价值主体受到的重视程度越来越高

受各方面因素的制约和影响，体育教学内容的选择并不是一蹴而就的，需要综合各个方面的因素进行考虑。在过去的体育教学大纲中，体育教学内容的选择与确定往往更重视教育工作者对于教学内容的价值取向，因此重视的仅仅是教师的教。而随着体育教学改革的进行，越来越多人开始重视学生对体育教学内容的价值取向，所以根据学生的学而进行体育教学内容的选择的方式更加普遍。

4.更加注重教学主体发展的全面性

在传统体育教学理念和模式下，以往的体育课程大都是以提高学生跑、跳、投等身体素质为目的的一种体能达标课。新的教学改革大纲出台之后，学校教育更加强调素质教育，因此学校对于学生素质的全面发展肩负着无比重大的责任。在选择与确定体育教学内容时，同样要符合素质教育的要求，使学生在身心方面都能获得全面的发展。

5.不断引进民族特色项目

通常情况下，富有趣味性和新奇性的运动项目总会受到广大学生的青睐，因此在选择与确定体育教学内容时也要注重推陈出新，改革与发展一些新颖的运动项目。除此之外，我国多民族的特性决定了各个民族都有出色的民族特色体育项目，这些民族项目既各具特色又有良好的健身价值，在体育教学内容的选定中应适当根据具体情况加以选用。

（二）高校体育教学内容变革的思路

1.避免重复，增强体育内容的创新性

改变当前高校体育课程各自为战的局面，学术百花齐放是好事，但是在人才培养的教育质量上还是体现出一定的严肃性和原则性。教育部门要在高校体育内容大纲的编写上统一，避免小学、中学、大学教学内容的重叠，根据学生的身体素质特点，运动项目的技术要求进行科学的衔接。在坚持原则性的情况下，在选择体育教学内容时，应遵循体育学科自身的内在规律，把一些学生喜闻乐见的，健身性、娱乐性、时代性强的体育项目选入体育课程里，并对不同年龄阶段和学段的教学内容和要求有所区别，逐级化分。

2.改变传统观念，创新体育教学内容

传统体育教学内容忽略了高校体育健康教育的培养，强调对体育项目"技术性"动作的学习。新的体育教学内容要树立大体育观，勇于突破传统的体育教学思维，在教学内容上突出对大学生的多元化培养，利用每学期理论学时或者阴雨天气，弥补技术动作学习的盲区，增强对大学生体育健康教育的培养，强化体育健康基础理论的重要性。大学生正处在长身体发育的青春期，对大学生进行心理健康、运动损伤的预防与康复、运动处方等体育基础理论教学补充是十分必要的，能够增强大学生的社会适应能力。

3.创新体育教学内容上课模式，提高学习兴趣

传统体育教学模式就是三部曲：课前准备（跑步活动）、课中练习（技术动作学习）、课后总结（课堂回顾），动作学习就是老师讲解、示范，然后学生练习活动。这样的上课形式体育老师在备课、上课时省去了不少事，但对于学生来说就显得枯燥无味。体育教师要根据每节课教学内容的不同，创新教学教法提高教学内容的吸引力。同样是50米跑步枯燥无味的身体练习，让学生重复练习50米肯定是不行的，可以把50米跑融入体育游戏活动中，比如，短距离的直线分组对抗练习，增强练习活动的趣味性，这样同学们的练习热情就激发出来了。

4.合理的师资结构，满足教学场地器材

合理的师资结构有利于满足学生多样化的学习要求，能够开设更多的体育项目供学生选择，在体育教师人数不变的情况下，加大对现有教师的培训工作，特别是青年教师对新型时尚体育项目的培训，要求每位体育教师至少能够胜任两门不同体育项目内容的教学，挖掘现有的体育师资资源，满足不同教学内容要求。另外，增加体育活动场地建设，购置更多的满足教学需求的体育器材，这些都是提高体育教学内容质量的保障。

第五章　高校体育教学方法的创新

第一节　多媒体技术在高校体育教学中的应用

一、多媒体教学技术概述

（一）多媒体的定义

多媒体是当今信息技术领域发展最快、最活跃的技术。关于媒体这一词条含义，一方面包含如半导体储存器、光盘、磁带与磁盘等储存信息的实体存在，另一方面也包含如文字、声音、图形与数字等能够传递信息的虚拟载体，所以多媒体，一般可理解为多种单媒体的综合。

在高速发展的信息时代，新型的多媒体技术已经通过互联网平台传播数字数据的综合信息发布平台进行信息传播。它最大的特征为可以将经过专业编辑与制作系统加工的多媒体信息页面传播给每一台多媒体电子终端。多媒体技术自此可以开始告别单方面的、传授式特征，转变为可以就多媒体设备进行互动的技术模式，这种新型技术将信息化的传播变得更为便捷与迅速，将信息的转换互动变为瞬间完成的模式。

所以，多媒体技术将计算机与视频技术结合，通俗意义上是指将声音与图像的两个或更多媒体集合并连接起来，成为一个能够传递信息，具有交互性的综合系统。这项技术不同于以往单向传播信息的方式，能够综合运输、检索、加工、处理、存储、传播和显示不同类型信息，具有感官性、集成性、情境性等特征。在现代社会日益普及高速互联信息网的背景下，它被广泛地应用在教育、图书、咨询与服务、通信、医疗、金融、军事等各行各业，也更进一步促进了我国的科技发展。

（二）高校体育教学引入多媒体技术的必要性

1.有助于突出教学的重点和难点

在高校体育课程的教学中应用多媒体技术可以进行多角度、全方位的分析，例如，在学习健美操动作时，教师可以添加一定的多媒体技术，如视频、声音等，对某个关键动作进行编辑和回放，从而突出教学重点和难点，帮助学生真正掌握健美操动作要领。

2.有利于增加信息量

在信息时代，信息更新速度加快，多媒体技术能够充分发挥网络资源优势，教师所提供的教学内容不再局限于课本，适当增加反映新成果、新技术等前沿科学技术的内容，以满足学生的实际需要，还能够引导学生利用网络进行广泛学习，进一步提升学生的自学能力，有效扩展知识面。

3.可以有效预防安全事故的发生

体育教学实践中存在安全隐患，一系列的不安全因素除了来自运动本身，还包括场地和设备、天气、情绪及外部干扰等，运用科学合理的教学方法，才可以有效避免上述不安全因素所造成的事故。在体育教学实践中，将多媒体技术应用于辅助教学，可帮助大学生了解运动项目特点和规则，从而有效预防和杜绝安全事故的发生。

4.有助于提高体育教师的综合素养

在现实中，体育教师采用多媒体教学的机会非常有限，目前，传统教学方法仍是主要方式，然而，信息时代要求教师必须转变观念，重视在职学习和培训，了解并掌握现代多媒体技术，并将其积极应用于体育教学。这给体育教师带来更高要求，需要体育教师主动加强综合素质培训，充实自己，完善自己，把握时代脉搏，有信心直面新时代的挑战，满足体育教育在信息时代的需要，构建学习的良性循环，培养自主获取和更新知识的能力。

5.帮助学生建立正确的动作概念

在体育教学过程中，传统的体育教学模式是通过讲解-演示-模拟训练的过程来实现的，学生通过体育教师的"听""看""体验"和动作示范来感知这些动作的全过程，这种"听""看""体验"的学习过程是被动的、机械化的，因此，在体育学习过程中，学生无法对这些动作的艺术性和规律性有一个良好的体验，严重影响了学生对体育知识的掌握。在多媒体教学中，运用多媒体技术，通过声音、动作、图像的冻结、闪烁、慢播、色彩变化以及教师的讲解，学生可以看到动作的每一个过程和细节，这不仅有助于促进大学生对动作技能的掌握，还可以培养学生的观察分析能力，在增加学生清晰动作形象的基础上，有效地提高了教学的实际效果。

6.可以有效地激发大学生的体育学习兴趣

兴趣是最好的老师，在许多成功的教学活动中，只要激发大学生的学习兴趣，学生的学习积极性就会在以后的学习过程中得到有效的提高，多媒体课件的特点是生动、活泼、直观、图文结合，通过多媒体技术，不仅为学生创造了情境化、生动化的教学模式，而且为学生创造了多样化、个性化的教学模式，有效地激发了学生对体育学习的兴趣。

二、多媒体技术应用于高校体育教学的优势

多媒体技术将体育课程以文字、图形的形式，集音频、视频、动画于一体，立体地显示了教学内容，且表现形式与表现手段更为丰富和灵活多样，充分体现其独特的优势。

（一）更新了体育教学观念

把多媒体技术应用于体育教学，改变了传统体育教学以"教"为中心的教学模式，教师运用现代化的多媒体教学手段进行授课，同时借助于人机交互与学生进行相互交流，激发了学生的参与意识，体现了体育多媒体教学是以"学"为中心的教学思想。这对体育教学教法多样性与实践性的变革，以及学生学习体育知识与技能的思路方式的改变都具有极大的促进作用。

（二）提高了教学质量

传统的高校体育教学中，理论课教师以讲授为主，辅之以图片、挂图等展示形式。体育课主要依赖于教师的讲解和示范，由于受主客观条件的限制，许多技术动作示范难以做到完全标准、规范，学生也很难在短时间内形成正确的动作概念，学生的学习状况也只能依靠教师的反馈，这种教学效果是可想而知的。实施多媒体教学大大改变了这种状况，抽象的体育概念借助图文得以形象化，高难度的动作可以进行计算机模拟演示。而对于结构复杂、速度极快的动作的讲解和示范，其效果更为显著。通过多媒体技术就可以利用慢动作让学生清晰感知这一系列动作，形成概念，掌握要领，便于模仿和进一步掌握，大大提高了教学效果和效率。

（三）提高了学生的体育学习效果

多媒体技术能刺激人体视、听等多种感官系统，使大脑不同功能区交替活动，使学习内容形象生动、趣味性强、直观、易于理解。多媒体技术综合运用图表、动画、音乐、闪烁、色彩、字体等表现手段，增强了体育教学内容艺术的表现力

和强烈的感染力，活跃了课堂气氛。尤其是多媒体体育教学资料所体现的力量美、技艺美、肢体和谐美，使大学生真正认识到体育的功效和个性的社会价值，激发了大学生的求知欲和他们爱体育、学体育的学习热情，有效地提高了学生的学习兴趣和体育课堂教学质量。

三、多媒体技术对高校体育教学过程的影响

教学过程是由学生的学习过程和教师的教授过程组成的统一体。体育教学过程和学生掌握知识的过程一样，存在着教师、学生、教学内容这些基本因素。体育教学活动是一项实践性很强的教与学的双边活动，教与学双方是相互依存、不可分割的。传统教学过程中，教师通过动态化的讲解与示范，向学生传授知识与技术；学生在积极的身体练习中伴之以积极的思维活动，从而达到掌握体育基础知识与技能、发展素质的目的。这种注入式教学模式不利于调动学生学习的主动性和学生学习潜能的发挥；教师也往往感到自己的示范力不从心，讲解不能被学生形象化地理解，达不到应有的效果。而运用多媒体技术则可大大地弥补教师在教学过程中的不足，有效地提高学生的学习积极性，加速知识的更新。本节主要探讨多媒体技术运用于体育教学过程中，对教师、学生及教学内容所产生的影响，对于突破传统的教育观念、提高教学效率有着十分重要的现实意义。

（一）多媒体技术的运用对教师的影响

利用计算机多媒体技术辅助教学，可将教师讲解与示范的内容通过计算机多媒体技术表现出来。配之以生动形象的完整与分解技术的演示，常速、中速、快速动作的切换，图片、动画系统的交替运用等，将教师的教学思想表达出来。对教师在教学准备、组织、实施的过程进行缩减，减少了复杂性，增加了指导的灵活性。教师从繁重的重复性的课堂教学中解放出来，有更多的时间去研究教育、教学中的种种走向问题，探索在新媒体条件下的教育教学规律，设计制作教学软件，以更好地满足不同学习者的要求。通过课件的制作，为教师提供了灵活的教学方式，可更好地发挥教师在教学中的指导作用。

（二）多媒体技术的运用对学生的影响

在传统的体育教学中，学生在教师的组织安排和要求下进行学习。学生只能通过教师的讲解示范获得正确的动作概念，掌握动作技术；通过教师的考核明白自己的进步。教师如何教，学生如何学，体现出被动性。

多媒体技术引入体育教学过程后，降低了学生对教师的依赖。体育知识的学习不再是被动接受，而是一个积极探索的过程。学生可根据自身情况有选择性地学习，选择不同的内容、不同的进度，从而获得学习的自由，从一个被动的学习

者转变为一个自主的学习者。学生在教学过程中的主体地位得到了充分的体现。但是，这并不意味着学生学习可以完全离开学校和教师。多媒体课件是由教师设计制作的。它包含了教师的教学思想，集中了众多优秀教师的智慧与经验。

（三）多媒体技术的运用对教学内容的影响

教材体系直接反映教育目的和培养目标。教材体系的内容应具备科学性和实用性，要使学生掌握现代社会最需要的健身知识和技能，为增强学生体质和终身从事身体锻炼打好全面的基础。多媒体技术的运用，使体育教学内容的外在形式及内在结构发生了变化。

1. 教学内容外在形式的变化

体育教学内容丰富，随着电化教学的开展，录音、录像已广泛运用于教学中。多媒体技术允许信息以文字、图像、声音和动画等多种形式表现，并能将这些多媒体信息保存、管理、加工和传输。这样，教学内容可以用最有效的方式来表现，甚至同一内容用多种信息来表现，克服了其他媒体表现单一及难以协同表现的弊端，因而可读性强。多媒体技术的运用可以制造出一种现场教学情景和气氛，使学生有身临其境的感觉，从而提高了学习的积极性，有助于发展学生的综合素质。

2. 教学内容内在结构的变化

传统的教材是以线性结构来组织学科知识的。知识内容的结构及其顺序都是以教为主。学生只能在教师的教授下获得正确的动作概念、原理等。学生对教师的依赖性很强。多媒体是一种以接近人类认知特点的方式来组织、展示教学内容及构建知识结构的。用这种多媒体的非线性网络结构来组织教学内容，对学生获得正确的事实概念及其结构关系具有潜在的促进作用，并有助于已有知识向新知识学习的迁移。它既注重知识的形成过程，又注重知识结构，使教学内容的统一性与灵活性得到了完美的结合，较为充分地体现了因材施教的个性化教学理念。

四、多媒体技术在高校体育教学中的优化应用

（一）提升重视程度，加大资源投入

加强对大学生的身体素质教育，是关系到国家未来发展的大事。高校体育课程在引导学生建立良好的身体体能素质的同时，还承担了培养学生树立良好的人生观、世界观与体育观的责任。所以，持续巩固高校体育课程的稳固地位是坚决落实现代教学课改精神的政策砝码，学校应领会现代教育改革高校的未来走向，转变师生的教学观念，在推进多媒体教学发展的过程中用现代化教学模式引导师生互动。

对此，学校相关领导应重视培养学生自学能力与身体素质的重要任务，与相

关部门商讨并督促进程，加大引进多元化的教学资源力度，加快硬件设施配备与软件技术水平提升。作为学校的领导，对学校各项规章制度有着决策权，学校教学制度、教学目标、教学任务、教学进度都受学校领导的审批。学校领导对多媒体辅助体育教学的重视程度决定了其在学校开展的效果。只有引起高度的重视，才能发展得长远。

实行教育改革首先考虑的就是资金投入问题。经费对于改革的实施起着保障的关键作用，资金投入的欠缺将直接影响多媒体教学的充分发挥，教学设备也难以得到配备保障。高校体育教学若与多媒体技术结合，硬件设备的不足会使教学工作无法展开。因此高校管理部门需在硬件设施与配套方面偏重，加大体育专项投资力度，拓宽投资渠道，通过申请拨款、企业赞助或社会捐赠的专项资金进行专款专用，根据教学需求与资金来源渠道推进多媒体教学设施的配备，做到多媒体教学设备齐全经研究调查，高校的建设面积普遍较大，校方可建设与高校体育教学相关的小型操场和室内多媒体训练场地，专业化的多媒体教学教室能够保障多媒体教学方式与训练内容同步进行，给师生营造良好的现代化多媒体教学环境；同时，教育部门在培训力度与政策上提供经费的实际保障，提升高校体育教师的整体素质与多媒体业务水平，保证教学质量。同时，在高校完善多媒体设备的同时，校方还需加强多媒体设备与资源的管理工作，应切实考虑各个方面，由专人负责做到定期检查与设备保养，发现故障及时维修，准确记录设备配备与更换情况，完善教学设备使用管理条例、精简教师使用设备手续与流程，在硬件设备配备齐全后做好一系列防护和解决保护措施，保障多媒体教学资源在高校体育教学中的有效利用。

（二）重视培训规划，媒介素养先行

高校体育教学中运用多媒体技术的最重要原因就是高校体育教师可以通过多媒体技术的使用，将网络上或其他与高校体育教学相关的多样化教学资源与高校体育教师的教学相结合，以丰富高校体育教师的教学过程，提高高校学生学习体育课程的积极性。在新时代背景下，教师作为教育信息化持续发展的重要保证，作为推进多媒体技术运用与教学工作相结合的主要力量，自身迫切需要具有较强的应用能力，充分利用网络教学资源、全面提高教学质量等方面都离不开教师与时俱进地掌握先进信息技术，同时也为高校体育课教学内容的更新提供条件，为高校体育课教学的新形态确立保障。所以提升教师的媒介素养是迫在眉睫的事情。

体育教师教学知识水平的高低影响教学效果的优劣。同样，多媒体辅助体育教学效果的优劣也直接受教师运用多媒体技术操作水平的影响。教师操作多媒体设备的技能高低，一方面由自身潜力决定，另一方面受学校的多媒体技术培训的效果影响。大多数调查显示高校在教师多媒体技术方面的相关培训欠缺，体育教师普遍存在多媒体操作技术薄弱的现象。所以只有先做好基础的技能培训，才能在此基础上有所提高。教师通过自学方式来提高自身多媒体技能的效果是不够理想的。作为教师的载体，学校应该多在校内外为体育教师组织相关培训，建立多层次的培训手段，在师资、经费等方面提供充足的保障，要发挥本校培训机制，在校内由计算机教师负责定期培训体育教师。另外，学校还可以组建专项多媒体技术教学课题组，对不同需求的体育教师进行更具针对性的分层分批的培训，针对不同专业与不同需求的教师组群，拿出更适宜的培训方案，还可以尝试各高校之间的培训合作与交流，参考本校实践教学情况进行特色教学培训。除此之外，定期在校内举办体育教师多媒体教学大赛，刺激体育教师通过各种途径提高自己的多媒体教学水平。综上所述，通过培训并结合自学的方式来提高高校体育教师的多媒体设备、软件操作能力，使得体育教师相关技能的操作得心应手，从而开发具有特色、特点的多媒体教学。

具体可以从以下几个方面进行培训：多媒体辅助高校体育教学的理论知识；多媒体课堂操作技能，如图片编辑、音频剪辑等技术；多媒体教学软件的引进与应用；多媒体辅助体育教学的教学技巧等。在进行多媒体技术培训的基础上不断提升自身的教学计划与教案设计能力，根据教学任务与现代教学的要求不断学习。只有体育教师具备优秀素养的品质，多媒体教学才有丰富的内容依托和充实的知识内涵，多媒体体育教学的真正价值才能充分得以实现。

（三）培养现代教育理念，自觉创新教学方式

教育理念的保守原因在于未完全了解开放式现代教学的实际优势与使用的可能性。多媒体应用于高校体育教学的积极意义是显著的。首先，多媒体教学将体育教学中文字或语言描述不够详尽的动作能够直观化地、动态地呈现在学生面前，教学任务中的连贯动作将被更加清晰牢固地记忆，还可以激发学生对于现代化体育教学的学习兴趣，加强学生自主学习体育动作的能力。此外，传统体育授课中教师的演练授课是具有很大局限性的，天气、环境、动作难易程度、教师身体素质都会影响动作要领的正确展示，加上教师动作演练次数的有限，都会影响课堂教学效果。而多媒体教学能抛弃客观限制，将动作要领向学生重复多次，让学生高效掌握要点，课下还能继续参照资源巩固练习，加深印象并改善教学效果。

《高校体育》教学大纲中提到：将体育课程作为大学生身体练习的主要手段，科学地通过合理的体育教育与体育锻炼过程，达到增强体质、提高体育素养的主要目标。在此期间促进身心发展，将思想品德、文化科学和生活与体育技能教育有机结合，体育教学是培养全面化人才与素质教育的重要课程。

多媒体教学方式和传统教学方式具有各自无法取代的优点，应科学统一并结合起来，实现现代技术教学理念。作为高校体育教师，在体育教学中要正确认识多媒体教学的地位和作用，摆正位置与形式，积极参与现代化教学改革，提高多媒体体育教学的有效度，消除学校、其他教师和学生心目中体育课是"简单教学"的错误观念。同时教师应该更加积极参加多媒体教学各级各类培训，参加学校的课题研究，提高自身的能力素质与教学理念。

此外，课程资源与教学方式的发掘是多媒体教学前期准备环节中的重要组成部分。教师应在创新现代技术教育理念的基础上，自觉创新教学方式，不只仰赖于互联网共享与照搬照抄，在课件制作上通过培训与教师组讨论，进行原创，以适宜当下教学条件的教学方式进行教学。

（四）优化课件质量水平，媒体体育有机融合

从教师多媒体教学课件来源、教师设计多媒体教学课件的原则，以及学生对多媒体教学课件的喜欢程度分析：体育教师在体育教学时使用精心准备的、优质的教学课件或网络资源，是提升教学效果与学生喜欢程度的重要因素。因此，在对多媒体教学的前期准备中，推荐课件与资源通过自己制作或自行搜集符合教学内容的引进，根据自身的教学风格与本学期教学内容重点，对引用的课件资源进行合理配置与修改，更加匹配当期教学任务。此外，课件的设计应该满足以下要求：内容题材要合理；引用、制作、修改相结合；界面设计要合理；课件内容要适量；多种工具共同协作。

针对教师阐述的在优化课件质量中时间和精力不够的问题，可考虑教师建立分组合作的方式完成，组内教研成员可以根据教学内容或章节进行分配制作，制作与优化时考虑本校情况与学生认知水平，制作出来的课件针对本校体育教学情况，且各章节课件在组内轮流使用，此方法便捷高效，可以较为有效地解决问题。

制作出良好的多媒体课件是教师运用多媒体教学的基本条件，不仅需要教师制作出一个实用而精致的多媒体课件，而且要完成与之配套的教案课件。教师需要持续提高体育学科知识与教学能力，同时也要丰富自身现代化教学手段，同步提升多媒体技术的应用能力。与此同时，还可以发挥教师的优良传统，经常与同事进行教法、技术上的探讨，请教不同学科的有经验的教师，不断完善课件制作技能，必须杜绝出现质量低劣、单调的和不符合时代要求的课件，从形式到内容上，全面提高多媒体课件的质量，同时尽可能提高课件制作的效率。在多媒体教学课件制作时应注意以下方面：课件内容需合理化，要利用多媒体技术的优势，少用大量文字进行描述，将体育教学动作的要领通过静态图片或动态视频演示出来；课件内容要依据体育动作的重要性进行合理分配与取舍；课件搭配应以教学

内容与重点为展示主体，不能一味追求课件丰富化；课件容量应与实际教学任务分配进度搭配，避免出现容量过大的情况；资料的选取可参考学生的兴趣进行选取。

（五）合理使用多媒体技术，执意追求最优化效果

多媒体教学作为体育教学的辅助手段，可以成为教学内容的一种呈现形式，而当内容呈现出来以后，需要教师的讲授、解释，需要师生交流、学生探讨，这才是课堂的内容和核心。教师是教学活动的主导，学生在教学活动中承担着主体角色，多媒体技术则承担着辅助体育教学的角色。对多媒体的过分依赖会导致师生在教学过程中的互动变少，这个现象的产生很大原因是没有分清多媒体教学的地位。只有坚持形式永远该为教学内容服务的原则，才能将多媒体教学应用于体育教学的效果呈现最优化。

因此，正确的多媒体技术教学在制作多媒体课件的过程中，有所权衡取舍、增加删减，才能促进教学任务的开展，如在篮球课上，单纯地看NBA视频或是通过PPT讲篮球的规则，这些方法可能无法让学生真正学习到篮球的技巧，这个时候就需要改变教学模式，运用音视频手段的同时，带大家走出课堂。此外，教师在应用多媒体技术进行体育教学时应注意留有自由发挥的空间，调动学生的主动性、积极性，树立互动教学理念，教师首先要理解"以学生为中心，以教师为主导"的现代互动教学理念的重要性。具体来说，教师在多媒体教学中应该充分认识到要将学生作为课堂教学的主体，充分关注学生的体验和需要，根据讲授课程特点和不同学生的接受能力进行教学设计，确定教学重点和难点，并在此基础上制作课件，通过学生的反馈不断改进多媒体课件及教学过程。力图让多媒体成为学生和师生之间有效交流的途径，鼓励学生主动思考问题，探索问题，使多媒体课堂教学中的教师、多媒体、学生三者之间形成有效互动关系。

第二节 微课在高校体育教学中的应用

一、微课概述

（一）微课教学的主要特点

1.主题明确

微课主题突出是因为它是为了解决某一知识点中的重难点或疑点内容，而且目标单一，所涉及的点小，但另一方面它又是内容完整的。所以微课的主题要更加明确，才能更准确地表达所要学习的内容，才能利于学习者把握主题，系统地学习知识，才不会使学到的知识分散零乱。

2. 短小精悍

微课以微著称，短小精悍这一特点最能体现微课的"微"。首先，短是指微课的时间较短，时间最好控制在十分钟内。这是因为有研究指出学生的视觉驻留时间一般在五至八分钟之内，也就是说学生不能长时间集中在某一事物上，如果要一直保持注意力集中，就会产生疲劳感，那样就达不到预期的教学效果。其次，"精"指的是内容精简，微课限制时间的长度同时也局限了课程的内容。我们以往接触到的网络课程或精品课程都是录制了整个教学过程，时间较长，内容较多，针对性不强，因此在实际应用中并没有广泛传播开来。但一节课的精华一般是围绕某个知识点或教学重难点展开的，有时候并不一定要观看教学的全过程。微课就是充分利用了这一特点，通过选择教师授课中最重要的片段来进行设计和录制，然后再发布到网上供学习者免费学习。这种学习内容较少、时间适宜、重点突出的微课很适合学习者进行碎片化的知识学习。

3. 资源类型多样且以视频为主

由于制作方法的不同，微课资源类型也多种多样，有用录屏软件录制下来的视频或音频，也有利用课件的录屏功能直接转化而成的视频等，这些视频文件也可以与音乐、图片、文字等资源形式进行整合，这样就更加能吸引学习者的兴趣。另外，微课的教学内容有时候是某个知识点或小故事，也可能是某个练习题等，这样就使微课的资源类型呈现不同的形式。

4. 资源存储量小

微课的资源存储量小，因为它的时间短，而且内容精简它的视频格式一般是流媒体格式（如MP4、RM、FLV、AVI等），它们都可以支持网上在线播放，在移动设备上也能直接在线观看或下载。另外，信息技术的发展和无线网络的普及，也使我们可以方便地使用智能手机、iPad等移动设备进行在线学习或移动学习。我们既可以直接在线播放这些学习资源，也可以把它们下载下来保存到电脑或移动设备中随时随地进行学习。

5. 微课内容选择灵活

微课的灵活性主要是指课程内容的选择灵活，由于微课的主题单一，时间较短，所以课程内容只是围绕某一个知识点去进行。另外，学生对微课内容的选择也具有灵活性，学生可以根据自己的学习需求和学习进度来自主选择微课学习内容，对于其中的重难点内容也可以自由选择来反复学习。

微课的特点还在于可以反复学习难懂、一时不能理解的知识点或概念，这样不仅减轻了教师的负担，也使学生的学习更高效和快捷。如果学生在课堂上没有听懂，学生在课后可以自己反复学习直至弄清概念为止，学生也可以自己选择需要反复学习的内容，自己确定学习内容和学习时间，从而最大限度地实现学生的个性化学习，也便于教师的因材施教。

另外，微课虽然只是某一知识点或重难点内容的呈现，但它也是互相独立的教学内容。每一个微课的内容之间都是相互独立的。微课之间的相对独立性可以让学习者节约时间，当在学习中遇到某个概念不理解的时候，学习者可以直接观看某一个内容，而不需要把全部教学内容观看一遍，这样既节省时间，也提高了学习效率。学生还可以根据自己的学习需要和进度来进行有针对性的学习。

（二）微课的应用原则

1."以微为首"原则

"微"是微课的最突出的特征，所以在设计微课的过程中，要首先考虑"以微为首"原则。"以微为首"原则主要表现在以下三个方面，首先是选题范围要小，也就是说选择的微课内容要精简，范围要小。但必须能够完整地表达某一个学习内容，这就要求我们对知识点进行细化，将内容模块进行分割，在细化知识的同时还要保证内容的完整性。其次是微课时间要短，能够符合人类视觉暂留时间较短的特性，能使学习者在注意力集中的时间内完成学习。最后是资源存储量要小，这样才能够满足移动设备上在线播放的要求，并且可以方便下载和存储。

2.以"学生为主"原则

微课最终是为广大的学生服务的，微课效果的最终评价指标就是学生的学习效果。因此在微课设计的每一个环节中都要坚持以学生为主体的原则。在微课设计前期要进行学习者特征分析，充分了解学生的需求。这样才能够极大地激发学生的学习兴趣，保持学生的学习动机。在设计过程中要始终考虑学习的对象是学生，从学生的角度来设计教学。在微课设计实施后要以学生的学习效果来评价微课的应用效果。由此可以看出，以"学生为主体"原则贯穿于微课整个设计与应用过程中，所以，大学微课就是要能调动学生主动学习的积极性，以期取得良好的学习效果，微课设计中也必须要考虑以学生为主体的原则。

3.以"交互为重"原则

在学习过程中，不仅有教师与学生的交互，还有学生与学习资源的交互。在微课设计中，强调学生的自主学习要求，学生与学习资源的交互就显得尤为重要。因此在微课设计时要注重学生与学习环境的互相促进，学生与学习资源的互动。建构主义理论中强调"情境""协作""会话"的构建，是因为"情境"可以促使学生产生有意义的学习，让学习者从知识的被动接受者转变成获取知识的主动者。"协作"和"会话"可以促进学习者的互动，通过与学习者的互动，学习者的学习方式就转向了探究式学习和启发式学习，从而极大地激发了学习者的学习兴趣。

在大学微课的设计中，学习对象是大学生，他们的思想较为成熟，学习方式也渐渐转变成了探究式、讨论式、启发式的学习，因此他们能与学习资源进行较好的交互，并能自主地进行意义建构。

因此，在进行微课设计时，需要遵循"以交互为重"原则，注重交互性的设计。

4. 以"创新为核心"原则

21世纪所倡导的教育理念强调教育教学必须以培养学生的可持续学习发展能力为核心，为终身学习提供重要的基础。同样微课的设计也必须遵循终身学习能力培养的原则，注重提高学生发现问题、提出问题、分析问题和解决问题的能力，并开发具有创新性的学习资源。

随着信息技术的迅速发展，技术革新越来越需要创新思维。微课是利用信息技术来进行的教学活动，如何恰当和充分使用信息技术手段对微课的应用显得十分重要，因此技术创新的应用对于微课来说是核心教学目的实现必不可少的途径。在进行微课设计时，我们必须充分利用新兴的信息技术，并根据已有的教学资源和教学内容来创造出合适的新的教学资源。当代大学生是信息时代新技术和新媒体的重要传播者，他们擅于掌握最新的信息技术，也具有一定的信息技术应用能力。所以，大学微课设计要以创新为核心。

二、微课在高校体育教学中的实践应用

（一）微课应用于学生体育需求调研中

鉴于高校体育教学传统模式与高校体育教学内容间存在的关联，在高校体育教学实践活动正式开始前，体育教师应该按照课程逻辑将高校体育教学内容中的难点与重点提取出来，同时，还应该同现阶段体育栏目与体育热点新闻相结合，对体育微课进行制作，之后再将已经制作完成的体育微课利用移动互联网的各种渠道实施学校范围内的广泛传播，通过对微课中学生的点击率与同帖评论内容的考察，体育教师能够有效地评定体育课程内容的合理性，保证体育教师更加深入地了解学生的兴趣与期待，此外，在前期对体育微课进行传播，能够有效地使学生体育学习的积极性得到调动，使学生更加期待即将要学习的新内容，使学生从被动学习转变为主动学习，进而提升学生的体育参与度。

（二）微课应用在体育课程设计中

对于体育微课来说，它不仅是对传统高校体育教学模式的补充，而且是多媒体时代下高校体育教学发展的必然结果。微课的出现使得原本的体育课程设计得到了重新定义。在高校体育教学开展的后期阶段，将以往室内体育理论课与室外

实践课分开开展的体育课程设计进行改变，将两者进行融合，同时，对多媒体时代，大数据的时代特征进行考虑，在设计室内理论课的时候，可以以教师和学生的信息数据交流为主，使他们的头脑风暴在体育课程中得到掀起，呈现出更加公平、更加自由的体育课程。此外，在这样的形式下，体育教师的教学思维能够得到更进一步的更新，使学生体育学习的热情得到提升。

（三）微课应用在体育课程教学中

一方面，体育教师可以根据新课内容将时事体育热点等方面设计新颖的新课导入微课，在课上给学生观看，目的是使学生的注意力得到吸引，使学生的学习兴趣得到激发；另一方面，在高校体育教学实践活动开展的过程中，体育教师可以将复杂动作的教学制作成微课，同时，在体育课堂教学过程中，重复向学生播放，将更加具体、更加直观、更加生动、更加形象的体育教学过程呈现出来。

（四）微课应用在体育课后辅导中

对于高校体育教学而言，每一节体育课堂教学的时间是有限的，教师针对某个学生面面俱到地讲授内容，想要实现精细化教学几乎是不可能的，所以，一部分学生不能与教学节奏同步或者是学生不能对其所学运动技能充分掌握的情况必定会出现，当体育课堂教学结束以后，教师可以将包含有体育教学重点的微课视频向学生发送，以便于学生能够在课堂结束以后，对于已经学习的技术动作进行练习，对课堂上所学内容进行复习，切实保证温故知新，提升学生的学习效果。

（五）微课应用在体育课程分享中

从本质上来讲，分享就是学习，学生喜欢在朋友圈中分享一些好的视频课程，对身边的朋友、学生进行感染，使学生的学习圈子得到扩大。因此，我们应该倡导建构分享精神的学习共同体，这样能够保证学习共同体成员间互相督促，对有用的体育学习信息进行分享。例如，将微课应用在体育舞蹈教学过程中，在校园内的学生可以对已经学习到的且比较感兴趣的体育舞蹈课进行分享，使越来越多热爱体育舞蹈的学生能够及时地获取、分享学习资源，同时，学生还可以对校园内其他兴趣一致的学生进行自发组织，安排大家一起对体育舞蹈微课进行学习，保证体育舞蹈社团的更进一步发展，通过对社团活动的有效组织，例如"快闪"等，使学生的课堂学习以外的生活得到丰富。

第三节 慕课在高校体育教学中的应用

慕课是一种针对学习者人群的网络在线教育，人们可以通过慕课平台进行学习，是远程教育在新世纪的新发展，通过开放优质免费教育资源发展而来，"慕课"为网络学习者带来真正的个性化学习,为传统课堂的网络化发展带来机遇。"慕课"只是传统教育发展的一种新形式和媒介,仍属于教育的一部分,在课程建设中仍不能回避教育的基本价值追求。

一、慕课教学的基本特征

(一)规模性特征

慕课的规模性特征主要体现在四个方面:第一,慕课学习者众多。作为一个通过在线视频教授学生的大型开放式课程,学生的在线学习量是巨大的。第二,有大量知名大学和优质教学资源。世界范围内已有几百所名牌高校及机构参与到慕课平台的建设之中并在平台上免费与学习者共享一切优质课程资源。第三,慕课教学者众多。慕课的研发和创造包括完整的课程视频制作,上传到终端,及时回答问题,以及组织学生参与对话。任何步骤都需要专业指导教授,需要教育助理、开发人员和实验室助理等通力合作才能完成。第四,课程投入规模大。慕课通过互联网在全球范围内针对学习者需要进行高质量教授,因此平台需要充足的资金来支持。该课程还要求教师投入大量时间和精力提供课程、设计教学,以及学习者在学习活动中社区讨论和问题讨论。

(二)网络性特征

慕课的网络性特征首先体现在通过网络讲座和解释中。慕课开设者对慕课的内容进行审核之后可以没有时空限制地将课程上传到指定的慕课平台,供学习者自由无障碍地参考学习。其次,慕课的网络性特征还体现在线上自由学习和讨论学习多种学习模式共存,学生可以自由地选择适合自己的学习方式。最后,慕课系统通过学生的浏览痕迹对学习者日常的学习行为进行记录和分析,管理者能够根据这些记录了解学生的学习情况,从而能够对课程进行调节,为学生提供更好的学习资源。

(三)开放性特征

慕课的开放性特征主要体现在以下几个方面:其一,对学习对象开放。无论时间、地区、年级、文化、收入和班级,学习者都可以随时随地进行在线学习。其二,教学形式开放。慕课平台支持学生在学习和讨论中使用各种社交学习软件,以及创建和共享一些对于自己学习有益的资料。其三,课程和学习资料处于开放状态。慕课课程含有多种丰富的教学资源,学习者学习过程中资源获取方式比较快捷,并且能够根据课堂需要和教学环境的改变而变化,易于进一步拓展与修正。其四,教育理念是开放的。慕课的教育理念是让任何愿意学习的学习者不受时间、空间的限制进行学习,将高质量的教育资源与学习者联系起来,打破时空的孤立。

(四)个性化特征

慕课的个性化特征体现在三个方面：首先，学生可以完全进行个人学习。学习者可以通过教学平台选择学校中没有开设且自己感兴趣和有需求的课程，根据自己的时间和空间安排学习。其次，课程目标的多样化推荐。平台有多重学习模式供学习者选择，学生可以根据自身需要规划自己的学习目标。最后，针对课程资源的个性化建议。平台基于学习者日常的学习痕迹，对学习行为进行分析和总结，推荐出众多与学习者日常学习有关的学习资源供他们选择和参考，从而大大节省了学习者的时间。

二、慕课教学的优势

(一)为体育国际化和大众化提供了正确的途径

慕课的开放性、大规模性及优质资源的易获得性决定了全世界最好的精英课程会传播到世界各个角落。体育优质资源的共享会使各国的体育教育水平缩短差距。世界各国优秀的体育资源都是我国学习宝贵经验的途径，由于受到地域、时间、语言等一系列因素的限制，我们可学习和掌握的资源只能占少数，这无形中限制和阻碍了我国体育事业的快速发展。高校体育专业学生是今后我国体育事业的主要建设者和传播者。通过慕课学习国内外优秀的体育课程资源，可以使体育专业学生学习和掌握最新的体育课程资源，同时全国各族人民也可以学习和掌握体育最新的相关知识，这是提高国民体育锻炼的思想和意识，加快我国迈入体育强国新的拓展路径。

(二)为培养终身体育意识和锻炼习惯提供了充实的保障

终身体育教学理念符合人体自身发展规律和现代社会发展的需要，学校体育是终身体育的基础，它能使人们掌握体育的知识、技能，培养兴趣、爱好，养成锻炼习惯，逐渐培养体育的自我意识。但是学校体育只是人生的一个阶段，在其他阶段，如何继续培养终身体育意识和锻炼习惯也是我们需要面对的一个难题。体育慕课的出现正好为其提供了充实的保障，在"互联网+"背景下，人们通过体育慕课可以随时随地，不分人群、年龄、种族进行继续学习和掌握与体育有关的知识和技能，使体育始终伴随左右，这是终身体育培养和锻炼习惯养成得以延续的充实保障。

(三)为体育教学改革和发展提供了有利的环境

高校体育教学改革一直不断进行着，受传统教育理念的影响，体育教学很长一段时间内都是以教师讲解为主，学生被动获取体育技能和理论知识。随着社会的演变，体育教学不断变化，虽然多媒体、计算机等高科技设备都加入到体育教学改革中来，为改革填入了新的活力，但是教师在课堂讲解始终是主线，学生学习没有自主性。在当今学生获取知识资源如此便捷的情况下，这样的教学显然不能满足学生的要求。加之素质教育的提出，使许多高校体育教学改革迈入了误区，认为课程增加是素质教育的凸显标志，导致各种专业课的课时数相应减少。学生厌学、课时数减少，教师依然运用传统的教学方法，这使教学目的很难完成。慕课的出现为教学改革提供了便利条件，教学内容利用当今科学技术，采用碎片化的教学分块，使学生在课前、课中、课后随时可以观看，教学场地也不受时间、空间的约束，只要有网络的地方就可以课前预习，课中学习、讨论，课后作业检查，使教学形成有效的闭环。这样的教学方式改变了教师在教学中的地位，让学生从被动学习变为主动学习，教师满堂灌式教学变为指导和引导学生学习，碎片化加工使学生更容易高效、快速地掌握教学内容，教学的及时反馈可以使教师对教学快速地进行调整，这为现代高校体育教学的改革和发展注入了新的活力。

三、慕课在高校体育教学中的实施探索

慕课在我国的盛行已经成为现今教育发展的必然趋势，因势利导，将慕课与我国体育教育进行有机结合，从而提高我国体育教育的质量，促进学生产生学习兴趣和运动激情，对我国当前体育教育改革与发展起到了非常重要的作用。

结合我国体育教育现状来看，慕课给我国体育教育不足的情况带来了更多可能，而且慕课的教学理念已经影响了我国体育教育。慕课改变的不仅仅是教育，还改变了人们传播知识的途径，我国体育教育应该充分利用慕课这个教育工具，为我国体育教育的未来开创一个新时代。在慕课全面发展的当下，我国体育教育应紧跟时代步伐，与慕课接轨，不仅为学生创造一个优越的学习环境，也为教师创造一个继续教育的优良环境，让学生和教师共同学习，借鉴国外优质的教学资源，为我国体育教育的发展打下坚实的基础。

（一）加大宣传力度，促进优质资源共享

由于我国慕课起步较晚，因此我国体育教育慕课团队并不是我们理想中模样。当前，我国应从多方面加强对慕课的宣传力度。对于慕课来讲，用户人数的增加也尤为重要，基本等同于市场份额。慕课平台只有拥有了自己的用户，才会慢慢发展起来。慕课平台可通过互联网信息网站进行宣传，更要利用学校、教师向学生推广慕课，慕课平台还要进行自我营销，如利用邀请好友注册即可获得课程兑换券等。现今，各个平台都在争抢用户，拥有用户就等于拥有了市场。加大对慕课的宣传从而能更好地利用慕课的优质资源，让越来越多的人得到更好的教育，

促进优质资源共享，达到资源合理配置。在传统教育当中无法满足学习者需求的，可以根据自己的学历层次、兴趣爱好、时间安排等在慕课平台选择适合自己的课程，这样既节约了时间，又充分利用了慕课的课程安排，达到优质资源的合理利用，使全世界的学习者都可以得到最好的教育资源，充分体现教育的公平性。

（二）培养顶尖团队，制作慕课特色课程

培养我国体育教育顶尖的教学队伍，对体育教育的核心课程进行重点打造，突出体育教育的特色。一个学科没有特色课程，核心价值不凸显，很快就会被人遗忘或被其他课程所替代。体育教育更要根植于自身的核心专业，培育体育教育的教学团队，建立体育界一流的特色课程，并通过慕课平台分享给世界各地的学生。我国体育教育凭借特色课程和优质课程可以吸引更多的学生，可以提高我国体育的社会知名度，在世界同类课程的竞争中处于优势地位，并可以确保体育教育处于世界同类课程的领先水平。我国体育教育除了要制作一流的专业核心课程，对于非核心课程的建设也不能忽略。现如今社会发展需要一专多能的人才，学生除了学习自己的专业课，对一般的通识课、基础公共课也要有一定的认识、了解，如外语、语文、思想政治课等。而由于我国体育教育对专业课较为重视，对于理论课比较放松，因此对于理论课的教学质量参差不齐，理论课的授课教师存在一定的局限性。甚至一些学校缺乏理论课授课教师，无法开设足够的理论课提供给学生们，因此，我国体育教育可以利用慕课的优势，引进世界顶尖级的相关课程资源，弥补本校师资不足的缺陷，让学生不仅可以更好地学习理论课，还可以学习世界顶尖的理论课，提高学生学习的积极性和自主学习的能力，进而更多地为社会培养一专多能的人才。

（三）加强质量监控，丰富慕课课程资源

首先，慕课质量的好坏关系到慕课的长久发展。国内虽然在开展慕课，但并没有制定慕课课程的相关质量标准，这必定会影响我国体育教育慕课课程的质量。高校、政府和企业都可以共同制定慕课课程质量标准。在定义慕课时一定要明确慕课是把整个学习过程都呈现在网络上的。教师的授课情况、学生通过互联网学习情况、网上参与互动讨论情况、网上作业的提交情况，同时还有期中、期末考试，最后通过考核还有认定学分和证书等诸多事宜。慕课的基本特点是大规模、对任何人免费开放、有明确的学习目标、线上学习、课堂及线下作业、测试、社区讨论、评价考试、学习结果认定。除此之外还要建立课程审核机制，这样才能保证线上的教学资源是高质量、规范的资源。从课程的申报、评审、课程管理、考核要求和课程质量评估形成一系列完整的实施方案。评价机制也是慕课课程非常重要的一个环节。有效的课堂评价是慕课课程不断完善的基础。课程质量评价

可以从学生对课程的满意度对学习过程（学生的作业情况、出勤率、考试情况等）进行评价，还可以组织专家对课程进行评价。这些评价机制的建立为学生选择学习课程提供参考，也对教师的课程制作进行监督。当然，评价机制不仅仅针对教师，对学生的学习情况也要进行综合评价，因此，加强课程的质量监控，可以有效地提高慕课的教学质量并摆正慕课发展方向。

其次，学生的个性化也限制了慕课课程资源的制作，要充分考虑学生的学习兴趣，打造多层次的慕课课程。由于学习者在认知方面和文化方面可能存在着较大的差异性，对课程的理解是不同的。一流高校的课程可能并不适合普通高校的学生，因此，对于同一门课程可能要设计不同的版本，为学习者和教师提供选择。可以通过学校分类自建特色课程，也可以引进国内外知名高校的优秀慕课课程，当然体育教育不仅需要体育院校去自建特色课程，一些综合性院校也要发掘自身的特点，制作特色课程，这样才能够让体育教育课程多样化，丰富我国体育教育慕课优质课程资源。还要多开设一些能够满足少数民族地区的慕课课程，如利用少数民族语言、文化等，这对丰富教育资源也是难能可贵的。

（四）借鉴慕课方式，改革教学方法手段

由于慕课课程的开放性特点，使得学生在慕课教学内容以及教学方法的选择上更多元化，慕课平台是在互联网背景下展开，不受任何国界限制的，所以在慕课平台上有着数以万计的课程，这些课程是由不同国家、不同地区的教师讲授，改变了教学内容的单一性。其不足之处在于教学内容多样化之后，由于学生来自不同国家，有着不同的文化背景、知识结构，导致对统一理论产生不同认知。但是总体来讲，慕课带来的结果利大于弊，是可以促进我国体育教育改革的。对于体育教育教学方法的改革，不仅仅可以加强体育理论知识与专业技术的联系，对于提高教学效果实践更为重要。慕课由美国兴起到现如今在全世界流传，其成效在不同国家和地区都得到了大众的认可。由此看来，人们都顺应着社会的发展需要，教学方法的改革也是必不可少的。很多学者都说教育的本质在于分享，而慕课正是遵循了教育的本质，改变了传统教育。教学方法需要去调和课程的发展与学员的需求，如何将理论知识与专业技能用平实的教学方法讲明白，说清楚，把形象的专业知识形象地展现在学生面前，都需要教师选择最优的教学方法以达到教学目标。同时，对于教学方法的改革，应摆脱传统教育的被动学习法，让学生爱上学习，主动学习。教师要思考在教学过程中采用什么形式、方法引导学生主动探索，而非采用满堂灌的教学模式。因此，我国体育教育运用慕课，提高学生学习能动性，激发学生学习积极性。积极吸取慕课的优秀经验，大力发展我国体育教育的教学改革，使体育课程迈上一个新的台阶。

（五）探索盈利模式，实现慕课可持续发展

慕课平台的建立以及运营都会消耗很多的财力、物力，仅靠政府部门资助以及高校出资不能够保证慕课的长远发展，想要让慕课教学持续发展下去，必须建立合理的运营机制，至少达到收支平衡。首先，各高校间可建立学分互认的机制，这将会对各个体育教育之间的专业技术课、理论课带来更大的发展前景，不仅可以合理地配置资源，还可以让学生享受更加优质的教学课程。其次，对于在线有偿学习其他体育专业技术课也有一多半学习者表示赞同。加大慕课市场化，对在职人员的体育教育也从不放松，慕课不仅为学校体育教育提供资源，也可以利用在职人员的学习兴趣对其提供新的培训模式，这也是慕课潜在的盈利方式。慕课可以解决我国体育教育资源相对较少的问题，不仅节约成本，更能有效达到资源的合理配置。慕课的市场化不仅要提高平台的效益，更要加强对慕课课程的质量提升。只有市场化才会使得慕课有持续的发展动力，让教育机构（如学校、政府等）与企业单位建立积极的合作关系，通过各种渠道满足慕课建设的经费需求市场化的发展也意味着要提升慕课的服务意识，要从无偿奉献型变为有偿服务型，如此慕课才能成功的转型，达到持续发展，为体育教育的改革开辟出一条新道路。

第四节 翻转课堂在高校体育教学中的应用

一、翻转课堂教学模式概述

近几年，翻转课堂已成为国内外教育专家及学者研究的热点。这种模式是一个让学生在课前观看教学视频或课件等学习资源，课堂师生互动讨论解决问题，课后反馈总结评价的过程。翻转课堂是一种全新的"混合式学习方式"。实践证明，翻转课堂在激发学生兴趣、提高考试成绩和提升教师工作满意度方面都有促进作用。随着我国高校体育教学改革的不断深入，旧有的体育教学模式已不适应未来社会发展对人才的需求，体育教学模式也在不断得到创新和研究。体育教学作为一门实践性很强的课程，与其他学科相比具有特殊的专业特点。

翻转课堂教学模式的出现，正好为体育教学模式的构建提供了一个思路。在翻转课堂中，教师根据学生在线学习的情况，因人而异地对学生实施个性化教学。由于翻转课堂的教学资源不受教师、学生和学习时空的限制，能极大实现对有限教学资源的高效利用，使学生可以在线感受名家名师的授课，从而提高课程教学效率和质量，因此，翻转课堂教学模式越来越受到广大教育工作者普遍关注和日益重视。

(一) 翻转课堂教学模式的理论依据及目标原则

教学模式是在教学思想和教学理论指导以及一定的教学理念的引导下建立起来的各类教学活动的基本结构或框架，通常包括理论依据、教学目标和原则、教学与学习程序、实现条件与教学资源、教学效果评价等要素。

在理论依据方面，以翻转课堂"先学后教"思想为基础，重视教学活动中学生的主体性和学生对教学的参与。依据高校体育教学的特点，通过视频学习吸收理解练习，不懂再回顾视频，从实践强化到学习掌握的过程，这样反复的循环过程可塑造有效行为目标。

在教学目标和原则方面，体育教学主要目标是巩固和提高大学生在中小学体育教育阶段构建的体育锻炼思想、习惯和能力，从而更好地引导和教育学生主动、积极、科学地锻炼身体，掌握现代体育科学中的基本知识与技能。

教学与学习程序方面，以优质视频资源和交互学习社区为基础的基于MOOC翻转课堂体育教学模式的基本教学程序可以设计为：预习教学内容-有针对性地观看教学视频讲解、示范-激发学习动机、发现学习问题-课堂讲授新课，接受教师、同伴评价-通过拓展资源完善、扩展知识与技能结构、通过反复练习实践加深理解和加强训练效果。

从实现条件与教学资源来看，近年来高速发展的MOOC平台和互联网的普及为翻转课堂体育教学模式提供了良好的实施条件，因此需要教师根据课程与教学内容自己设计与制作，其基本内容可以包括教学内容和动作演示讲解视频、理解性的练习、实践性的课余训练活动、实践训练的摄像记录视频、专题性的研讨问题等一系列问题。

从教学效果与评价来看，基于MOOC的翻转课堂体育教学模式的实施对激发学生学习体育的兴趣，培养学生自主学习、发现、分析、解决问题等综合能力和技能的提高，以及适应社会发展的自主学习能力和相互合作能力的培养具有积极作用。

教师要及时掌握反馈信息并根据所获情况进行适当引导、鼓励并充分调动学生的学习积极性，因材施教地针对不同学生进行讲解和教学。应该注意高校体育教学不同于其他文化课程，所以，对学生的评价，不能简单地以考试成绩作为其学习好坏的衡量标准，必须要把"健康"标准贯彻到体育考试环节。指导学生加强体育教育认识，养成体育锻炼习惯，构建与体育教育目标相适应的人性化测试。

(二) 实施翻转课堂的意义

1.翻转课堂的内涵与发展

翻转课堂出现在2007年前后，是将课堂中的一些知识，简单制作成教学视频发布到网络上，让学生在家里看视频，目的是解决部分学生因缺课跟不上教学进度的问题。可以说这样的上课形式颠覆了传统的教学模式，能够充分调动学生的主观能动性。这种全新的教学模式最先由美国科罗拉多州的化学老师乔纳森•伯尔曼和亚伦•萨姆斯在课堂教学中使用。但翻转课堂的兴起与发展则源于"可汗学院"的出现。

在翻转课堂教学模式逐步普及的过程中，各国的教育工作者也根据本国的实情对其内涵和实施过程进行了拓展、延伸与发展。翻转课堂开创者乔纳森•伯尔曼和亚伦认为这有利于激发学生潜在的求知欲望，发展学生深层次认知能力，实现教师与学生之间、学生与学生之间的实时交流与互动。

2.在高校体育教学中实施翻转课堂教学模式的意义

学校体育工作的中心是体育教学，而体育教学又包括体育理论知识教学和体育实践教学两部分。体育实践既是高校体育教育的重要组成部分，是激发学生热爱体育的直接方法，也是体育理论检验的基本手段，更是体育教育目标实现的关键要素。

对传统体育理论课教学理念的误解、大学课堂时数的限制以及高校体育教师在课堂教学上表现手法的缺失等种种原因造成了目前高校体育理论课堂教学的尴尬地位。一方面，这样的教学过程方法单调，内容也相对陈旧而缺乏新意。另一方面，不能因材施教。对于悟性较高的学习者，熟悉的讲解、示范令他们感到乏味而失去兴趣，这必然会导致学习效果参差不齐，难以激发学生学习兴趣的现象，而翻转课堂改变了这种现象，首先，翻转课堂突破了传统课堂时空和固定教师的限制，解决了一些学生由于某些原因不能接受课堂教育，或者不能及时领悟课堂教学内容的问题；其次，翻转课堂构造的学习社区加强了教师、学生、教学内容和教学、学习资源之间的相互作用、相互联系；最后，在翻转课堂中，教学过程基本上能够实现教学中倡导的因材施教与分层次教学，学生能充分发挥其在学习过程中的主观能动性并得到具有针对性的指导，有效地提升了课堂互动的数量与质量。正因为翻转课堂的这些优势与特征，所以翻转课堂的体育教学模式能够较好地解决教学时间限制、教学资源有限的问题，并解决课堂教学中学习效果参差不齐的问题，也为树立"终身教育"思想的贯彻提供了保障。

二、翻转课堂教学模式应用与实践

（一）翻转课堂的模式构建

体育教学翻转模式的构建与一般翻转课堂模式相似，包括课前学习资源的制作准备，学生自主学习、课中知识内化、课后总结评价几个阶段。

1. 课前学习资源准备阶段

教学目标是教学活动的实施方向和预期达成的结果，是一切教学活动的出发点和最终归宿。在课前，教师根据教学大纲、计划明确教学目标和任务。在教学过程中不断修正新的教学目标，使课前、课中、课后形成一个完整的、协调的、相互联系的整体三维目标。通过信息技术将技术动作的概念、要领、方法及技术原理等制成PPT演示文稿。

综合利用演示文稿和视频等手段将教学内容形象地表现出来，按照教学步骤和程序制成学习资源上传网络平台。同时，注意翻转课堂教学内容的体系要完整，组织结构要合理，要根据学生的认知水平和要求，选择恰当的教学素材，并根据教学内容的结构特点进行合理加工和处理。

对于示范动作难度比较大或难以直接进行分解示范的动作，可以通过二维或三维动画技术并辅以用力方向、用力大小、运动轨迹等图示及文字说明将其生动具体地展示出来。比如：在背越式跳高过杆教学中，人体在过杆时所做出的"背弓"动作，在实际教学过程中无法在杆上做出静止示范动作，也无法更直观地展示，但通过视频的加工处理，配以"箭头"表示的力的方向及文字说明，就会使得教学视频更直观、更清晰。依据教学单元的计划安排，由浅入深、由易到难合理组织每个教学环节，让学习者在不浪费时间的前提下，学习掌握理论知识。

翻转课堂教学模式需要学生具有自主学习、发现问题和解决问题的能力，更需要学生积极主动地参与到课前新知识的学习中来。对技术动作概念、要领、方法及技术原理等理论知识进行学习，通过对知识的理解，借助想象法对技术动作有一个大概的理解和认识。学习过程中，要主动发挥发现问题和解决问题的能力，及时发现疑难问题，通过查阅网络资料解决一些力所能及的问题。对于新技术动作的渴望和热情，不可避免地会出现有些学生在课前主动地去练习，为避免缺乏体育教师的检查和指导，出现错误动作形成错误动作动力定型，要求学生在自行练习中要适当，以小组和结伴的形式进行，在充分观看了解教学视频示范动作的前提下，检查指导，锻炼和培养发现问题和纠错的能力。对于一些较难掌握的技术动作，通过"虚拟系统"不断地练习，帮助学生提高对技术动作的理解和认识，也能够保证在场地器材难以满足的情况下进行练习。

2. 课中知识内化阶段

课中应是学生提出问题、教师答疑解惑，并通过具体的身体练习形成运动技能，使知识内化的阶段。通过课堂学生间的讨论和教师交流互动，解决遗留的疑难问题。课堂上，教师放置好数码摄像机，对教学过程进行全程摄像。按照问题提出的类型或按兴趣、伙伴朋友关系、基础水平、性格等进行分组讨论和交流。针对探究活动，要创造性地设计好、组织好课堂探究和课堂讨论，引导学生在对话交流和合作中发展自我。对难以解决的问题，鉴于学生通过课前学习对学习内容有了一定掌握和理解，能够形成正确的思维，教师要辅以提示帮助，以便使学生更容易解决。待解决完学生课前所遇到的疑难问题后，按学生运动技术水平进行分组，实施分层教学，区别对待。同时，引导学生们积极展开思考，探寻错误动作产生的原因，让学生纠错的同时，理解错误动作产生的原因。另外，对运动技术掌握较好的同学，可以指导其尝试进行讲解示范，使学生在练习中，不但会做，而且会教，打破传统体育教学中只追求运动技能形成的单一模式。练习结束后，教师带领大家讨论在练习过程中遇到的问题和练习心得，总结课堂练习中存在的主要问题，为下次课的实践练习提供参考。

3.课后反馈评估阶段

课堂结束后，教师将数码录像制成视频文件，然后上传到网络平台，提供给学生观看。针对课中练习时出现的错误动作、学生参与练习的态度、练习的效果等问题，进行总结评价，及时与学生进行沟通交流。同时，学生在课后还需学会写学习体会，根据课堂上对所学知识的理解和探讨进行总结，对自己在课堂上的讨论和练习过程中动作技术的掌握进行反思与评价。通过网络平台、QQ群或微信等创造协作学习的环境和空间，形成一个有效的师生教学活动的"闭环通路"。

（二）高校体育教学翻转课堂模式的应用及实践

翻转课堂可以有效地提高教学效率，激发学生学习的热情。翻转课堂教学模式培养了学生自主学习、探究学习和合作学习的能力，有力推动了体育教师专业水平的提高。翻转课堂教学模式拓展了学生的学习空间和时间，加强了师生间、学生间的交流和互动。

翻转课堂提供了交流互动的平台，解决了学生同教师间的交流和互动，部分学生以前害羞面对面的直接交流，而网络平台的交流互动不需要直接面对教师，学生的害羞感没有了，自信心也增强了。因此，翻转课堂模式为师生间构建了一个协作融合的学习空间和环境。学生可以在学习知识的广度和深度上可自由控制，从而加强了对理论知识的理解和掌握。翻转课堂教学模式有效提高了学生的理论知识水平及实践能力，强化了理论知识和技能的融合与内化，有效提高了教学效果和教学质量。用合作式、探究式等学习方法，有效地强化了对理论知识的学习和掌握。

高校体育教学翻转课堂模式的构建突破了传统体育教学模式中存在的问题。网络平台的构建，也拉近了师生间的关系，让师生在任何时段都能够得到有效的沟通和交流，以"环路"的方式始终贯穿于课前、课中、课后整个过程，形成了协作融合的学习环境。翻转课堂虽被誉为"影响课堂教学的重大技术变革"，但翻转课堂模式中学习资源的制作、网络平台的交流互动、学生实践练习的"虚拟系统"等每一个环节的构建都得需要教师业务能力的提升和学生的学习适应能力等软硬件条件作保证，只有多重并重，方可实现其在高校体育教学中的真正融入。

(三) 翻转课堂在体育教学中的应用创新发展

1. 创造良好的网络化教学环境

翻转课堂得以有效开展的前提必然是网络平台的优化，因此，它离不开一个良好的网络环境。我们需要集多方力量优化网络环境。

首先，我国政府部门可针对性地提出相关指导性措施。其次，国家体育教育局应该带头搭建一个体育资源共享的网络平台，通过网络平台对体育赛事、教学视频、动作解析等信息资源进行共享，让更多体育学习者能够享受到"翻转"带来的乐趣。网络平台的构建，也可以促进教师与教师生之间、学生与学生之间的关系，让师生无论在何时何地都可以得到很好的沟通和交流，形成团结协作的学习氛围。最后，因地制宜地开展翻转课堂，要根据各个地区本土教育情况构建出符合当地特色的翻转课堂教学模式，制定翻转课堂教学模式的长效机制，实现翻转课堂教学模式的可持续发展。

2. 翻转课堂与跨越式教学相结合

随着教育信息化的推动，世界各国掀起了教育改革的浪潮，我国也相继出台了一系列教育改革的政策和措施。跨越式教学试验正是我国教育改革大背景下的一面旗帜，通过信息化技术推动学科教育发展，从科技领域层面实现教育的根本变革。翻转课堂引入我国并未得到很有效的推广，出现了"水土不服"的现象。跨越式教学模式实质上与翻转课堂模式有异曲同工之处，都倡导以"学生为中心，教师为辅助"的教育理念。翻转课堂与跨越式教学两种教学模式有效地结合起来将减少翻转课堂在我国教育领域实施所带来的弊端，充分地融入我国教育体系，更有效地展示"翻转"模式的本质特点。

3. 构建适合我国体育翻转课堂发展的教学模式

目前，翻转课堂虽受到全球教育领域的热捧，但引入我国之后并未得到很有效的推广。打破固有的教育模式需要经历一场重大的教育改革，因此，翻转课堂应该结合我国教育现实情况，完善其教学模式，适应我国教育结构。当前，在我国体育教育改革的大背景下，翻转课堂教学模式为体育教学改革吹响了号角。在体育教学中如何实施翻转课堂教学模式也成为我国体育教育领域必需思考的问题。翻转课堂教学模式的出现迎合了体育教学的需求，体育教师可以通过教学视频、比赛视频或网络虚拟运动环境等手段对运动技术进行学习预热。首先，课前预习环节有效地节省了教师讲解教学内容的时间，增加了学生自主学习的时间，提高了学生整堂课的练习密度。其次,在课前通过观看视频的方式,大大提高了学生学习的积极性和主动性,对运动技术的学习和掌握起到了促进作用。要基于翻转课堂教学模式的基本构成,以"学生为中心,教师为辅助"的教学理念,构建出更加适合当前体育教学的翻转课堂模式。

第六章　高校体育教学模式的创新

第一节　高校体育教学模式概述

一、体育教学模式内涵

（一）体育教学模式的概念界定

1. 教学模式

教学模式是按照一定原理设计的一种具有相应结构和功能的教学活动模型。教学模式综合考虑了从理论构想到应用技术的一整套策略和方法，是设计、组织和调控教学活动的方法论体系。教学模式在前人成果的基础上将会有新的发展。教学模式一词最早是由美国学者乔伊斯和韦尔提出的，他们认为教学模式是"试图系统地探讨教育目的、教学策略、课程设计和教材以及社会和心理理论之间的相互影响，以设法考察一系列可以使教师行为模式化的各种可供选择的范型"。

综而观之，当前国内大致有以下几种观点：结构论、过程论、策略论、方法论等。其相同点是都指出了教学模式的稳定性特点，不同点在于，一个定义确定教学模式是某种"结构"，一个将其视为某种"方法"。

因此，要揭示教学模式的本质，须从其上位概念"模式"谈起。模式的概念涉及人的两方面行为，一是对事物稳定的认识，二是对事物稳定的操作，而前者构成认识模式，后者则构成方法模式。所以，认识模式和方法模式才应当是教学模式的两层基本含义。由此可见，教学模式是教学形式与方法的统一体，其中，"过程的结构"是"骨骼"，"教学方法体系"是"肌肉组织"。

2. 体育教学模式

我们把体育教学模式的概念定义如下：体育教学模式是蕴含特定体育教学思想，在特定教学环境下实现其特定功能的有效教学活动的结构和框架。教学模式是对教学经验的概括和系统整理，教学实践是教学模式产生的基础，但教学模式不是已有的个别教学经验的简单呈现。同时，教学模式被看作沟通理论与实践的桥梁，既能用来指导教学实践又能为新的教学理论的诞生和发展提供支撑，其在两者中起中介的作用。根据对教学模式的认识，与其他学科教学相比，体育教学是一个比较复杂的教学过程。它与学习过程、游戏过程、训练过程等有着密切关系，因此，认知的规律、身体锻炼的规律、技能形成的规律、竞赛规律等都是体育教学过程中必须遵循的规律，体育教学模式必须反映这些方面的特点。

（二）体育教学模式的构成要素

体育教学模式的构成要素主要有五种，详细内容如下。

1. 教学思想

教学思想是构成教学模式的核心因素，也是其灵魂所在，体育教学模式构建时所应具备的理论和思想就是教学思想，也可以理解为，教学模式是需要以教学思想为理论支撑的，不同的教学思想理论会构建不同的教学模式。比如，1980年我国构建的愉快教学模式就是以同时期学生的实际需求为基础的，提高了学生的参与度，激发了他们的参与热情，与此同时，还有助于他们养成终身体育的良好习惯。

2. 教学目标

体育教学模式存在的意义就是促进教学目标的完成。倘若没有教学目标，那么，体育模式的存在也毫无意义可言。"体育教学模式所能够达到的教学效果是体育教师对某项教学活动在学生身上将产生的效果所做出的预测。"体育教学主题的具体编写就是教学目标，教学模式是围绕教学目标存在的，同时，教学目标也会对教学模式的其他构成要素起到限制的作用。

3. 操作程序

操作程序就是教学活动中的环节和流程。体育教学工作中，按照时间顺序逐次进行的逻辑步骤以及各个步骤的具体执行方法就是操作程序。不管采用何种教学模式，操作程序都具有独特性。此外，操作程序并不是固定存在、毫无变化的，但总体而言，它具有相对稳定性。

4. 实现条件

实现条件，是对操作程序的补充，它主要就是教学模式中具体使用的方法和策略。实现条件主要有人力、物力、财力三方面的内容。进一步来说，也可以理解为教师与学校、教学内容与时空以及学校所具备的设施设备等。

5.评价方式

不同的教学模式适应不同的教学目标,并且在使用的程序和条件方面也是不尽相同的。所以,每一种教学模式都有与之相对应的评估准则和方法,并且相对应的评估准则和方法都是独立存在的。在实际的教学过程中,是不会采用完全相同的评判准则的,因为会造成评估结果缺乏合理性和科学性。

二、体育教学模式的特点

(一) 整体性

体育教学模式是一个整体性的系统构成,在体育教学模式系统中,教学思想、教学目标、操作程序、实现条件、评价共同构成一个完整整体。

体育教学模式在体育教学实践中的实施,对体育教学效果的影响是教学模式的整体效应,而非教学模式系统内部的具体系统要素的作用发挥,体育教学模式的各要素结构组织不同,教学模式的类型和教学作用也不同。

教学模式的应用所解决的主要问题是体育教学的整个教学任务的完成问题,对教学过程中的微小细节问题不能一一照顾到。在体育教学活动开展期间,对于体育教学模式的选择必然是从教学宏观角度出发来选择相应的教学模式的,教学过程中,解决问题应着眼于整体的角度,而不能为了教学中的一个细小问题选择不合适的教学模式。

(二) 简明性

体育教学模式为体育教学的开展提供了一个整体框架,使得体育教学设计能在框架基础上做到有的放矢。简单来说,教学模式是简化了的教学结构理论模型,它是从理论高度简明、系统地对凌乱纷繁的实际教学经验的理论化概括,是简单、易理解的教学模型,对体育教学具有提纲挈领的指导作用。

(三) 稳定性

体育教学模式是对体育教学实践过程的高度概括,这种概括性和教学过程描述的简明性决定了体育教学模式的稳定性。体育教学模式构建之后,其结构是稳定的,体育教学模式适用于一定的体育教学思想,适用于多种教学内容、教学对象,不同教学模式在教学操作程序、教学目标实现方面有所不同,可以很好地适应体育教学实践,能够结合具体的教学情况,解决不同的体育教学问题。体育教学模式自出现到发展至今,常用的总是经典的几个体育教学模式,有多个教学模式历经几十年依然在使用,在以后相当长的一段时期内,该教学模式还会长期使用,这充分体现了体育教学模式的稳定性。

（四）针对性

体育教学模式的针对性主要表现在其选择依据方面，教学模式的选择不是随意的，必须是科学的，与体育教学目标和教学对象相符的。

一是针对不同的体育教学目标，有不同的体育教学模式。如旨在促进学生自主学习能力的发展，发展学生的探索意识和能力，多采取探究式教学模式。

二是针对不同的教学对象，体育教学模式不同。例如，情境教学模式，通过故事形式，开展体育教学活动，适用于理解能力较差、体育基础不够的学生；快乐体育教学模式适用于一些简单、趣味教学内容的展示，更适用于年龄小和刚接触体育教学的学生。

（五）开放性

体育教学活动的开放性决定了体育教学模式的开放性，体育教学模式的开放性表现以下几方面。

（1）体育教学模式结构稳定，但系统内部的各要素的情况是可以发生变化的，并且在体育教学模式的实施过程中，体育教学方法、手段等都具有多样性，可以随着教学需要发展不断丰富化。

（2）体育教学模式程序固定，体育教学模式在结构上、程序上是基本固定的，而且教学程序是不可逆转的，但不同体育教学活动之间的内容比例、时间比例是可以灵活调节的。其中某些内容可以以教学实际进行压缩、省略和重叠。

（3）体育教学模式的开放性更多地表现为结合体育教学需要的局部调整，体育教学模式的性质不会发生改变，体育教学模式的整体或细节的调节可以使体育教学模式更加与体育教学实际相符。

（六）操作性

教学模式具有操作性，任何一种体育教学模式都必须能在体育教学实践中应用，否则再好的体育教学模式如果只能停留在理论阶段，都只是空谈。通过对体育教学模式的实施，能使体育教师非常清楚地知道在教学中应该先做什么，再做什么，最后做什么，并为体育教学模式的实施创造必要的教学环境与条件，使体育教学模式具有可操作性。

三、我国新型高校体育教学模式的建构

（一）新型体育教学模式的理论基础

1.新型体育教学模式的现代课程论基础

教学属于课程的一部分，所以，建立教学模式必须以一定的课程理论为基础。

现代体育课程理论基础主要分以下几点。

（1）体育课程目标实现多元化。体育课程目标不仅把增强体质、提高健康体质作为首要目标，而且注重培养学生体育文化素养，同时强调学生个性和创造力的培养，并主张结合体育课程内容的特点，把道德教育和合作精神的培养融合在体育教学过程中。在时间上，通过体育课程，不但要完成学生在学校期间体育知识的传授和技能的培养任务，还要培养学生学习体育的能力、兴趣、习惯，为其终身参加体育活动打下基础。

（2）课程内容注重学校体育主体需求。随着社会的发展，学生对体育的需求呈多元化态势。课程内容只有满足了学生需要，才能激发学生兴趣，形成稳定的心理状态，实现终身体育。一是要重视传授终身体育所需要的体育知识，主要包括体育基础知识、保健知识、身体锻炼与评价知识等。二是竞技运动项目的教材化。

（3）现代体育课程论与新型体育教学模式。20世纪60年代以来课程理论出现两次世界性的变革：一是学科中心课程论；二是人本主义课程观。我国体育课程的体质、技能、技术教育思想正是学科中心课程在体育课程中的反映，至今仍影响着体育课程的改革。

①新型体育教学模式的目标取向。教学目标受课程目标影响，没有新的课程目标就不可能有新的教学目标。新型体育教学模式的目标不仅要求有运动技能目标，还有情绪、态度、能力、个性等目标。

②新型体育教学模式的价值取向。重视全体学生全面发展和个性培养相统一。学生发展离不开体育学科内容的学习，学生通过体育学习发展自己。

③新型体育教学模式的教学设计思想。课程的问题中心设计模式是新型体育教学模式设计的模式基础。问题来源于学生的发展需要和教学内容的需要。

在教学设计中，要让学习者作为一个完整的个体参与到教学中来，让学习者在解决问题中学习掌握学科内容。

2.新型体育教学模式的现代教学论基础

教学论有许多流派，如探究发现教学理论、情意交往教学理论、认知教学理论、建构教学理论等。下面简要列举一些对建构新型体育教学模式有支撑作用的观点。建构主义教学观认为，教学的目标是充分发展学生的主动性、自主性和创新性，教学目标之一是培养"能够在现实的生活世界中应用知识的能力"。用通俗的话说，就是学会学习，并能调控自己的学习。建构主义与以往的教学理论相比，更加突出表现出了三方面的重心转移：从关注外部输入到关注内部生成，从"个体户"式学习到"社会化"的学习，从"去情境"学习到情景化的学习。综观各个教学理论流派的观点，其共同之处，便是对"主体性"的追求。其中，学生的自主性主要指学生的自我意识与自我能力,包括学生的自尊、自爱、自信、自决、符合实际的自我判断、积极的自我体验和主动的自我调控等。创造性是学生的主动性和自主性发展到高级阶段的表现,它包括创造的意识、创造的思维和动手实践的能力。教师的教是外因,学生的学是内因,外因通过内因起作用。教学中尊重差异,才能使教育恰到好处地施加于每一个学生,才能发挥学生的主体作用。

(二) 新型体育教学模式的性质与设计

1.新型体育教学模式的基本属性

根据对各种先行研究的归纳,提出体育教学模式的几个基本属性:理论性、稳定性、直观性和可评价性。

(1) 理论性。指任何一个比较成熟的体育教学模式都必定反映了某种体育教学指导思想,都是一种体现了某个教学过程理论的教学程序。

(2) 稳定性。一个体育教学模式的确立实际上是一个新型的体育教学过程结构的确立,既然是结构,就必然有相当的稳定性。

(3) 直观性。直观性也可称为可操作性,任何一个新型的体育教学模式的建立,都意味着它和以往的所有体育教学模式是不同的。这就使人们可以根据其特定的教学环节和独特的教程安排来判断是不是属于此种教学模式。

(4) 可评价性。所谓可评价性是指任何一个相对成熟的教学模式确定,必有着与其整个过程相应的评价方法体系。因此任何一个教学模式都可以对实施这个教学模式的教师给予明确的教学评价,这不仅仅是对该教师对教学模式理解程度的评价,也是对教师参与、认识和学习能力进行系统评价。

2.新型体育教学模式的特征

新型体育教学模式应具备如下特征:在教学指导思想上,将把社会需要的体育和高校学生需要的体育结合起来,以实现体育教学中满足社会需要与促进学生个性发展的和谐统一。在教学目标上,将围绕着21世纪对人才培养需求、高校学生身心特点等方面加强对学生能力的培养。教学程序中,逐步融入运动目的论的思想,让学生充分体验运动学习的乐趣;引导学生充分理解和参与学习过程;改变过去教师划一化、统一化、被动性、机械性的做法;在教学方法上,以主体性教学观为视野,提供个别化和个性化的教学方法;在教学评价上,将以学生生动活泼的学习、个性充分发展、兴趣习惯能力养成、主要学习目标的达成等为基准。

(三) 新型体育教学模式整体优化研究

1.新型体育教学模式整体优化的原理和原则

系统科学整体优化原理:按照系统科学理论的思想和观点,任何事物、过程并不是各自孤立和杂乱无章的偶然堆砌,而是一个由各个部分组成的合乎规律的有机整体，而且它的整体功能要大于各部分功能之和。

体育教学模式整体优化的原则：①整体性原则。用整体的观点考察体育教学模式，有助于我们在教学实践中科学地把握体育教学模式的结构和活动环节。②综合性原则。体育教学内容的执行和体育教学目标的实现均建立在优选的体育教学模式基础上才能完成。

2.体育教学模式整体优化的内容

影响体育教学模式结构的因素很多，包括教学思想、教学内容、教学程序、教学方法、教学条件等，在诸多的因素中选择了教学内容作为逻辑起点与突破口，对多元体育教学模式进行优化。

（1）根据不同教学思想优化体育教学模式。体育教学思想是制定体育教学模式的灵魂，不同的体育教学思想赋予了具体教学模式生命力，使教学模式有了明确的方向，最终去完成它预期的目标。为使教学思想条理化、明确化，使之从整体上符合学校体育指导思想的大方向，根据教材内容的不同性质，把它分类为精细教学型内容、介绍型内容。因此这类教材的教学模式应以情感体验类模式和体能训练类模式为主，让学生在无技术难度的宽松条件下，一方面提高身体素质，加大运动负荷，可选择训练式教学模式、自练式教学模式等；另一方面通过快乐学习、成功学习，体验运动的乐趣，可选择快乐体育教学模式、成功体育教学模式等。

（2）根据单元教学不同阶段优化体育教学模式。在精细教学类内容中，大纲规定了各个项目的学时，以确保各个运动项目单元教学任务的完成，并使学生能熟练掌握几项运动技能。在单元练习的最后一个阶段，由于学生已经基本掌握所学的运动技能，应进一步重复练习和巩固、并注意动作的细节问题，因而在此阶段应以选择能力培养模式为主。

（3）根据不同的外部教学条件优化体育教学模式。体育教学的条件分为两类：第一，固定的一些硬件；第二，不固定的硬软件。

（4）根据学生基础优化体育教学模式。教师是教学活动的主导，学生是教学活动的主体，主导与主体因素构成了体育教学活动的主要因素，因而在选用教学模式时，要考虑到师生的具体情况、具体特点。

第二节　常见的高校体育教学模式及应用

一、快乐体育教学模式

（一）快乐体育教学模式概述

1. 快乐体育的定义

快乐体育教学模式指的是在以运动为基础的前提下，教学人员采用适宜的教学方法，一方面增加学生的体能，另一方面使学生从体育学习中得到快乐的体育教学模式。其指导思想是让学生在教学过程中，不仅能够学习运动技能、锻炼身体，还能够充分感受到快乐，进而培养学生终生进行体育实践的意识。

快乐体育教学中，一般会采用将游戏、比赛掺杂在教学工作中，采用初步体验-挑战学习-创造乐趣的模式进行，它没有固定的教学方式，经常会随着教学人员和学生的改变有所不同，但其最终目的都是相同的，就是让学生快乐地进行体育实践，实现身心的全方位锻炼。人民是国家的根本，国民身体素质对国家的发展至关重要，只有国民身体素质过关，才能投身于祖国的建设中，而快乐体育就是让国民快乐地、主动地进行体育实践，所以说快乐体育在我国社会主义建设中是不可缺少的。

2. 快乐体育的起源

快乐体育思想起源于日本与德国，有着非常明显的时代特征。受德国、日本两国快乐体育的影响，我国的体育教学模式不断进行改进，快乐体育思想也逐渐影响国人，体育教育工作者经过不懈的理论研究与实践探索，已经建立了自己的教学模式，由以前的以教学人员为主体的体育教学变成了现在的以学生为主题的体育教学模式。当前快乐体育教学模式已经在各地学校掀起了热潮，不仅反映了传统体育教学体制与方式的改革，也是我国对体育锻炼重新认识的反映。快乐体育出现的根本目的在于，在体育教学过程中通过激发学生的主观能动性，调动学生主动进行体育实践的积极性，使学生能够快乐地进行体育实践，并形成终身锻炼的思想。

（二）快乐体育教学模式的特点

快乐体育教学相对于传统的体育教学模式独具特色，它有一套完整的思想体系对体育教学工作进行指导。在开展情感教学的基础上，对学生进行人格教育、身体教育，关注运动给学生带来的乐趣，充分激发学生的积极性。

1. 全面加强的素质教育

首先，快乐体育教学方式的实施不会使学生单纯地进行体育锻炼，它会让学生们在快乐中进行体育锻炼，体会到运动的乐趣；其次，快乐体育教学模式能够帮助学生在体育锻炼中开发智力，形成一种体育能力；最后，有助于全方面地培养学生的素质，如审美能力、道德品质、个性发展等。

2.主观能动性的培养

在快乐体育教学中，真正的主体不是教学人员，而是学生，学生还是体育教学工作服务的对象，所以应当充分尊重学生的主体地位。传统的体育教学模式比较机械，忽视了学生的主观能动性，他们一直处于被动接受的地位。每个学生都有自己的思想，快乐体育教学会让学生在一种愉悦的气氛中学习，有助于学生主观能动性的发挥以及思维的开发。此外，快乐体育教学相对来说比较灵活，不会让所有学生都朝着一个目标进行发展，教学工作人员会根据每个学生的特点及长处因材施教，使每个学生在进行体育锻炼的时候达到自身的满足，在全面培养基本素质的前提下使学生的个性得到发展。

3.主动积极的学习

主动积极的学习就是要调动学生学习的积极性，使其从厌学转变成乐学，这也是快乐体育教学的目标之一。主动与被动有着本质的区别，当学生被动接受某件事时，心情会非常糟糕，感到压抑；当学生主动接受某件事时，就会感到很愉悦。快乐体育教学就拥有这种魅力，它从根源上发掘快乐，由被动变主动，充分调动学生主动学习的积极性。快乐体育教学模式只是教学中的一项，由快乐体育教学可以推及至其他课程的教学工作，只有学生主动积极地学习，才会让受教育这一过程变得快乐。

4.相辅相成的教学

体育教学与其他学科的教学是相辅相成的。快乐体育教学有助于学生拥有健康的身心，有助于他们进行其他知识的学习。快乐体育教学主要以体育课堂为主，课间操以及课外其他体育活动为辅，当从体育活动中获得快乐之后，会更加高兴地接受其他课程的学习。

（三）快乐体育教学模式的优势

1.快乐体育是迈向终身体育的有效途径

快乐体育是指教师正确运用教学方法手段，在教学中营造一个和谐、平等、活跃的课堂氛围，缩短师生之间的距离，激发学生的学习热情、使他们能够积极、主动、快乐地参加体育教学活动，使他们能够产生成功、快乐的体验，以达到促进学生身心和谐发展的教学目的。因此，快乐体育的精髓就是寓教于乐。

进入21世纪以来，我国的学校体育教学比以前虽然有了形式上的改观，但总体来讲其核心思想仍然是传统的"注入式",从而出现了"貌合神离"的怪现象。一部分学校扛着"快乐体育、健康体育、终生体育"的大旗,却继续走在传统教学的老路上。一方面是由于很多体育工作者并没有真正领会快乐体育乃至终身体育的内涵;另一方面,将快乐体育的精髓融入各种复杂的教学环境中仍然存在着很多的实际困难。快乐体育强调以学生的体育需要、情感需要和人格需要为出发点,强调学生的学习动机应该建立在自身的需要和对社会的责任感上,强调学生要用适宜的方法、顽强的意志和强烈的兴趣来调节自身的学习活动,强调把学习中的成功体验、锻炼中的乐趣作为追求的目标。这样才能真正地在教学中营造出和谐、愉悦、快乐的氛围,才能真正地使学生乐于学、喜欢学,才能真正地使学生自觉主动地发展体育能力、培养良好的思想品德和坚忍不拔的意志品质。我们有理由相信,随着学校体育各方面条件的逐步完善和我们体育工作者对"快乐体育"理性认识的提高,快乐体育必将成为学校体育教学的主导思想,也必将成为通向终身体育的桥梁。

2.快乐体育教育思想方法培养学生终身体育观

快乐体育的思想其实早在20世纪五六十年代就已经提出,经过教学实践,尽管很多对此思想仍有争议,但有一点是肯定的,快乐的体育课堂教学能让学生更好地掌握技术、技能。但快乐体育并不是一种教学方法,而是一种教育思想。快乐体育的指导思想,主张以全面育人为出发点和归宿,面向终身教育,以情感教学入手,强调乐学、好学、育体与育心相结合,使学生之间、师生之间在协调愉快的环境中,锻炼身体、磨炼意志、陶冶情操,使他们的身心得到全面和谐的发展。因此,在理论教学上,不仅要以体育科学、健身原理、身体锻炼的作用与方法去指导学生,更应从体育的实践出发,力求理论与实践的有效结合。如每次体育课前教师讲1~2个知识点,介绍增长力量的最好方法是隔日训练,以及每次选用重量及组数等。如果学生按教师介绍的方法练习后效果很好,这样就能引起他们的兴趣,形成经常锻炼的习惯。如果学生掌握了较为丰富的体育理论知识,不仅能提高体育锻炼的动机,而且能增强运动能力,又能对自己的健康状况、体育锻炼效果做出自我评价,从而增强体育锻炼的兴趣和信心,随着环境的变化和年龄的增长,他们很可能成为终身体育的受益者。

3.快乐体育顺应现代体育教学改革模式

从教育理论上看,快乐体育认为情感是知识向智力转化的动力,是联系教师和学生的桥梁,是人格发展的有机组成部分。马克思主义认为"体育是满足人类个体及社会的物质需要和精神需要的实践活动"。因此体育教学必须在学生自主学习、自觉学习的基础上,真正让学生成为课堂的主人,教师要尊重每个学生,要公平地对待每个学生;在教学中要善于启发、引导学生,做到学生的主体与教师的主导密切结合。这种新型的教学关系顺应了时代的发展，是打破教师单项"填鸭式"教学的必由之路，为体育课教学带来新的理念。体育教学是实现学校体育目的的基本途径，基本组织形式是体育课，传统体育课形式较为呆板，要改变这一状况，就必须全面地贯彻新的教育观，把体育教育、健康教育、生活教育、保健知识教育等融为一体，改变旧的教学内容和方式，让学生在读书阶段学到终身受益的体育项目和相关的理论知识。如果学生在学校总是被动接受他们不感兴趣的体育内容和死板教条式的教学方法，他们就很难树立正确的体育观。

"快乐体育"则强调在体育教学过程中，采用多种方法和灵活手段对学生进行启发和引导，使学生由被动接受转变到主动追求，可采用讨论或游戏竞赛的方式进行，让同学们在充满欢乐和愉快的课堂气氛中把课的内容完成，在一定程度上既满足了学生运动的欲望，巩固了知识技能，又能改变知识由过去的"单项传递"为现在的"多项传递"，从而实现"寓教于乐"，变被动体育为主动体育，帮助同学们逐步形成自学、自练、自查的能力，成为一位真正的终身体育者。

4.快乐体育教学思想寓教于乐实现玩中有学

快乐体育的教学手段强调教法的灵活多样性和学法的实用有效性，将"玩"融入体育课堂。爱动好玩是学生的天性，大学生兴趣广泛，好奇好动，常常以直接兴趣为动力，这就要求体育教学应多从学生的兴趣特点出发，采取灵活多样的"玩"的形式，既可提高学生参与体育活动的兴趣，又能在娱乐中反复出现体育教学内容，实现体育教学目标，完成学习任务。可以看出，将"玩"融入课堂，已成为提高体育教学质量的有效手段之一。求"新"、求"奇"是大学生的一大心理特征，教师应抓住这一特征，在体育教学手段上不断创新，让学生爱"玩"。创设教学情境，让学生敢"玩"。在学生心目中教师的形象是高大的，他们对教师是尊敬喜爱的，因而教师应主动与学生建立深厚的感情，和学生多在一起活动，一起玩。

5.快乐体育的组织形式多样化的变革

快乐体育组织形式的多样化，能更好地促进学生个性和谐发展。21世纪是一个色彩斑斓的时代，任何人或事物如果不求创新而故步自封，必将遭到社会的淘汰，学校体育教学自然也不例外。当代的高校学生是具有个性的一代，是追求个性的一代，这是社会进步的表现，我们不但不该将其个性抹杀，还应充分利用体育教学这种有利形势，去开发其个性，使其个性与正确的人生观、世界观相连接，最终成为创新型的人才。

在教学组织上，快乐体育遵循"严而不死""活而不乱"的原则，既有严密的课堂纪律，又不失生动活泼的教学氛围，并强调多向交流和教学环境的优化。随着学校体育场地器材的不断完善，用丰富多变的组织形式来引导学生，使学生的个性融入体育运动中,既满足了学生的好奇心,又使其个性得到了和谐的发展,在身体素质得到锻炼的同时,也培养了他们团结、求胜、坚强和拼搏的意志品质。快乐体育思想是时代精神的反映,是民主、和谐社会在教学中的体现,与我国政治、经济、文化的发展密不可分,与教育改革及体育改革紧密联系。"快乐体育"代表了"以人为本"的进步性,尽管在实施过程中由于受到许多主、客观因素的制约仍有许多不足。相信随着国家经济的进一步发展、体育设施的逐步完善、人们认识的不断飞跃和广大师生的共同努力,我国教育和体育事业的明天必将更加美好。

(四) 快乐体育教学模式的实施

"快乐"是一种愉快的情感体验,而乐趣则具有使人产生愉快情感体验的运动特性。所以"快乐体育"教学强调运动与生活关联,体现主动、快乐和个性发展的效果。

1.强调快乐体育的重要性

在传统观念中,体育课只是起到锻炼身体的作用,甚至有的老师认为体育课应该进行缩减,学生应该把重点放在文化课学习上。所以想要真正地实施快乐体育教学模式使其发挥作用需要做到以下几点:首先,在学校里先对所有老师进行培训教育,让教师先意识到快乐体育的重要性;其次,学校的管理人员在课程设置上需要有所调整,由原来的每周一节体育课改成每周两节或更多的体育课;再次,对体育教学工作人员进行严格筛查,招聘专业的体育人员,对他们的各方面素质进行考核,使其在体育教学工作中发挥积极的引导作用;最后,举办运动会,将快乐体育思想融合其中,积极鼓励学生参加。

2.强调快乐体育教学工作中的主体

传统的体育教学模式强调教师在教学过程中的主导地位,学生只是处于被动接受的位置,这会导致学生丧失学习的主动性、积极性,一旦学习兴趣丧失就会导致学习效率下降。而快乐体育教学与传统教学最大的不同就是弱化了教学人员的地位,强化了学生在教学工作中的主体地位。只有受教育的对象能够从思想上、行动上接受某种教学模式,从中体会到获得知识的快乐,教学人员的工作才能事半功倍。并且,每个学生进行体育学习的基础、目标以及学习方式均是不同的,教学工作人员只有根据学生的实际情况和需求因材施教,鼓励并引导学生,才能取得良好的教学效果。

3.建立和谐的师生关系

体育教学是一个复杂的活动,它要求在教学工作中,教师不仅要培养学生的身体素质,还要对学生的思想进行引导。在传统的体育教学中,教师是占主体地位，在教学工作中发挥着关键作用，学生对老师除了敬畏外，甚至会有害怕的心理产生。而快乐体育教学则强调在教学工作中和谐的师生关系是关键。和谐师生关系的建立是快乐体育教学关键的一步。首先，体育老师应该用自己良好的思想品德、高超的运动技巧、诙谐有趣的教学风格影响学生；其次，在快乐体育教学中，教师还需与学生建立一种亦师亦友的关系，让学生在课堂教育中感到轻松，真正做到在快乐中学习；最后，在课堂实践中，体育老师应该参与到学生中间，形成有效的师生互动。还需根据不同学生的性格特点进行个性化教育，鼓励学生有自己的想法，激发他们学习体育的兴趣，有助于进行终生体育实践活动。

4.有组织地进行体育教学工作

快乐体育教学的主要目的是以运动为基础让学生逐渐认识运动、爱上运动、终生运动。这就要求体育教师进行合理的安排，首先，充分利用每节体育课，结合同学们关注的重点，增强学生对体育运动的认识；其次，通过在课堂上组织有趣味的体育游戏，激发学生对体育运动的兴趣，在游戏中进行体育锻炼；最后，在运动技能的学习过程中，要考虑学生的情绪，做好引导工作，多鼓励少批评，让他们感受运动的快乐。

5.发掘学生的个性

传统的体育教学模式更关注运动对学生身体素质的改善情况，而快乐教学模式除此之外，还能够因材施教促进学生的个性发展，帮助学生挖掘某项运动的潜能。快乐体育的教学模式能够培养学生的独立创造能力，丰富其精神生活，促进全面发展。

二、合作学习体育教学模式

（一）合作学习教学模式概述

1.概念

合作教学是一种与传统的教学观相对立的全新的教学观。它是由格鲁吉亚杰出的心理学家、教育家阿莫纳什维利提出。合作教学实验的显著特点是：从尊重学生的人格与个性出发，建立新型的师生关系，将学生在游戏中固有的自由选择和全身心投入的心态迁移至教学过程中去，从而在师生真诚的合作中实现教学目的。

体育合作学习模式是在教学理论和实践中发展形成的、用以组织和实施具体教学过程的、相对系统稳定的一组策略或方法。体育教学模式是体现一定教学思想，并具有相对稳定的教学过程结构和教学方法体系的教学程序。合作学习是两个或者多个个体为了实现共同的教学目标而结合在一起，在小集体范围内进行思维碰撞、相互质疑、辩驳，从而取得共识、获得知识、发展思维、培养能力的一种学习模式。体育合作学习教学模式是指在教师的指导和学生的参与下，运用运动的手段，利用适宜的条件，创造一种较为复杂的运动环境，使学生通过个人的努力或与同伴进行合作学习，克服困难，完成任务，促进学生交流与协作意识双重发展的一种教学形式。

2.基本原理

①教学过程的发展性原理。合作教学认为，每个学生都具有无限的潜力和可塑性，教学与教师又能最大限度地发挥学生的潜能。②教育过程的人性化原理。合作教学提出教师要做到以下三方面以保证人性化的贯彻与实施：第一，热爱学生；第二，使学生的生活环境合乎人性；第三，在学生身上重温自己的青春。③教学过程的整体化原理。教学过程就是要发挥学生的自然力与生命力。④教学过程的合作化原理。在现实社会中，常常会发生学生希望成长，但也想玩；愿意学习，但不想失去自由的现象，因此教师就要做到与学生合作并从学生的立场出发组织教学。

3.方法

合作教学需要有一种能激发学生兴趣的师生关系和一套能鼓励学生自愿参加教学活动的方法。具体方法如下：①教会学生思考。教学中，教师可以采用在学生面前一边出声地思考，一边解题，让学生耳闻目睹教师的思考和解题过程；或教师应该鼓励学生怀疑、反驳、论证此课题。②"夺取"知识。合作教学认为，教师不应把知识填入学生的头脑，而应当让学生与教师"夺取"知识，并在这种"搏斗"中体会成功的快乐。③充分利用黑板。合作教学认为板书是师生双方交流的主要手段。④学习书面语言。⑤说悄悄话。说悄悄话是课堂提问的一种特殊方法。答案对与错，由教师给予奖励、安慰等评语，有利于保护学生的积极性与自尊心。⑥由学生当老师。合作教学认为，教师应当像演员一样，在教学中与学生一起做游戏，使学生感到自己从事的是自己愿意干的重要事情。

4.体育合作学习的心理分析

苏联教育家苏霍姆林斯基曾说"没有这种自我肯定的体验，就不可能有对知识的真正的兴趣"。在体育合作学习中，每个学生既充当学习者，又担当教师角色，使每个学生在此过程中均有表现的机会，进而个人成就感和表现欲得到了一定满足。这种良好的学习体验会形成一种良好的心理感应，进一步激发学生的学习兴趣和求知欲望，并由此强化小组间的凝聚力，形成小组学生间踊跃参与的合作行为。从学生的体育学习心理看，大多数学生喜欢在宽松、有序的环境下从事体育活动，体育教学应该尊重学生这一心理特征，并为学生自主学习创设宽松、自由的学习环境，以培养学生体育学习上的组织能力，从而实现由"要我学"到

"我要学"的转变。

5.体育合作学习模式的误区

体育课堂学习中学生之间的交流与协作,是集互动条件的共同利益与群体智力的合作和情感连锁反应。任何形式的体育合作学习教学模式都是有具体的、明确的小组和个人教学目标的,都是为完成集体和个人目标而设定的,也都是围绕着各类目标的达成而展开的。许多教师认为,体育合作学习教学模式与传统教学仅仅是在教学形式上不同,搞体育合作学习教学模式,不过是把学生重新编组,把学生分成一些小组,然后把原来的全班体育教学改为小组体育教学而已。这种简单化的想法常常导致许多教师按照原来的方式进行体育教学,这成为体育合作学习教学模式流于形式的一个主要原因。

(二)合作教学模式的理论依据

人本主义教育思想。以马斯洛为代表的人本主义心理学所主张的教育思想,对当代学校教育产生了广泛的影响。它强调"以人为本""以学生发展为中心",重视人的个性需要、价值观、情感、动机的满足,从满足主体生存需要的角度来发展学生的潜能。

人本主义教育思想在学科教学中体现的就是主体性教学思想,在教学过程中充分发挥学生主体作用,最大限度地调动学生的自觉性、积极性、创造性。体育是"人"的体育,是人类文化的积淀,也是人类精神的乐园。体育学习是学习者认识自我这个主体尤其是对自我身体运动的认识,主动变革其身心的特殊的认识和实践过程。

学校体育为终身体育奠定基础的体育思想。该思想强调学校体育要为人们的终身体育服务,要为终身体育打好身体、技能和兴趣与习惯等基础,学会自主学习和锻炼,具有自主学习、自主锻炼和自主评价的能力等。认为运动兴趣和习惯是促进学生自主学习体育和终身坚持体育锻炼的基础,体育教学应基于参加者的需要、兴趣等。因此,培养学生的自我体育意识是实现终身体育的核心问题。无论有无他人的协助,一个人或几个人都能主动地诊断自己的学习需求,建立学习目标,确认学习所需要的资源,并评价学习成果,这种方式便是自主学习。

自主-合作学习理念。合作学习,是指在自主学习的基础上,学生在小组或团队中为完成共同的任务,有明确的责任分工的互助性学习,合作可以产生更多的灵感,获取更大的收益,得到更好的体验。体育学习需要自主、合作的学习方式,由于学生存在着身体、技能、兴趣和爱好等的异同,体育教学应给学生更多的自主、合作学习的机会,让学生学会自主地、生动活泼地与同伴合作学练体育,最终达成学习目标。

学生的学习是被教师承包的,教师从备课、上课到布置作业全都是教师根据自己设想的如何教而设计的,设计的思想及动机学生一概不知,学生就是被动观察、模仿、训练或练习,他们慢慢地越来越没有激情,越来越依赖教师,离不开教师。因此,要让学生做自己学习的主人,学会自主合作学练体育,就必须有一种适合自主合作学习的教学模式,使学生把握自己的学习,而不是教师驾驭学生的学习。构建的方法:依据人本主义教育思想、终身体育思想和自主-合作学习理念,我们运用演绎法建构了自主-合作体育教学模式的过程框架,然后通过在高校公共体育课和高中体育课教学中进行试验、修正,逐步完成体育教学模式的构建。

(三)合作体育教学模式运用与检验

1.适用范围与教学原则

(1)适用范围。我们认为自主-合作体育教学模式需要学生具有较强的自我控制和自我管理的能力,根据体育教学要适应学生身心发展规律,我们利用自身教学的有利条件,在高校公共体育课和中学体育课教学中进行了实践,确定了自主-合作体育教学模式最适合的范围是高中生和大学生体育课。

(2)教学原则。教学原则是保证教学效果的基本要求,运用自主-合作体育教学模式除了应遵循一般的体育教学原则外,还应把握以下原则:①自主性原则。教师应尽量设法提高学生学习的自主性。②情感性原则。自主-合作体育教学模式更应重视情感教学,教师富有人情味的教学,可以促使学生更自觉地趋向学习目标。③问题性原则。教学必须带着问题走近学生,问题设计要针对学生的实际,要科学地动用教育学、心理学的理论分析课堂教学的各组成因素。④开放性原则。主要包括三个方面,一是课堂教学形式要有开放性;二是课堂问题设计要有开放性;三是由点到面,由此及彼去解决学习问题。

2.运用合作体育教学模式应注意的问题

(1)教师要有足够的耐心和勇气。刚开始运用不懂得如何进行自主学习、合作学习,表现出茫然、不知所措,不适应这种教学模式,这是很正常的。教师的耐心就表现在教师要敢于"浪费"时间,以足够的耐心和勇气指导学生逐渐学会自主、合作学练体育。

(2)关注学生已有的经验,重视问题情境的创设。学生的已有经验是影响自主合作学习的重要因素之一。一般来说,上课伊始应创设一些与学生已有经验相近的"问题"或"情境"走近学生,进行一些相对简单的身体活动、思维活动,再把"问题"不断引向深入,促使学生在练习中思考。

(3)精选和改造教材内容,激发学生学习兴趣。如何精选和改造教材内容以激发学生学习兴趣,需要我们任课教师下大功夫去研究。

（4）学会做一个积极的观望者，适时适当地介入学生的活动。自主合作体育教学模式强调的是学生自主学习、合作学习，但"自主"不等于教师不引导，不参与。因此，教师如何做一个积极的"观望者"，适时适当地介入和指导学生的活动，既不能过多地干扰学生的学习过程，又要能在学生需要指导和帮助时发挥作用，这是非常重要的。

3.合作体育教学模式的意义

首先，"合作学习教学模式"以尊重的教育理念为指导思想，符合现代教学理论的基本要求，其实验研究从时代特征和学生的特点出发，具有一定的现实意义。其次，"合作学习教学模式"有效地利用系统内部的互动，使教学资源得到开发和利用，提高了学生的参与意识。改变以往传统教学中"讲解练习"的教学模式，利用组内成员的互帮互学，可以使学生产生愉快的心理体验，从而养成终身锻炼身体的习惯。"合作学习教学模式"鼓励学生一起去达到目标，增加同学之间的交往，有效利用竞争与合作，培养学生的集体责任感和荣誉感。

三、俱乐部体育教学模式

（一）体育俱乐部教学模式的概念

体育俱乐部教学是由学生自主选择教师，同时根据教学条件开设相应的项目，系统学习该项目的原理与方法、组织与欣赏等方面的知识与能力培养的方法，从而达到真正掌握一至两项终身从事体育锻炼运动项目的一种教学模式。

体育俱乐部教学注重培养学生的体育兴趣，提高学生的体育能力，以教学俱乐部这种形式进行教学。这种方式的教学注重知识性和趣味性，理论和实际相结合，发挥学生的主观能动性和创造性，让学生积极参与，使学生在体育锻炼中体验到快乐感、成就感，达到培养学生参加体育锻炼的意识，提高学生运动能力的目的。学校体育俱乐部式教学模式是以培养学生终身体育意识、习惯和能力为主的教学方式，它能够把学校体育与社会体育实现有效地衔接，并最终使高校体育向终身化方向发展。

（二）体育俱乐部教学模式的内涵

体育俱乐部教学是一种符合现代课程理念的新型教学模式，在课程的设置上注重过程结构的稳定性和教学方法的合理性。自20世纪80年代俱乐部教学思想传入我国，各个高校开始积极探索，并且部分重点学校逐渐开始实践这项新的体育教学模式。进入21世纪后，为了促进高校体育教学的改革，教育部还制定了一个纲要性文件进行指导，即《全国普通高等学校体育课程教学指导纲要》强调学校体育课程的实施提倡以俱乐部形式进行，学校应当为学生开设多种俱乐部课程，学生拥有较大的自由选择权，不受年级、系别和班级的限制，完全依照自己的需要和兴趣选择学习项目和授课教师，有的学校甚至不受学习进度的限制来保证学生的体育学习，但所有课程的教学和学习要遵循教和学的一般规律。在课余时间，各个俱乐部可以自行组织学习竞赛等活动，一方面是对体育课教学的补充，另一方面可以丰富大学生的课余生活。体育俱乐部教学注重学生体育兴趣的培养和运动技能的学习，学生在学习过程中占据主体地位，可以充分地发挥自己的主观能动性，学生还可以积极参与教学过程并在教师的指导下更好地学习体育技能；同时这种教学模式注重理论与实际的结合，使学生在体育锻炼过程中，学习到更多的生活常识，使学校教育与社会教育有机地结合起来；体育俱乐部教学更能够使学生在体育学习过程中体验到快乐和成就感，促进他们终身体育意识的形成。

采用高校体育俱乐部教学模式进行教学，首先要从自身的实际条件出发，建立适合自身师资力量、硬件设施、场地需求和满足学生需要的不同运动项目，然后由学生根据自己的兴趣和需求进行自主选择，系统进行体育学习，进而有利于学生掌握一到两项受益终身的运动项目，养成良好的体育习惯。这种教学模式不仅是局限于学校教育的范畴，也是学校体育与大众体育的结合点，在俱乐部学习过程中学生可以提高自身的沟通、自信、社交等许多能力。对于学校来说，一方面可以避免资源的浪费，比如，传统体育教学中许多学生并不喜欢某一项目，课上总是那么几个学生在使用教学资源，而俱乐部教学完全是依据学生的兴趣而来，提高了教学资源的利用率，减少了浪费；另一方面，促进了教师专业能力的提高，因为学生是自主进行教师选择的，如果教师的能力不足，那么他的被选机会就会大大减少，这样可以间接地促进教师不断学习和完善自己。总之，体育俱乐部教学模式的主要功能体现在：一是真正突出了学生的主体地位；二是培养了学生的体育兴趣和运动技能；三是避免了高校体育教学资源的浪费；四是提高了教师的专业水准；五是促进了高校体育竞技水平的提高。

（三）高校体育俱乐部教学模式的特点

1.参与的自愿性

许多学生喜欢高校体育俱乐部教学模式，他们认为这种教学模式最大限度地尊重其个人发展的意愿和兴趣，在学习过程中的积极性可以得到充分的调动，教学手段和管理较为开放。同时在体育俱乐部教学过程中，同学们还可以获得充分表现自我、施展才华的机会，在体育学习和活动中每位同学都存在维持小群体利益的思想，这样有利于在教学当中保持利益小群体的存在，增强学生学习的积极性和主动性。

2.目的的多样性

参与的目的多样性是体育俱乐部教学的另一大特征，有的学生喜爱俱乐部教学模式是为了满足自己的兴趣，而且能够进一步提高运动技能；有的是为了缓解日常学习的压力，舒缓身心；有的是为了提高自身的沟通交往能力，还有一部分同学把参加体育俱乐部教学这一学习过程作为提高自身社会适应能力的一个良好机会。总之，体育俱乐部教学模式为每一个同学都提供了锻炼和提升自己的平台。

3.内容的丰富性

各个高校的体育俱乐部教学都设置了诸多项目，比如，足球、篮球、排球、乒乓球、网球、羽毛球、民族传统项目、新兴体育项目等，有的高校甚至根据当地的自然地理环境设置了具有当地特色的项目，比如，攀岩、龙舟等。体育俱乐部是对传统体育教学的一种突破和创新，延伸和丰富了传统的体育教学内容，学生的学习热情和积极性得到最大的激发，因此也更有利于促进和提高学生身心发展水平，促进了高校体育教学改革。

（四）高校体育俱乐部教学模式的优势

1.有助于调动教师的教学积极性，提高其教学水平

体育俱乐部教学模式突破了课时的限制，实行互动、开放的教学，并很好地引进了竞争机制，将学生置于主体地位，学生可以自主选择自己喜欢的体育运动项目和体育教师，使教师在教学中更轻松、授课更生动。如此一来，就会在无形中调动教师教学的积极性，提高其教学水平，达到预想的教学目的。

2.有助于实现体育教学的教学目标

体育是实施德育、智育、美育等的重要前提和基础。体育俱乐部正朝着"快乐化、生活化和终身化"的方向发展着，尊重学生个性的同时向学生传授体育知识，提高他们的体育技能，这正是当前素质教育背景下所积极倡导的。体育俱乐部教学模式的应用更有利于实现高校体育教学的健康、娱乐、生活、竞技等全方位的体育教学目标和教学理念。

3.有助于提高学生的运动技能水平，帮助学生确立健康体育的思想

体育俱乐部教学模式在教给学生体育知识的同时还教给了学生体育运动技能，培养了学生健康运动、终身体育的思想。体育俱乐部是以学生为主体的群体性活动，他们有着共同的爱好和兴趣，通过举办各种体育竞赛和趣味活动，让学生在交流中提高运动技能，拓宽知识面，建立健康体育、终身体育的思想。

4.有利于校园文化的建设

体育俱乐部是一种新型的校园体育文化活动，满足素质教育的要求，也符合当前高校的实际要求，逐步被高校师生所认同，同时也成为高校校园文化的热点。体育俱乐部的建立无疑给校园文化添上了浓墨重彩的一笔，它将许多兴趣爱好相

同的学生融合在一起，集娱乐、健身、竞赛为一体，让高校的体育活动呈现出一派生机勃勃的景象。

5.激发学生对体育的兴趣，促进其个性发展

体育俱乐部教学模式给学生留下了根据自己的兴趣自由选择体育项目、自由选择体育教师的空间，这在很大程度上激发了学生对体育的兴趣，而且体育俱乐部教学模式也充分体现了素质教育促进学生个性发展的目标，在教学中将选择权交给学生，让学生择其所好、学其所能、展其所长，使学生的品格、智力、需要和自我价值等个性得到充分发展。

（五）高校体育俱乐部模式的实施

1.加强对学生运动安全的重视，完善急救应对思路

高校体育俱乐部的学生往往缺乏对安全的认识，在运动的过程中不能够辨别危险，所以高校体育俱乐部想要对教学模式进行规范化的建构，体育教师必须要加强对学生运动安全的重视，这既是责任，也是义务。具体地说，高校学生往往比较活泼好动，无论是打篮球还是跑步，抑或是打羽毛球等，都可能会出现运动损伤。由于他们对于力度不能够进行准确的把握，再加上学生们的协调能力有好有坏，所以在参与各类具备一定强度的运动过程中，很容易会出现身体损伤，这是运动风险的一种体现。

如果在教学过程中出现了这种运动风险，高校体育俱乐部教师就必须要及时地对其进行识别，明确学生出现运动损伤的原因以及损伤的基本情况，如果受伤不严重，那么高校体育俱乐部教师就应该教会学生如何正确地参与运动，让他们能够明白自己的一些动作是存在运动风险的，很可能会造成十分严重的后果。而如果受伤较为严重，教师就必须要及时地对其进行处理。总而言之，当高校体育俱乐部教师加强对学生运动安全的重视时，那么学生就会在思想上认识到自身行为所存在的运动风险，进而减少体育运动中出现运动损伤的情况，从而为教学模式的规范化构建打下基础。

2.营造良好的校园体育氛围

从高校体育俱乐部教学模式规范化构建的基本情况来看，各个高校体育俱乐部的水平普遍不高，之所以如此，主要是因为校园体育氛围缺失。对于学生来说，良好的校园体育氛围不仅可以对学生进行积极向上的性格培养，更能够对学生自身的积极意识进行激发。对宽松的校园体育氛围进行营造，需要高校体育俱乐部教师对学生一视同仁，教师要学会关注每个学生，尊重每个学生，对于在体育方面表现一般的学生，教师应该对其进行鼓励，及时发现他们的进步，长此以往，学生便会在校园生活的过程中获得愉快的感受，从而为高校体育俱乐部教学模式

的规范化构建打下基础。

3.重视学生主体地位

对高校体育俱乐部教学模式进行规范化构建，需要迎合课程改革的要求，使整体教学过程更加符合教学模式的标准。高校体育俱乐部教学模式的规范化构建，建立在高校体育俱乐部教学模式基本价值取向的基础上，在经过了数十年的发展之后，高校体育俱乐部教学价值取向基本合理，但仍然不完善，这也体现了高校体育俱乐部教学模式规范化构建的必要性。

高校体育俱乐部教学模式主要集中在促进学生体育水平提升、促进学生体育心理形成的方面，但并没有对学生的主体地位进行重视，教师可能认为，自己的一切教学手段都是为了更好地符合高校体育俱乐部教学模式的价值观，这就可能导致学生的主体地位被忽略。对高校体育俱乐部教学模式进行规范化构建，需要在保证学生健康水平的基础上，重视学生的主体地位，了解个体差异，保证学生更好地受益。

高校体育俱乐部教学模式的规范化构建能够对正确的健康观进行确立，保证基本素质教育的价值取向。总而言之，高校体育俱乐部教学模式的规范化构建，能够让高校学生的体育水平得到提高，同时可以对其健康意识进行培养，最终促进其人格的完善，这也使得高校体育俱乐部教学模式的规范化构建具备了必要性。

4.注重教学模式的实践性

在理论方面，想要规范化构建高校体育俱乐部教学模式，教师就必须要注重教学模式的实践性。在如今的情况下，体育教师必须要扩大教学模式、教学范围，除了在课堂进行教学之外，还应该鼓励学生多多参与课外体育，将课外体育纳入教学模式当中。具体的方法可以给学生下达课外体育学习任务，让他们自主地感受体育，消除对课堂内学习的被动因素，化被动为主动。在实践过程中，教师需要争取做到将校内体育与校外体育相结合，破除把体育教学与体育课堂等同起来的观念，让学生走进体育实践，按照自己的理解，学习体育，掌握体育，领悟体育。

5.保证教学过程的多样性

在实践方面，想要规范化构建高校体育俱乐部教学模式，教师就必须要保证教学过程的多样性。高校体育俱乐部教学模式的规范化构建，重点在于设立目标，对学生进行引领，让教师与学生都能够在具备多样性因素的教学过程中摆脱分段教学的束缚，提升学生的学习兴趣。如果没有兴趣，一切教育模式、所有教育手段都无法起到作用，而保证教学过程的多样性，恰恰可以解决这一问题。保证教学过程的多样性，要求教师在对高校体育俱乐部教学模式的设计中，更多地对体育教学进行延伸，跨越课堂教学时空观念，以适应不同类型教学的要求。

第三节　高校体育教学模式的发展

一、应用型体育人才培养模式创新实践

（一）应用型体育人才培养的模式

应用型人才培养的主要目标着眼于服务、生产、管理、建设等方面，重视能力、素质、知识的全面发展。应用型人才培养的教育活动与课程设置都是围绕"培养应用型人才"的目标展开的。体育教学作为高校教育教学的重要组成部分，对大学生的身心发展具有重要作用。相较于其他学科，它具有鲜明的实践性和应用性。同时，当前社会经济发展需要大量应用型人才，因此，高校应当结合体育教学的优势特点和社会发展需求，革新体育教学模式，开展丰富多彩的体育教学活动，打破传统体育教学的框架，以学生的个性需求为出发点，切实做到因材施教，充分挖掘学生的体育潜能。此外，还应当根据就业导向及时调整体育教学计划，制定应用型人才培养目标，提升体育专业学生的社会适应能力和就业竞争力。

（二）高校体育应用型人才培养的教学实践策略

1.提升教师队伍素质

教师是应用型体育人才培养的重要因素，教师队伍素质的高低对应用型体育人才的培养具有直接影响。因此，若要提升应用型体育人才质量，就必须重视师资力量。应用型人才培养目标要求体育教师打破传统体育教学模式的束缚，广泛调查和了解体育专业学生的学习兴趣、专业基础、实际需求等，并在实际教学中有机融入社会、心理、能力、人文等诸多领域知识，增强体育专业学生的综合能力。此外，应用型人才培养还要求高校体育教师要不断学习，丰富自身的知识储备，扩大自身文化视野，提升自己的组织、管理和设计能力，增强自身的综合素养。同时，高校体育教师还应当与其他学科教师以及教学管理者沟通，了解学生的实际情况，进而寻找合适的教学切入点。此外，高校体育教师还应当与其他高校的体育教师联系，及时了解最新的体育教学信息，以及社会人才需求，进而制定具有针对性的应用型人才培养计划，增强体育教学的计划性和系统性。

2.完善教学评价体系

若要提高高校体育教学效率，就必须制定切实可行的教学评价制度，对体育专业学生的专业实践和学习成绩进行科学评价。高校可以记录体育专业学生在各个阶段的专业学习和实践成绩，并对其进行综合分析，在研究与思考的基础上，及时调整体育教学计划，并适时将分析结果反馈给学生，促使学生在之后的体育

学习中进行自我修正和完善。需要注意的是，高校教师要及时向学生公布每个阶段和环节的量化分值，使学生明确自身的阶段性任务，并有计划地开展体育学习和锻炼。体育教学评价要求教师将过程性与结果性、理论性与实践性有机结合在一起，增强评价体系的科学性和公平性。

3.采用多样化教学方式

在培养应用型体育人才的过程中，教师应当充分尊重学生的主体地位，全面考虑学生的兴趣、能力、基础和性格特点，从学生的实际情况出发，并结合社会人才需求，制定多样化的教学方式。例如，可以举办体育文化节，以图片展、知识竞赛等形式，帮助学生了解相关的体育心理、知识和技能；在专业之间、学校之间举办体育竞赛，一方面可以激发学生的参与热情，另一方面也能够增强学生的实战能力；可以结合社会实际举办针对体育专业的招聘会，帮助体育专业学生了解当前社会对体育人才的各种要求，以便他们进行针对性学习和锻炼。

4.丰富实践教学内容

传统的体育教学实践模式过于单一，这不仅不符合当前的社会人才需求，而且不利于激发学生的参与积极性。因此，高校应当丰富体育教学的实践形式和内容，促使体育专业学生主动参与到实践活动中，并在实践中检验和巩固习得知识，将基础理论知识转化为实际操作能力，促使自己逐渐成长为符合当今社会要求的应用型人才。高校不仅要积极开展校内体育实践教学，还应当及时与校外相关企业和单位联系，加强校企合作，为学生提供更多的实习机会和平台。比如，组织体育专业学生到中小学进行体育教学，或到社区进行义务传授体育锻炼技能、在社区开展体育问卷调查等。丰富多样的实践形式一方面能够提高学生的参与兴趣，另一方面也能够多角度提升学生素质。

二、创新型体育人才培养模式的实践途径

（一）高校体育专业教学模式改革是培养创新型体育人才的有效途径

1.采用操作式教学，培养学生的实践能力

现实社会需要的人才，是能干事、会干事尤其是能创造性地干好事的人才。因此，高等教育要面向社会，面向实践，更新教学理念，改进教学方法，培养创新人才。首先，课程设置要适应实践的需要。应当根据形势的变化、实践的发展、社会的需求设计课程，使学生所学为实践所需，学以致用。其次，教材编写要紧扣实践。作为大学教材，既需要有一定的理论深度，又需要紧密联系实际，要有更多有利于培养学生创新能力的内容、实例、方法和经验，使学生通过学习，掌

握操作的理论与方法、过程与环节,既知其然,又知其所以然。最后,教师课堂讲解和示范要多方式、多手段、多角度。立足长远,着眼当前,把书本的内容具体、生动、形象地讲清楚,既注重能力培养又注意实际操作,既注重课堂演讲又注重实际示范,既注重理论阐述又注重具体实践。

2.采用开放式教学,培养学生的创新能力

在高校体育专业教学过程中,建立民主、平等、和谐的师生关系,使学生大胆交流,敢于创新。教师是课堂气氛的调节者,在课堂教学中,教师应以平等的态度去热爱、信任、尊重学生,满足学生的发表欲、表现欲,鼓励学生大胆创新。在体育学习过程中,提倡自主学习、自主活动的时间和空间,使学生有机会创新。学生在学习过程中,不受教师"先入为主"的观念制约,有足够的思考时间,享有广阔的思维空间,不时迸发出创新的火花。教师在评价时,实施开放性评价,要树立发展性的评价观,多给予鼓励,诱发学生内在的潜力,切实让学生体验到成功的快乐,通过激励使学生产生积极的情绪体验,保护其创新的热情。

3.采用激发式教学,培养学生的探索能力

一是用目标激发。在科技竞争日益激烈的今天,高校培养的学生,必须具有很强的探索创新能力,没有敢于思考、敢于探索、敢于领先的能力,将难以在激烈的竞争中找到立足之地,也难以在科技创新中有所作为。因此,高校体育专业要为学生确立一定的发展目标,按照设计目标的要求,制定具体的措施和办法,多方式、多渠道地加强对学生探索能力的培养。二是用形势激发。当今世界,谁在科技竞争方面占据优势,谁就在经济、科技和综合国力竞争中掌握主动权。因此,学校要充分利用这种形势,教育学生充分认识压力和挑战,不畏艰难,勇往直前,刻苦学习,大胆探索。三是用需求激发。一个国家要在激烈的国际竞争中占有一席之地,就必须拥有大批敢于探索的拔尖创新人才,在各个领域不断探索,只有这样才能促进国家经济的发展和综合国力的提升。

因此,高等学校体育院系要教育学生树立强烈的使命感和责任感,树雄心立壮志,为了国家的发展而大胆探索,为民族的振兴而大胆创新。

(二) 高校体育专业创新型人才培养的保障措施

1.加强高校体育师资队伍建设

加强高校体育师资队伍建设,是我国高等教育整体发展战略中的重要组成部分,只有教师具备高素质,才有能力推动创新教育,只有具备创新意识和创新精神的教师,才能适应21世纪的挑战,才能在教学中更好地对学生进行启发式、探究式的教育,培养学生的创新能力。因此,教师自身素质与教学观念决定着教育的质量和教育水平。为适应知识经济的发展要求,高校体育院系亟需一支知识结构合理、学术水平高、适应能力强和乐于奉献的师资队伍。

2.强化学生创新精神的培养和创新人格的塑造

创新精神是创新活动的前提。一个人如果没有创新精神，就难以开展创新活动。强化创新精神教育，首先，必须强化创新动力观教育，要让学生认识到创新既是民族生存的手段，又是学生个体发展方式的导向，克服甘于守成的思想障碍，培养学生乐于创新的精神。其次，强化创新主体观教育，坚持知难而进、敢于创新的精神。再次，强化创新价值观教育，坚持正确处理个体价值、群体价值、国家价值的辩证关系，走出单一发展的思想误区，培养学生有效创新的意识。最后，强化创新协同观教育，培养学生合作创新的意识。创新人格是创新人才的情感、意志、理想和信仰等综合内化而形成的一种进取力量。这种进取力量通过自身的主观能动性的发挥，变为富有成效的创新实践活动，因此，在创新人格的培养和塑造过程中，要引导学生在自觉中培养自信，敢于迎接挑战的勇气，坚强的意志和能经受挫折、失败的良好心态。美国心理学家韦克斯勒曾收集了众多诺贝尔奖获得者高校学生时期的智商资料，结果发现，这些诺贝尔奖获得者中大多数不是高智商，而是中等或者是中上等智商，但他们的创新性人格却非常突出，这为他们开展创造性的工作提供了有力的保障。

3.营造创新型体育人才成长的环境和氛围

创造性来自个人智慧和潜能的自由发挥。因此，要努力建立起一种有利于激发高校体育教育专业学生创造动机，发挥他们创造性才智和潜能的民主、宽松、自由的学习环境；鼓励和倡导学生积极参与各种学术活动和体育教育改革；加强体育教育实践环节，除抓好实验课教学、毕业实习和毕业论文的设计和研究外，还应提倡开放办学，创造条件鼓励学生走出校门，参与社会体育实践活动，如各种体育竞赛的组织和裁判、中小学体育活动辅导和业余训练指导、参加中小学体育教学改革的有关观摩课和研讨课等，使学生在这些活动中，将理论知识与实践结合起来，增强他们的感性认识和对体育实践的敏感性，为将来创造性地开展工作打下基础；同时，要开展创造教育知识的讲座和竞赛，使学生了解和掌握创新的思维和方法，注意培养学生的创新精神和良好的创造品质；大力宣传、表彰具有创造精神的学生，奖励具有创造性的学习和科研成果。

4.将创新意识和创造能力作为学生考核的重要内容

课程考试、教育实习和毕业论文是高校体育专业学生学业考核的三大组成部分。在课程考试中，要改革以往考核的方式方法，加强考题设计的灵活性，重视对学生比较、分析、综合能力及创造性思维的培养；在教育实习过程中，对学生在教学思路、教学设计、教学方法和教学组织等方面所表现出来的创新思想和创造行为给予充分的肯定和积极的评价；在毕业论文的选题和研究过程中，强调求新、求异、求实的思维方式，提倡不唯上、不唯书、不唯师，勇于开拓和探索的作风。

三、"五重型阶梯式"人才培养模式的体系构建

（一）"五重型阶梯式"人才培养模式教学资源体系的构建

1.更新人才培养方案，建设特色专业培养方案

这就要求学校要使核心主干课程更加明晰，"多能一专"特征明显，师范性更加突出。新的培养方案一是突出了"多能一专"中的"专"的技能培养，新生一入学就开始进行专修；二是师范性的特征更为明显，增设了教师教育必修课程和选修课程模块；三是注重学生实践能力的培养，教育实习由以前的8周改为16周，大大提高了学生的教学技能；四是实验教学改革特色明显。运用教育学、心理学以及体育教学与训练的基本理论，熟练掌握体育教学的基本方法与手段，培养学生具有良好的教师职业素养和从事体育教学、教学研究的基本能力。了解学校体育改革与发展的动态以及体育科研的发展趋势，使学生掌握基本的科研方法，具有一定的自学能力和体育科研能力。要求学生掌握一门外语，能阅读本专业的外文书刊；掌握计算机的基础知识、应用知识和现代教学手段。主要课程设有田径、体操类、球类、武术、运动解剖学、运动生理学、体育保健学、学校体育学、学校教育学、心理学、德育与班级管理、体育课程与教学论、"三字一话"、教育见习、教育实习等。

2.依托实验教学平台，构建"立体交叉式"的实验教学改革体系

依托"双基合格实验室"的评估，通过"运动人体科学实验室""体适能与运动康复实验室"的建设等，遵循"自主学习、自我训练、自主设计、自主实施与自主评价"的自主创新原则。树立先进的教育理念，坚持"以人为本"，确定"以实验项目为载体，强化专业特色，重视过程培养、综合训练与自主创新"的改革思路与目标。"以实验项目为牵引，强化课程，重视过程、综合训练与自主创新"，通过集约式整合，多门实验课程进行整合重组，构建"立体交叉式"的实验教学改革体系框架，实现"实验教学、创新教育与实践教育"三个平台及各个环节的相互交融。重视实践教学环节，逐步完善实验课程建设。

3.依托教育教学实践基地，完善分阶段多形式的教育实践体系

根据体育教育专业学生成长规律，对学生的培养涵盖专业思想教育，从理想教育、教学观摩、模拟实习、教育见习、技能训练、综合实践、教育实习和教育研习在内的实践教学内容体系，使学生通过系列实践，在大学四年期间每年均有不同的收获。逐步完成"循序渐进、逐步养成、四年阶梯式"的教育实践组织体

系，同时建立稳定的教育实习基地，并强化教育实习与专业实践的管理。

4.依托课外实践教学活动，完善全方位立体化素质养成体系

学生的自选实践活动包括专业社团活动（老年人保健协会等）与社会实践（例如，健身、休闲等机构的体育指导员、教练员）和实验室见习等，建立大学生创新研究会、老年人保健协会、青年志愿者协会、健美操健身俱乐部、街舞协会、体育舞蹈协会等学生社团。同时，组织学生到多个地方开展暑期实践活动，使学生逐步提高在实践中发现问题、解决问题的能力，逐渐完善和提高自身的综合素养。

（二）"五重型阶梯式"人才培养模式教学保障体系的完善

1.实施教师能力提升计划，促进教师教学水平

为了加强引领示范，造就一批过硬的教学队伍，坚持以人为本的方针，采取有效措施，鼓励和吸引高水平的教师进入教学队伍，努力优化教学队伍的年龄、知识、学历、职称结构，形成结构层次合理的高素质教学团队。支持年轻教师报考博士研究生，加大对教学人员的培训力度，鼓励继续培训和教育，切实提高教学人员的综合素质和教学能力。同时，在政策和待遇上给予倾斜，造就一支高质量、高水平、结构合理、相对稳定的教学队伍。

2.教学管理制度改革，教学管理队伍专职化

实现网上选课、挂牌上课制度，实现一人多课、一课多人、考教分离，教、学双方互评互查。教学管理部门每天进行教学检查，每月开展比课、查课、示范课、研究课活动，每年进行教学比武。教学大纲、人才培养方案、考试大纲、教案定期检查评比。规范学生本科毕业论文开题与写作，强化教育实习与专业实践管理。综合性、设计性和研究创新性实验的比例达到100%，实验室全部对学生开放。

3.加强教材教学资源开发，建设优质资源

紧跟学科发展前沿，改革教材内容。通过更新、增设专题等方式，将学科前沿知识融入教材与教学过程中，重视培养体育教育师范生的学术性和专业化。学科专业带头人和骨干教师大多参与了国家和省部教材开发建设，经费资助立项编写与体育专业特色建设配套的教材。

4.加强精品课程资源建设，推进网络课程开放共享

完善体育教育专业课程体系，夯实师范专业基础。按照专业、专项的结构，完善师范生应具备的基础课程、专业主干课程和模块方向课程，申请省级和校级精品课程。建设网络课程，其中涉及理论学科和技术学科。此外，成立了网络办公室，并购置了近百万的摄像、视频处理等器材，建成了一流的网络共享平台，

能及时使各种信息资源达到共享。

第四节 运动教育模式引入高校体育教育的探索

运动教育模式是一种目前在国外比较流行的新型体育教学模式，同时它也是一种课程模式。作为一种新颖的体育教学模式，运动教育模式应用于体育教学实践，对学生的身体、心理、社会性等方面素质的全面发展具有重要的促进作用，是被体育教学实践证明了的科学的、先进的体育教学模式，对于促进体育教学的教育功能发挥、促进师生的协同可持续发展具有重要的意义。在体育教学实践中如何构建科学的运动教育模式以促进体育教学各项工作的顺利开展并实现良好的教学效果是包括一线教师在内的体育教学工作者必须认真考虑的事情，本书就对运动教育模式的基本理论知识、科学构建进行研究与探讨，以使体育教学者对运动教育模式有一个全面、深入的认识，为教育工作者科学设计、组织与开展体育教学提供理论指导和启发。

一、运动教育模式概述

（一）运动教育模式的概念及思想

运动教育模式是指在整个教学周期中把不同的教学单元扩展为不同的运动季，把学习成员划分为若干个实力相当的团队，以竞赛活动为主要载体，充分运用直接教授、同伴教学、合作学习、团队协作和角色扮演等形式，使学生体验并亲自经历到真实而丰富的各种运动情景，把学生培养成为具有一定运动技能、运动热情和运动文化素养的一种教育模式。

运动教育的思想主要来自游戏理论和游戏教育，经历了长达14年之久的理论探索和研究，终于于1982年在澳大利亚首次论述了运动教育模式的理论基础与应用框架，并指出其既是一种课程模式也是一种教学模式。然而，又经过了几年的探索与实验研究，在1990年终于出现了运动教育研究的转折点，新西兰奥塔哥大学的实验最终显示运动教育模式能够有效激发学生的参与动机和学习热情，同时对学生运动技能以及人文素养等方面的提高均具有良好的教学效果。西登托普在1994年又出版了他的专著，此书汇聚了此类研究的核心内容和成果，为后续的进一步推广与发展奠定了坚实的理论基础。

（二）运动教育模式的理论基础

1. 团队学习理论

1994年美国倡导教育学者在教育过程中实施固定的小团队原则，研究认为固定的学习小团队在学生学习成绩提高方面有着促进作用。同年，教育学者Cohen对小团队学习也进行了研究，Cohen认为，互帮互助、和谐、稳定的学习团队能产生高效的学习效果，相反，其结构的不完善、团队任务不一致则会产生阻碍学生概念化学习的能力。

西登托普则强调团队协作是运动教育模式中最重要的特征和理论基础的中心概念，团队成员关系也将从运动季开始保持到运动季结束，具有很强的稳定性。综上表明，运动教育模式的团队协作与稳定、和谐的团队成员关系在学生学习成绩提高方面有着积极的促进作用，且具有理论上的科学性。

2.情景学习理论

情境学习理论Lave和Wenger在1991年基于在一定社会和职业环境中学徒关系的人类学研究基础上发展起来的，它认为学习实质上是一个文化适应与获得特定的实践共同体成员身份的过程。二位学者将情境学习的这种过程称为"合法的边缘性参与"，这是情景学习理论的中心概念，同时他们还针对情景学习理论提出了"实践共同体"的概念，并把它定义为"一群追求共同事业，一起从事着通过协商的实践活动，分享着共同信念和理解的个体的集合"。运动教育模式则以比赛活动为工具，把学生置身于真实而丰富的运动情境之中，学生以固定团队为单位，通过自主学习与合作学习，完成学习任务并实现共同的教学目标。因此，运动教育模式也兼具情景学习的理论优势。

3.社会学习理论和建构主义学习理论

社会学习理论认为，人类的学习是与环境和其他人相互影响的。我们通常是通过模仿他人、倾听他人、与他人交流来获得知识，这是以行为心理学理论为基础的，它特别强调他人在学习过程中的影响；建构主义学习理论则强调学习的过程，尤其是营造一个和谐与民主的环境，允许学生之间以他们已经掌握的知识为基础进行相互的影响。运动教育模式的一个重要特征就是学生在团队建设与合作学习中，通过在真实的运动情境中扮演不同角色，体验不同感受，使其能够相互促进与全面提高。此外，团队协作过程本身就是学生与学生之间相互交流与影响的过程。

（三）运动教育模式的结构特征

1.运动季

运动教育模式形象地把一个教学周期称之为运动季，具体包括练习阶段、季前赛阶段、正规比赛阶段和季后赛阶段。它与传统的体育教学单元存在着不同，运动赛季的时间跨度较传统教学单元要长，一般是传统体育教学单元的2至3倍，原则上不应少于20课时，对它的具体阶段分析如下：

（1）练习阶段。在运动季的开始阶段即练习期，在这一阶段的教学，通常都是教师采用直接指导的教学方法为主，对学生在练习期所涉及的运动技能和理论基础（包括竞赛规则与裁判知识）进行系统的教学与示范演练等。

（2）季前赛阶段。通过第一阶段的练习后，学生初步掌握了相关运动技能的技术要领和基本的理论知识，随后便进入了运动教育模式季前赛阶段。在季前赛阶段，学生则通过合作学习、同伴教学等方法按照既定的学习进度与练习计划进行自主性巩固学习和各团队协作练习，模拟比赛环境进行内部比赛演练以及裁判员、记录员等角色的练习与实践，教师则在旁边适时对其进行指导和纠正。

（3）正规比赛阶段。当教学进入到正规比赛阶段之后，学生的主要学习任务就是按照练习阶段策划的比赛赛程进行正规的比赛活动，各成员扮演不同角色与担当不同责任，为了比赛的顺利进行与获得比赛的胜利而共同努力与协作。在正规比赛阶段，一切都是按照决赛要求进行比赛的，各团队为了获得比赛的胜利，也更加积极与主动地参与团队练习巩固提升专项运动技能，在依据比赛规则的前提下，充分分析比赛对手并具有针对性地制定战略战术。最后，就是安排学生做好相关数据的收集与记录的操作性练习。

（4）季后赛阶段。通过竞赛阶段的练习与比赛之后，成功闯入决赛阶段的小组继续以团队为单位进行季后赛阶段的比赛（季后赛通常采用循环赛，目的是让各团队与成员都尽可能地扮演不同角色、不同程度地参与到季后赛的比赛中），并排列出最终决赛的团队名次。

2.团体联盟小组

在该模式中一个运动季开始之前会按照一定的要素（具体要素包括：学生的自主选择、运动能力、性别比例、理论知识水平等）综合将学生划分为若干个整体实力相当的团队。在接下来的整个运动季中，学生们则以固定的团队联盟（或分组）来从事学习活动，并一起拟订学习计划制定比赛策略并实施练习，创建小组的特色文化，体验成功与失败，捍卫小组的集体荣誉等。最终，这种团队联盟将有效地促进学生团队意识的形成。

3.正式竞赛

在运动季的整个教学过程中都是以比赛活动为主线，正式竞赛则是其中最为重要的组成部分，它赋予运动季真正的含义。这种比赛活动将贯穿于各不同练习部分与不同发展阶段中，其比赛形式多种多样，具体包括有分组循环赛、对抗性练习、淘汰赛以及年级联赛等。

4.角色扮演

在该模式的教学进行中，每一位学生都将充当或扮演着多种且不同的角色，时而为学习者，时而又充当着团队的组织管理角色等，具体角色包括：管理员、运动员、裁判员、记录员、啦啦队员等，这些角色的扮演将有助于发挥学生所长并增强学生对角色定位的认识与理解。

5.责任分担

该模式有一个明显不同于传统体育教学的特征，那就是团队成员之间的责任分担制，在小组中每个学生都有其不同的责任、发挥着不同的作用，大家都为小组的荣誉而共同努力。通过这种责任分担制，一方面能够有效增进学生与学生之间的沟通与交流，有助于联络学生间的感情和提高心理品质，另一方面则能够极大培养学生独立担当的能力并增强其集体主义荣誉感。

6.最终决赛

运动季的完成将以最终决赛的完成而正式结束，然而，该模式的决赛中具备正式的比赛计划和团队分组联盟，这也是区别于传统教学单元中的决赛。运动比赛的实质就是竞争，通过了前期不同竞赛阶段的比赛和专项运动技能的巩固与提高，决赛阶段将提供一次更具观赏性、竞争性以及充满战术谋略的竞赛机会。通过最终决赛的进行，它将有益于强化运动季的重要性并赋予整个运动季丰富的内涵，强调学生的全面参与性与欢庆气氛的营造，让学生能够体验到最终胜利的喜悦和接受比赛失利的坦然，与此同时，积极引导学生认识决赛的快乐层面应超过竞争层面。

7.记录成绩

在运动季的整个比赛阶段中，对竞赛中的各种技术参数进行记录与保存，当然，这些记录的形式是多种多样的，如比赛时间、地点、人物、获胜场次、总得分以及最终排名等。这些记录将为学生个人或团队提供充足的信息反馈，能够发挥激励与鞭策的效果，甚至在一定程度上还能够提升学生的学习经验并丰富学习过程，为以后的比赛提供经验参考。

8.活动庆祝

在该模式中，学生与老师将通过各种形式与方法营造出一系列具有教育意义的庆祝活动，在这些活动庆祝中，将对比赛的习俗性与程序性进行重点突出与强化，给予优秀团队与突出个人进行鼓励与表彰。最后，邀请嘉宾出席颁奖仪式以及拍摄影视资料等，这些庆祝活动一般都具有多重教育内涵，不仅能够激发参与者的运动热情，而且还能提高参与者的运动文化素养。

（四）运动教育模式的目标

通过运用运动教育模式的教学，使学生在较为真实而丰富的运动情境中得到充分体验与发展，最终把学生培养成为具有良好运动技能、高度运动热情以及良好的运动文化素养的人。

1.培养具有良好运动技能的人

该模式的首要目标就是培养出具有良好专项运动技能的人，具体指能够熟练掌握与应用专项运动技术，拥有参与多种比赛的运动技能，能领会运动技战术的合理运用，以及针对较为复杂的运动情境提出解决对策且具有扎实而丰富的运动专业知识。

2.培养有高度运动热情的人

该模式试图把学生培养成为一个具有高度运动热情的人，具体指受过运动教育的人不仅应该积极参与和学习不同地区、不同民族的运动文化，运用不同的视角去了解某项运动，提高其运动文化水平，让运动成为他们日常生活中不可分割的一部分，而且他们还应该积极地继承、传播、创新和发展各种运动文化，表现出极大的运动热情，把运动参与内化成动力，并养成终生体育锻炼的习惯。

3.培养具有良好运动文化素养的人

运动文化和人文素养的教育自始至终贯穿于整个运动教育模式的教学之中。具有良好运动文化素养的人则应更多地理解和尊重运动规则、礼仪及民族传统习俗，对于不同种类、不同形式、不同地区的运动文化都应通过直接或间接的方式参与到其中，且具备一定的认知辨识和观赏能力。

（五）运动教育模式的主要教法

西登托普在该模式的教学实施中，针对运动季不同阶段的教学有选择性地采用了直接指导、合作学习和伙伴学习三种不同的教学模式，将其综合运用融为一体。通过采用超大单元教学，为学生运动技能的学习、战略战术的运用以及团队管理等各个方面提供一个真实的、丰富的且多维立体的情感体验，形成一套具有独特效果的教学方法，从而增加学生的合作精神和责任担当。

1.直接指导法

直接指导的教学方法在运动季的开始阶段，即练习阶段与季前赛阶段的前期，是教学最主要的手段。教师通过直接面对学生进行教学内容的讲解与示范，使学生快速形成动作技能的抽象意识与形象概念，并伴随着练习逐渐掌握该专项技能的各技术要领，以及学会不同角色扮演及其职责履行，这基本等同于传统教学方法中的教师辅导学生学习与教授教学内容。

2.合作学习法

为实现团队目标，队长及各成员则会共同协商并制定计划与责任分担，自然团队的共同合作与学习就显得尤为重要，营造出一个民主、和谐的合作学习氛围，避免和解决分歧意见的发生，更不允许任何人有绝对权威的出现，一切都是在合作学习中成长与进步。

3.同伴教学法

经过团队的建设与发展，各成员已经认识到团队要想获取比赛的胜利，必须提高小组的整体运动水平，因此，高水平的学生则需要帮助技术水平相对较低的学生一起学习与进步，大家团结一致共同努力，方能在季后赛中获得最终决赛的胜利。

上述教学方法在整个运动季的教学过程中，随着阶段的不同，教学方法运用的比例也随之有相应的调整与改变，具体指：在教学前期即练习阶段与竞赛阶段的前期，教师的直接指导教学方法占据着主导地位，而在教学的中后期即竞赛阶段的后期与季后赛阶段，又调整运用以合作学习和同伴教学的教学方式为主。

二、我国高校体育引入运动教育模式的必要性和可行性

（一）引入的必要性

对运动教育模式进行分析后发现，该模式与我国高校体育教育思想和教学理念具有较大的一致性，基于这一背景，其较强的可操作性更易于实现教学目标，以此将为我国高校体育专业教学模式的改革提供启发与借鉴。

1.操作程序化

运动教育模式的特点就是将教学目标合理设置到具体教学实践过程中，具有较强的可操作性。在其教学过程中，学生既是学习者又充当着组织管理角色，通过探索与发现，同伴之间相互沟通与交流以及自主学习等共同完成所教授的学习任务。教师在这一阶段中主要进行引导教学、辅助练习和纠正错误，适时充当着教练员的角色。我国体育教学改革的目标主要包括运动技能、运动参与、心理健康、身体健康以及社会适应五个方面。其中教师最难把控的就是运动参与和社会适应两个目标，基于我国当下的实际情况，多元化的运动教学模式或许能为我们提供一些新的改革方向和教学启示。

2.目标多元化

运动教育模式的教学基础是运动技能的学习与掌握，教学目标的多元化更是其特色之所在，运动教育模式在实施教学过程中要求每一位学生都有自己所充当的角色，并担当其角色所赋予的职责和任务。这些角色具体包括有组织管理员、运动员、教练员、裁判员、统计员、宣传员以及发令员、记时员、啦啦队员等多种角色。组织管理员则要求组织和统筹协调管理整个比赛活动的有序进行；运动员则要求学生不畏艰苦、勤奋努力、认真学习和掌握运动技战术；教练员则要求部署比赛战略战术及选派队员出场顺序与位置；裁判员则要求熟悉竞赛规则，熟练比赛执裁，保障比赛的顺利进行；其他角色也都有与其相对应的职责和任务。

与此同时，在运动教育模式的这种目标多元化教学过程中，每一位学生在体验所充当的角色时，可以适当进行角色的互换，从而调动学生积极参与的热情，培养学生的学习兴趣，发挥学生学习的积极性，使其技术水平在比赛活动中得到进一步的巩固与提升。

3.知识系统化

传统教育模式在教学过程中强调对体育专业学生运动技能的学习和掌握，对裁判、战术运用、比赛礼仪和体育文化等知识的教授不足，一般是在理论课程中穿插介绍，缺乏系统教学与实践操作的机会。因此，学生对所学专项运动的全面知识了解甚少，且未能在实践中得到运用和提升。运动教育模式具备一套完整的理论体系，通过整个运动季的教学比赛活动，他们得以学习更为系统而全面的运动知识。在运动技能学习与掌握的同时，引导学生对裁判员、教练员、记录员等不同角色的扮演，使他们更为深刻地学习裁判知识、竞赛规则、比赛技战术的制定及运用，让学生能在比赛中学会尊重运动规则、运动礼仪以及运动的传统习惯。这使得他们能够辨别运动行为的善恶，将来无论是参与比赛还是作为球迷、观众都能够成为有运动素养的人，进而更为系统地掌握专项运动技能的知识。

4.社会适应启示化

在运动教育模式中，从运动季的开始到比赛的结束，整个教学过程都是以团队为单位进行比赛活动的方式来进行学习，且在团队中可扮演不同角色，担任不同职责，成员之间相互帮助与合作学习，使各成员均有所提高。据权威资料显示：担当角色的扮演将有利于提高学生的学习效率和社会适应能力。在整个教学周期中，实际上也就是学生对社会角色的一个正迁移，在学习中潜移默化地培养了学生对社会角色的体验和认识，并且在团队中锻炼了学生彼此交流与沟通的能力，提升了组织协调管理能力等，这也将有利于增加团队成员的归属感和荣誉感。现阶段在我国学校体育教学体系中，值得尝试通过角色体验的教学形式来达到社会适应目标的实现。

5.教育人文化

运动教育模式在体育教学中给予学生直观而真实的运动情景，为把学生培养成为有运动能力、有运动热情和有运动文化素养的人。在实践教学中，营造出一系列具有文化教育意义的庆祝活动，通过文化素养的教学和实践的操作让学生增强对运动礼仪、传统习惯的学习并强化文化意识，从而更好地理解和领会当代教育所赋予的含义，为我国高校体育教学提供新的学习视角。

（二）引入的可行性

1.运动参与

在高校体育教学过程中，运动的参与是不可或缺的重要部分，同时也是体育专业学生发展运动技能，增强学生体质，增进学生健康和养成良好的运动锻炼习惯的重要途径。对此，在具体实践教学过程中，教师应高度重视学生积极参与活动并引导学生投入到真实而丰富的运动情境中，从而提高学校体育教学的学生参与度并享受运动参与所带来的快乐与成功的体验，"人人参与""健康第一"的教学理念及原则正是运动教育模式所倡导的。运动教育模式在具体教学中强调针对不同水平的学生设置与之相适应的教学内容及活动比赛，使学生全面参与到体育教学中，通过扮演不同角色，体验不同角色所赋予的责任与义务，最终让每一位学生都能体验到运动的乐趣并得到不同水平的提高与发展，培养其运动热情，养成锻炼习惯。

2.运动技能的发展

高校体育教学目标的实现是以运动技能的掌握为衡量标准，体育教学区别于其他文化课程教学的重要特征就是运动技能。体育课程教学是以体育锻炼和运动技能的掌握为主要手段，如果没有运动技能的学习，体育课程教学将失去它的教育价值。我国高校体育专业在终身体育意识的培养方面也渐行渐远。运动教育模式则通过比赛游戏贯穿于整个体育教学过程中，且注重培养同学间的互帮互助，以赛带练，引导学生担当体育组织管理者及裁判员等角色，从而更加全面地学习与成长，培养其良好的运动热情和终身体育意识。最终，实现学生运动技能水平的提高、体质的增强以及终身体育意识的培养。

3.健康心理的需要

我国传统的体育教学在受凯洛夫教育理论的影响下，片面强调运动技能和发展学生体质为目标，忽略了学生心理健康目标；片面地强调传统体育运动的认知和身体联系的过程，忽略了学生的兴趣爱好和情感需要。体育教学不仅有助于增强体质，而且在心理健康方面有着积极的作用，这已是体育教育界不争的共识。运动教育模式在体育教学过程中就非常注重学生个性化培养与发展，重视学生的心理健康与情感需要。

4.社会适应能力的提高

体育教学活动因其自身的特殊性，它既是一种身体活动、社会活动，也是一种心理活动，不仅能增强体质，增进健康，而且对社会适应和心理健康方面都有积极的作用。社会适应能力的高低也被视为评判一个人身体健康与否的重要标志之一，对此，可以选择通过体育锻炼来逐渐增强社会适应能力。

三、引入运动教育模式的重新构建

(一) 理论基础的构建

1. 哲学基础

哲学观认为,一切的客观事物都是运动、变化和发展的,存在着普遍性联系,并伴随着运动发展的规律。因此,在高校体育专业学生教学中借鉴运动教育模式时,也要运用唯物辩证法的观点对其进行对立统一的分析,挖掘其优势特点,摒弃其不足之处,并结合我国的体育教育理念和高校体育专业学生教学的具体特点进行合理的引入与借鉴。

2. 系统论基础

系统理论的原理认为,任何事物的发展过程都是密切联系和有序排列组成合乎规律的有机统一整体。任何系统想要实现整体功能的进一步优化,必须通过结构与各要素之间的优化递进方能逐步实现,因为一个完整的系统是由各组成要素按照一定方式联系而成的整体,其最大的特点就是整体功能大于各部分功能之和。依据系统论原理与体育教学特征,将其教学结构可以划分为五个层次,具体分为:体育教学指导思想、教学方法体系、教学过程结构、教学程序以及完成最终的教学目标。

3. 教育学基础

教育学原理是教育学中的基础学科,为研究各级各类学科教育提供思想方法和理论观点,它广泛存在于人类生活之中,具有一定的稳定性与客观性,是教育、社会、人与教育各内部因素之间本质的联系和必然的关系。当代的教育是以人本主义为理念核心,体现以人为本的价值取向,其教学目的是发展个性化教育,挖掘学生潜质,调动学生积极性,注重因材施教,强调学生自主学习和自我价值的实现,建立良好的师生、生生关系并营造出民主、和谐的教学气氛。

当今,以杜威实用主义哲学为基础的进步主义教育理论对于我国高校体育传统教学产生了较大冲击与影响,强调以课堂、学生及自主学习为主要教学特征。运动教育模式则以情感需要为基础,给予学生足够的活动空间,调动学生的自主性学习,充分发挥参与积极性,注重增强体质,提高技能水平,发展心理品质以及培养社会适应能力,让学生得到不同程度的成长与协调发展。因此,在对该模式进行重新构建之际,应注重以人本主义教育观为其理论基础,对原有的内涵进行修正和扩展延伸。

4. 心理学基础

在我国高校体育教育研究理论中,基于心理学为基础的研究自然也是必不可少，在体育教学的目标、内容、过程以及评价的制定与应用中无不以心理学为研究基础。与此同时，在引入运动教育模式之际，也有必要对其从心理学角度进行辩证的分析与审视。

从心理学角度对"兴趣是最好的老师"进行分析表明：人们对自己感兴趣的事物会产生强烈的求知欲，并积极主动在求知的基础上进行实践与探索。在高校体育专业学生教学中，培养学习的动机，也就是将学校给予学生的学习任务，转化为学生的个人行为要求，从而激发学习动机，培养学生学习的积极性，寻求主动参与体育锻炼。从中不难看出，学生如果从感兴趣的体育教学过程中体验到了从心理和情绪上的愉悦感，这将有利于形成稳定的心理倾向，并逐渐转化为习惯，并且为终身体育意识的建立奠定坚实的心理基础。运动教育模式在整个教学过程中结合游戏与比赛的形式，强调学生的主体地位，呈现给学生一种具有趣味性、丰富性和体验式的教学活动，通过改良后的弱竞技性的运行项目以使学生能够体验到成功的喜悦和自豪感，进而锻炼了组织能力，提高了创新能力和增强了自信心，更坚定了高校体育专业学生学习的信心和培养了自主参与锻炼的运动习惯。

（二）教学目标的构建

运动教育模式与我国国情存在着一定的差异性，在引入或借鉴国外优秀的教学模式时，必须结合我国的国情和高校体育专业学生教学的具体特点对其教学目标进行新一轮的重新构建，具体归纳如下：

1.运动参与目标

运动教育模式通过体育游戏和比赛活动的教学，能充分调动学生学习的兴趣和参与的积极性，体验并享受运动教育的乐趣，从而培养学生参与体育运动的热情和终身体育锻炼的意识，养成自觉参与锻炼的习惯。

2.运动知识与技能目标

通过大单元的课程教学和不同周期的运动安排，学生拥有充足的课时来学习运动的理论知识，巩固提升专项运动技能，并能够熟练地掌握和运用运动技战术，积累丰富的比赛经验。通过对学生进行体育文化知识的教授，使其更为深刻地理解运动文化，尊重竞赛规则和比赛礼仪。通过团队的合作和同伴学习，共同制定学习计划与练习内容，从而培养学生的策划组织能力、沟通能力以及良好的团队合作意识。通过体验真实而丰富的运动情境以及感受运动文化的氛围，使其学会如何欣赏体育运动比赛并能读懂运动技战术在比赛中的运用。

3.身体素质目标

通过整个运动季不同阶段的比赛活动，使学生在身体力量、速度、耐力、灵敏与柔韧性等方面都有所锻炼，从而增加学生体质，增进学生健康，强健学生体魄并提高学生的综合身体素质，这也是学校体育教学的基本目标。

4.心理健康目标

通过学生的自主学习和同伴学习，使其在真实而丰富的运动情境中，体验运动所赋予的乐趣和成功的感觉，并能选择适合自己的方法与途径进行自我身心调节和情绪的转变，从而改善心理状态，克服不良心理，养成积极乐观的生活态度。

5.社会适应目标

通过竞赛活动，公平比赛的教学，使学生能够正确地看待比赛的胜败，培养其竞争意识，同时也认识到比赛中既有竞争也有合作，以此形成良好的体育道德观。通过比赛的记录与总结分析，为学生的进一步学习积累经验，从而提高学生分析问题和解决困难的能力，更好地适应社会。

通过运动季中不同角色的扮演，增强学生学习的存在感和自身价值的体现，同时使学生更具有责任感，增强学生的自信心，从而提高学生的社会适应能力。综上所述，运动教育模式在不同的教学阶段都有其特定的教学内容和与之相适应的教学目标，这些教学目标在实际教学过程中又是相互联系、相互影响且不可分割开来的，只有从整体上才能推进运动参与、身体素质、运动知识与技能、心理健康以及社会适应目标的实现。

（三）教学程序的构建

运动教育模式形象地把整个教学单元设计成为一个运动季，教学程序以运动季为周期进行系统的教学，从而取代了传统的体育教学单元。西登托普认为一个运动季应该完整地包括练习期、季前赛期、正式比赛期和季后赛期，且每个特定的时期又有其相对稳定的教学内容组成。根据文献资料及高校体育教学的特点，我将运动季重新划分为"练习阶段""竞赛阶段"和"决赛阶段"三个组成部分。

1.练习阶段

练习阶段也可以理解为运动季的开始部分，其主要任务是做一些准备性的教学，具体包括：教师对学生进行能力评估和团队分组建设（队名、口号、队标及团队文化）；学生自荐和教师指导各队成员角色分配与职责划分；教师介绍和安排整个运动季的教学内容及目标任务（运动技能的掌握、理论知识的学习以及专项运动的相关裁判与文化学习等）；最后，教师采用直接教授法（练习阶段为主）进行学习的方法与内容的教学，然后督促学生根据整个运动季的竞赛计划进行自主性学习和同伴合作练习，教师适时给予指导与纠正错误。

2.竞赛阶段

竞赛阶段也可以称为运动季的主体部分，其主要任务包括：教师对运动技能理论、技战术及裁判应用等内容的教授，并指导学生进行练习；进行正式比赛前的巩固性练习和正式比赛，提升学生的专项运动技能；学生多重角色（运动员、教练员、裁判员、记录员、啦啦队员等）的扮演及战略战术的策划与实施，培养其具体实践操作能力和比赛观赏能力；最后，巩固专项运动技能的掌握和竞赛战略战术的运用以及积累比赛经验，为最终的决赛做全方位的积极准备。

3.决赛阶段

决赛阶段是运动季的结束部分，其主要任务具体包括：对于比赛活动进行最终的总决赛，以此来结束整个运动季的教学，自我总结与反思以及交流比赛经验，为进一步的提高做经验积累；最终比赛需要营造出欢庆、轻松、和谐的节日氛围与全体成员共同参与和感受运动文化，邀请相关领导进行颁奖庆祝并合影留念。

（四）教学条件的构建

既能完成学科教学所设定的目标，同时又能为教学效果发挥其辅助性的作用，这就是模式教学中的教学条件。对于运动教育模式的教学条件将从教师主导、学生主体、教学课时以及教学环境方面进行分析和重新构建。

1.教师主导

教师在运动教育模式中占据着主导的地位，而绝非定义为传统体育教学模式中教师为主体的概念，在运动教学周期中，教师是整个教学过程的引导者并扮演着教学内容的策划与设计者。运动教育模式的教学特点要求从事教学者（即教师）具备运动教育模式一定的理论知识、专项运动技能、裁判以及运动文化的掌握，以备在实践教学过程中能更准确地、全面地阐述教学内容，帮助学生理解和执行角色任务。教师在具体教学的不同阶段，扮演着不同的角色，在运动季的练习阶段，更多扮演着教师的本色，引导和启发学生学习，然而当进入到竞赛与决赛阶段，教师则充当着教练员的角色，鞭策学生发挥自主性学习和运动技战术的实战运用与执行。所以，影响教学效果与质量的关键就在于教师能否准确理解和把握运动教育模式的内涵以及教师自身的教学能力和经验的积累。

2.学生主体

运动教育模式倡导以学生为主体，教师为主导的教学模式，强调学生在学习过程中发展自主性学习。在教学过程中，学生通过自主性、独立性的探索与实践，增强了学习积极性，激发了学生主观能动性；学生同时扮演着多重角色的转换，时而学习者，时而决策者；团队成员间也相互交流与合作，共同制定学习计划和练习方案，增强学生与学生、学生与团队间的情感交流，培养团队意识和集体主义精神，进而获得自身的发展，提高团队协作能力，共同完成学习内容和教学目标。因此，运用这种教学模式要求学生具备一定的自觉性、合作性、自我管理能力以及对所教授的运动项目有一个基本的了解与学习。

3.教学课时

专项运动技能的熟练掌握和教学目标的实现都要建立在充足的教学课时基础上,而运动教育模式具有大单元、多课时(原则上应不少于20课时)的特点,为学生在专项运动技能的熟练掌握与巩固提升提供充足时间保障,符合高校体育专业学生教学的学期学时的设计与课程安排。

4.教学环境

教学环境原本是一个由多种不同要素组成的复杂系统,而教学环境将它界定为:影响班级教学的相关因素与条件,具体包括硬件设施、学习氛围和师生关系等。

(1)硬件设施。在运动季教学周期中,经常会安排团队进行分组练习和比赛活动,因此,这就对运动教学中的硬件设施和场地器材提出相应的要求,以满足其正常的教学开展以及课余时间学生自主练习的设施保障,同时也促进与激发校园教学资源的合理开发与利用。

(2)学习氛围。运动教育模式倡导一种民主、和谐的学习氛围,教师在教学过程中应建立良好的教学作风,为学生树立学习的榜样与楷模;学生之间也应互帮互助,团结友爱,运动技能掌握好的带动相对不足的学生一起学习,以达到共同进步;团队之间也更应该积极沟通,相互交流,使学生具有良好团队意识和合作精神。

(3)师生关系。在运动教育模式中强调学生的主体地位和教师的辅助角色,并形成和谐互助的关系,倡导教师在教学内容的进行中,逐渐将教学主导权下放给学生,通过学生自主性学习和同伴合作学习,共同完成教学目标。在这期间,学生既是学习者,又是组织管理者等角色,教师则在重、难点时给予指导与错误纠正,最终师生在和谐、愉悦的氛围中共同完成学习内容并实现教学目标。

(五)教学评价的构建

教学评价是指在一定时间阶段范围内,对学生整体的学习状态给予一个真实性综合评价。运动教育模式则注重对学生的学习行为与学习态度、专项技能掌握的熟练程度、运动技战术实践运用以及团队间协作精神等的综合性评价。运动教育模式在对学生进行学习评价时,首先,应从教师角度对学生的参与积极性、运动水平和学习态度等进行诊断性评价;其次,从学生学习的专项技能、运动技战术和自主性学习等进行形成性评价;最后,以团队的合作意识和集体荣誉感为出发点对其进行终结性评价。因此,在不同阶段,面对不同对象时,应采用个性化的评价方式对其学生进行有效的综合性评价。

四、应用运动教育模式的注意事项

（一）重视课堂常规的建立

运动教育模式在开展教学实践的初期，为保障中、后期的课堂管理和教学质量的把控，建立和形成良好的课堂规则与民主、和谐的学习氛围，具有十分重要的必要性。课堂常规通常包括：了解班级学生组成的基本情况（性别比例、生源地域性、班级积极分子以及有无特殊学生等）；向学生介绍该模式，让大家认识与了解其指导思想、教学目标、教学特点以及相关责任与义务等；发放诊断性问卷，收集教学分组所需参考数据并整理存档。这一阶段的主要任务就是向学生介绍该模式具有游戏性、比赛性和自主性的教学特点，从而预先调动学生的参与积极性与运动兴趣，端正学习的行为态度，共同营造出适合教学的运动文化氛围，积极准备迎接即将到来的正式教学周期与比赛赛季。

（二）科学分组，团队建设

分组合作是运动教育模式开展教学的一个基础条件，同时也是后续教学能够顺利进行的重要环节。在一个运动教学周期的开始之前，科学的分组是前提，团队文化的建设是保障，只有通过合理的分组和团队文化的建立，才能将学生合理分成若干个总体实力相当的团队，才能培养学生组织管理、交流合作、团队协作的能力以及促进教学目标的实现。对此，归纳总结出三种较为科学与合理的分组方案：一是采用异质分组原则，根据前期测试数据为依据，按照性别比例、运动水平高低等因素合理搭配组建学习小组，从而人为地控制与缩小各小组之间的水平差异。二是教师选拔或学生自荐组成学生代表小组（参考指标：男、女代表，运动水平高低代表，课堂积极分子代表等）与教师共同讨论分组，既能体现分组的民主性，又能做到相对均衡与合理的分组。三是根据体育统计学原理，首先在班级内进行随机分组，分组后允许学生在以均衡分组为原则的基础上进行适当的调整，教师在综合考量后确定最终的团队分组。科学分组后，各成员就以团队为单位，自主设计与制作队名、队服、队歌、队旗以及口号等，建立团队文化。但需要注意的是，学生一旦确定分组后，在接下来整个运动季的教学过程中他都将属于这个团队，从而促进培养其团队意识和集体主义观念的形成。

（三）合理划分学时比例

运动教育模式在教学实践中，把一个教学周期定义为一个运动季，根据不同运动专项的项目特点（项目竞技性的比重、技术难易度以及文化因素等）进行合理划分运动季各不同阶段的教学学时比例。对此，强调两个要点：第一，在运动教育模式中的教学学时比例并不是完全固定与不可变动的。第二，根据不同运动

/ 129 /

专项特点，进行量身划分教学学时比例，可进行弹性的调整。对于运动技术复杂、动作难度大，以及战术要求高的专项运动，则建议适当延长教学学习的练习阶段，划分相对较多一点的教学学时，为学生更好地学习与掌握运动技战术提供充足的时间保障；反之，则适当削减练习阶段的时长，让竞赛阶段拥有更为充足的教学学时进行运动技能的巩固演练和技战术的实战运用，积累实战经验，为决赛阶段打下坚实的基础。

（四）竞赛激烈程度的合理掌控

在运动季的竞赛阶段对于激励程度的把控，应根据教学对象的年龄阶段、生理状况以及心理特点等具体情况进行合理的划分，若划分的不合理，就会对教学对象的参与积极性与自信心产生消极的影响，情况严重者，甚至可能产生抵触情绪或放弃学习的行为。因此，在运用运动教育模式教学实践时，必须认识到竞赛设置的用意是为了刺激学生参与比赛活动的积极性和提供一个真实的运动情境实践，所以，对于竞赛激励程度的合理掌控具体十分重要的作用与意义。

（五）适用项目的选择性

运动教育模式的适用项目在理论上具有一定的普遍性，由于该模式更多的倡导学生自主性学习和合作性学习，因而，对于一些危险系数相对比较大的运动项目（攀岩、潜水等极限运动）、相对独立且闭塞的个人运动项目（传统武术套路、有氧瑜伽等）以及对场地设施要求比较苛刻且不易于在课外进行练习与比赛的运动项目（击剑、射击等），均不适合运用该模式从事有效的教学。对于一些比较特殊的体育运动项目则建议一定要选择专业性强且操作经验丰富的专门性人才或教师进行相关内容的教学与指导。

第七章 体育教学改革的实践创新路径

第一节 体育教学评价的改革策略

一、基于DEA模型的高校体育教学评价改革

(一) 体育教学评价和DEA模型的基本概念

1.体育教学评价的概念

"评价"一词，在《辞海》中的解释为衡量人或事物的价值。价值是指一种事物能够满足另一种事物的某种需要的属性，换言之，一种事物能满足某种需要的属性即为该事物的价值。"教学评价"这一术语的概念较多，但有一个相对比较全面的概念，并且众多学者基本上都是在此基础上进行深入理解：教学评价是指在教学过程中依据教学目标，有计划、有目的地观察、测定教师和学生学习的种种变化，根据这些变化对照教学目标、教学计划、教学效果、学生的学习质量及个性发展水平，运用科学的方法做出价值判断，进而调整、优化教学进程，促进学生达成教学目标的教学实践活动。由众学者的观点来看，可以把教育评价的概念归结为依据一定的标准，在系统、全面地收集、整理和运用教育信息的基础上，对教育活动的过程和结果进行价值判断，以做出相应改善和调整来促进教育活动的过程。体育教学评价被看作教育评价的重要组成部分，并且是教育领域中一般评价活动的一种具体体现。

2.DEA概念

数据包络分析（Data Envelopment Analysis，DEA），是数学运筹学、数理经济学、管理科学和计算机科学的一个新的交叉学科。它是查恩斯和库伯等人于

1978年开始创建的,并被命名为DEA;第一个模型是CCR模型,随后,1984年,从公理化的模式出发给出了另一个DEA模型——BCC模型。最为经典的模型有CCR,BCC,FG,ST。简言之,DEA模型就是通过把搜集的评价指标的实际数据输入软件包,然后模型自动生成一个最优的临界值,并把每个被评价对象与最优的临界值的距离计算出来,从而根据每个被评价对象与最优临界值的差距来判定其优劣,也就是最终的评价结果——相对有效性。

(二)当今我国高校体育教学评价改革的动因分析

1.国家政策的支持

2017年颁布的《国家教育事业发展"十三五"规划》明确指出:"高等教育要深化本科教育教学改革,改进教学评价机制和学生考核机制。"从这一文件中,我们可以看出国家对教育改革的殷切期盼与支持,并且高等教育主要是用来培养高质量人才,教学评价作为教学过程的最后一个部分,不仅对教学质量进行评价,同时对整个教学过程的提高具有促进作用。

2.新时代的要求和召唤

这个新时代,是承前启后、继往开来、在新的历史条件下继续夺取中国特色社会主义伟大胜利的时代。同理,当今时代的主要旋律就是进行改革和创新,因此在教育领域,我们也要继往开来、不断开拓创新,只有这样,才能适用新时代,才能取得教育事业伟大征程的胜利。

3.现有的体育教学评价机制存在问题

事物的发展是一个曲折的进程,总是在发现问题、解决问题的过程中得到发展。当我们发现问题后,若能及时解决,必能取得质的进步。我国高校体育教学评价存在着四个方面的问题:对体育教学评价的重视程度不高、评价主体比较单一、评价方法欠缺科学性和评价的内容不够全面,这一系列显露出来的问题说明高校的体育教学评价机制急需解决。因此,现有的体育教学评价机制存在问题是我国高校体育教学评价改革的动因之一。

(三)DEA模型用于高校体育教学评价的可行性分析

DEA方法与传统体育教学评价方法的相同点:其一,都是为了进行相对有效性评价,提高各单位(教师、学生、企业、学校等)的积极性。其二,都是为了优化,即通过评价,发现各决策单元的现状及不足,从而找到改进措施。其三,都是评价具有多个投入和多个产出的复杂系统。

DEA方法与传统体育教学评价方法的不同点:其一是传统的体育教学评价方法需要对各指标进行权重的赋值,然后才能得出评价结果;然而,DEA方法不需要任何权重假设,而是把搜集的决策单元的输入和输出原始数据输入软件包,软件包中的模型可以直接求出最优的权重，并确定出了生产前沿面，排除了很多主观因素，具有很强的客观性。其二是传统的体育教学评价方法对各评价指标判断后，要进行大量的统计、计算工作，才可以得出评价结果；然而，DEA方法把投入指标和输出指标的数据输入软件包后，就可以直接明了地显示出来各决策单元的相对效率是否有效，即可以省略烦琐的计算、分析过程，直接看出各决策单元需要优化的指标。

从现有的体育教学评价方法及发展趋势分析：变革课程评价是打通中国基础教育课程改革"瓶颈"的关键，丰富发达的评价理论必将推动评价实践的发展。体育教学评价的价值取向由"目标取向"走向"过程取向"和"主体取向"。而且体育教学评价方法已经由质性评价取代量性评价走向质性评价与量性评价的完美结合。普通高校的体育教学评价方法的改革趋势是人性化和客观性。

从DEA方法的功能分析，此方法来进行体育教学的评价比较合适。DEA在避免主观因素、简化算法、减少误差等方面具有很大的优势。从体育教学评价的过程来看，体育教学评价的整体趋势是既需要定性评价，也需要定量评价，但是体育教学本身就是一个复杂的过程，如果采用现有的评价方法或多或少地会掺杂主观因素，从而导致评价结果的不真实。DEA的核心思想是将各决策单元与所估计的生产前沿面进行对比，识别出低效率决策单元，并显示出每个决策单元的效率值，本质是判断决策单元是否位于生产前沿面上。从DEA操作角度来看，此类软件包操作简单，只需预先进行建模，把各决策单元做好标记，然后把收集的投入和输出数据输入模型，就可以直接得到评价结果。

二、"以生为本"的公共体育教育评价改革策略

（一）开展"以生为本"体育教育评价的重要意义

1.为公共体育评价提供了正确的指导思想

对于高校体育教学活动来说，如何能够进行合理、科学的评价是体育改革过程中最难的问题。而"以生为本"的理念是能够有效解决此问题的重要方式，为促进高校公共体育教育的可持续发展提供了正确的指导思想。

2.确定了公共体育评价的改革目标

根据多年体育改革实践过程可知，高校公共体育教育的指导思想已经从传统的"增强体质"升华到目前的"健康第一"，这标志着目前对国内高校公共体育改革更接近体育发展的本质。"健康第一"的基本出发点是要坚持"以生为本"，是体育教学过程坚持落实科学发展观的具体体现。由此可知，"以生为本"的科学发展观为高校公共体育教学评价改革指明了方向，确定了改革的基本目标。

3.加快了公共体育评价改革的步伐

对高校公共体育教学评价进行改革，是为了推动高校体育事业持续健康发展。我国体育教育改革之所以能够顺利开展，表现出良好的发展势头，关键在于"以生为本"理念的提出，同时，在高校公共体育评价中坚持"以生为本"，建立全新的评价体系，既能够有效推动体育事业的可持续发展，也是落实和贯彻科学发展观的重要体现。

4.落实科学发展观的重要体现

国家要实现可持续发展，必须全面落实科学发展观。科学发展观的基本要求是将以人为本贯彻到社会生活的各个方面和各项工作中，从具体实事、小事做起。在渗透到高校公共体育教学评价中，就是要坚持"以生为本"，建立全面、合理的全新公共体育评价体育，推动体育事业健康稳定发展。

（二）现行公共体育教学评价"以生为本"缺失的具体表现

1.公共休育教学评价体系价值取向"以生为本"的缺失

目前，公共体育教学评价体系价值过度重视体育教育评价管理功能，忽略对学生发展功能的评价，使体育教育评价成为教育管理的工具。传统教学评价体系过度重视教育的目标导向，忽略了对学生真正需要的评价，导致学生学习积极性和兴趣难以被激发出来，如果让学生带着沉重的心理负担去学习，极大压抑了学生的激情和创造性。

2.公共体育教学评价内容"以生为本"的缺失

由于受到传统体育教学模式的影响，国内体育教学内容通常以技术教学为主，通常采用竞技运动的教材体系，竞技内容在评价时所占成分重，比重高。目前，高校公共体育对学生的评价通常包括下述几方面：平时成绩、理论成绩和技术成绩，三者的分值分布比例分别为20%、20%及60%。由此可知，对于学生的评价主要是定量评价，技术评价比重很大，虽然进行了多次体育教学改革，然而这种评价方式仍然一成不变。由于评价过度重视技术动作的标准性、规范性和质量性，由于不同同学体育素质的差异，部分同学难以有效掌握和完成标准动作，这就导致部分学生对体育课失去兴趣，甚至出现了厌烦的现象。

3.公共体育教学评价方法"以生为本"的缺失

随着"健康第一"教学理念的提出，越来越多的人认可这种教学理念，并积极对体育教学活动的各项内容进行改革，如体育教学方法、教学内容及评价体系等。然而现实中体育教学实践改革与"健康第一"教育理念仍然存在较大差别。大学生经过小学、初中、高中等时期的传统体育教育，没有形成对体育课强身健体及人文精神的追求，反而发展出一定程度的厌学及担忧心理。然而在各类大型比赛中，大学生在电视屏幕前狂热与体育教学过程中的严肃形成了明显的反差。究其原因，关键在于目前高校公共体育教学仍然围绕体育考核进行，学生也是为了成绩合理而被动学习，公共体育教学评价内容的不科学、不合理极大地打击了学生参与体育运动的积极性和兴趣，学生对体育的狂热和激情在"应试"模式中消失殆尽。由于目前国内公共体育教育评价仍然是采用应试教育的定量评价方法，表面看十分公平，但是评价方法单一，难以有效反映学生的真实情况。尤其是对学生心理、态度、方法及创新能力等都缺乏翔实的判定。

4.公共体育教学评价主体"以生为本"的缺失

教学评价的主体通常包括两层意义：第一，体育教学课堂的主体性。传统的体育课堂评价主体过于注重教师课堂效果的评价，对学生的评价往往忽略。"以生为本"的体育教学评价应该充分重视学生主体，确定对应的主体性的课堂评价标准，要同时重视师生双方的共同活动，摒弃传统教学评价仅注重教师的偏向性。第二，体育教学评价的主体性。传统评价模式对学生的评价通常由体育教师一人说了算，学生没有任何自主性，只能被动地接受教师的评价结果，也没有参与评价的权利，一直都处于十分被动的地位。

5.公共体育教学评价标准"以生为本"的缺失

传统的公共体育教学评价通常采用统一的评价标准，以标准化要求作为评价学生体育课的唯一手段，采取这种评价标准，限制了公共体育多样化的发展，必然会影响学生的发展，压制了学生个性的发展。同时，这种统一标准评价模式注重的多是结果，忽略了学生在公共体育学习过程的基础特长和努力的过程，极大地打击了学生学习的积极性。

（三）"以生为本"公共体育教学评价改革策略

1.公共体育评价价值取向

人本化公共体育教育评价的内容和标准属于集体行为，与体育主管部门和领导者的意识具有十分重要的关系，教师和学生通常仅是教学目标的执行者。因此，公共体育教学评价的内容和标准的设置要符合学生的实际，相关部门和领导者在制定评价体系时，一定要认真组织，深入研究。在新的"以生为本"的理念下，教学评价必须要重视学生的主体，不能走过场，流于形式。

2.公共体育教育评价内容全面化

在对公共体育教育进行评价时，在坚持"以生为本"评价时，也要重视对教师和学校的评价，实现评价内容多元化。对于学生的评价，不仅要评价学生体育技能的掌握情况，也要评价学生通过体育课的学习，体育理念、综合素质的变化情况，评价时要尊重学生的个性，充分体现公共体育教学"以生为本"的基本理念,以便能够从学生受教育的各个方面全面对学生进行评价。除此之外,还要对学校和教师进行评价,对于教师的评价,既要评价教师的体育教学效果,还要评价教师的体育理念和体育素质;对于学校评价,既要评价学校的体育硬件设置,也要重视软件建设,特别是对学校为学生提供的体育氛围等。

3.公共体育教育评价方法多样化

公共体育教学的评价方法多样化,要坚持"以生为本",要能够根据学生的个体差异、兴趣及风格等采取多元化的评价。注重不同学生之间的个体差异,改变传统的单一考试及评价标准评价学生,应该根据具体的评价目标、内容等针对学生的具体情况选择成长记录、活动报告等评价方法,同时有效地将这些评价方法结合起来,取长补短,统筹运用。具体来说,可采取下述几种评价方法:第一,自我评价与他人评价相结合的评价方法;第二,终结性评价与形成性评价相结合的评价方法;第三,定性评价与定量评价性结合的评价方法。

4.公共体育教育评价主体多元化

目前,对于公共体育教育评价都是以教师为主的单一性主体,这种评价方式相对片面,难以真实客观的评价学生的体育成绩。由于教师是管理者,学生是被动地接受知识,因此在体育教学评价中没有主动权,只能被动地接受教师的评价结果。基于此,应该让学生参与到评价中来,通过学生参与评价提高学生的主体地位,通过学生的自我评价和互评,不仅能够让学生深入了解自己的学习情况,还能促进师生的交流与沟通,形成民主、平等的评价关系,既确保了评价的合理性、真实性,也能使学生从心理认同评价结果。

5.公共体育教育评价标准多元化

对于每个学生来说,由于成长的环境、背景、个性特长、兴趣爱好等方面存在一定的差异,公共体育教学采用单一的评价标准难以客观、全面地评价每个学生,因此,采取多元化标准对公共体育教学效果进行评价更完善、更科学。制定的评价标准要充分考虑学生的个性,体现以生为本的教育理念,除此之外,还要充分考虑公共体育评价标准设计的公平性、规范性、可操作性及不同学生个体差异的适用性等,建立合理、完善的评价标准,以使公共体育评价结果具有更好的可信度和公平度。

第二节 体育教学改革的创新路径

一、终身体育理念下的体育教学改革创新

(一) 落实高校"终身体育"必须坚持"以人为本"为指导思想

"以人为本"的指导思想是科学发展观,是教育工作理念的实质和核心,也是大学贯彻教育工作指导思想必须发展的思想和核心。根据调查显示,高校里绝大多数学生喜欢各种运动,但不喜欢上体育课。这种现象充分反映了高校学体育教学的现状是与学生的日常生活背道而驰的。

体育作为人类社会活动的一种形式,它应该是有趣、有用和有效的社会活动。快乐的体育活动所得到的体验应该是深刻的,因为大多数体育活动都能激发人们的兴趣。通常对某种活动感兴趣的人们可以形成相对稳定的心理倾向,因此可以主动调整自己的主观能动性、创造力和毅力,这对养成良好的运动习惯至关重要,也就是俗话所说的"习惯成自然"。一旦体育成为人们生活中不可或缺的重要组成部分,它就可以陪伴他们一生。

体育学校中强调"以人为本"有两层含义:一方面高校体育教育的主要目标是帮助学生健康成长,而最终目标就是让学生成为才华横溢的社会栋梁之人才,并让他们过上人生后50年的健康生活。另一方面做好体育教育必须充分调动学生的积极性与主动性,努力提升学生在大学体育学习中对自己的要求,掌握一至两种运动技能,形成良好的运动习惯,将"终身体育"融入学生的心中。高校以人为本的体育思想是在充分尊重和肯定人性和对人的潜在智慧的信念的基础上,以调动人的积极因素,充分激发人们的创造力。

以人为本的教育理念是以学生为动力,为学生在校园积极营造良好的体育文化环境,对每个学生的个体差异应做到充分的尊重,针对学生的个性发展做到重点强调,促使学生体验到生活中的价值同生活中的幸福,培养学生成为一个完整的人。这种教育理念应该源于学生的真实生活,满足他们对健身和娱乐的渴望,调节生活节奏,信任并依赖学生。学生不仅是体育教育的对象,也是体育教育的起点和目的,所以必须更合理地把体育同整个终身教育联系在一起,应努力使其与发展智慧、高尚的品质、行为的艺术和良好的社交等更密切地维系起来。弘扬"以人为本"的体育理念是现代高等教育的核心价值所在,也是对不同层次的学生的内部需求进行满足。

(二) 落实高校"终身体育"实践和行动的具体措施与方案

1.体育课程建设应当着重突出学生主体性

课程改革是当前高校体育改革的出发点和目标。为尽快落实"终身体育"的教育目标,有必要改革现有过时的课程目标,改变体育课教育现状,即改变学生现在不了解、不想学、不喜欢学习的现状,逐步接受"终身体育观"作为自己学习的指导思想。学生在学校教育的不同阶段接受不同程度的教育,但其自身的主体性始终未曾改变,学生必然是学习的主体,在体育课教学过程中,学生在教师的辅助下,依旧维持自身是体育学习和实践的探索者和发现者的身份,这也是主体地位能够稳固的内在依据。

体育课程教学过程中发挥学生的主体地位,必然要发动学生的能动性、创造性以及独特性等主体性的品质。努力创建以学生为主体、为中心的课程体系,积极拓展校外体育课程资源,完善志愿体育计划和体系。使学生充分认识大学体育与终身体育之间的联系,并建立尽可能多的师生学习模式,让学生至少掌握两种运动技能并加以激发。当学生主体价值被持续关注,其体育潜能才能被持续开发和利用,个性得到全面发展。这样才能培养学生的热情和创造力,养成良好的锻炼习惯,过上健康优质的生活。

2.体育教学内容要逐步健身与娱乐化

如今尽管许多高校在理论上已经了解了终身体育的重要性,有些高校甚至通过改革形成了更好的课程,但一些高校正在强调完全按照竞技体育的要求运营这些课程。学生的日常健身和娱乐计划之间存在很大差距。因此,在高校体育课教学过程中,兴趣教育应是重中之重。因为高校体育课教学的主要目标就是促进学生养成正确的体育观念,培养他们高品位的体育爱好。

高校体育教学应从实际的情况出发,合理安排部分学生感兴趣的休闲运动,如武术、气功、瑜伽和其他传统体育运动,因为这些项目不需要很多空间和资金投入。此外,各高校还应对一些专用运动场设施及现代时尚运动内容进行一些必要投资,如网球、家用健身器材、攀岩和悬挂式滑梯等,以适应不同爱好和不同性格的年龄人群。这样就能较为充分地满足不同生活水平和不同爱好的学生从事体育锻炼和健身,在运动锻炼中通过出汗实现健身目的,获得幸福感。

3.体育课项目选择应多样化

目前,高校体育课程的教学内容比较单调,缺乏个性化和多样化。各学校通常根据竞技体育进行组织,并根据竞技体育的结构内容进行排列。我国尽管进行了多年的体育教学改革,但并未发生根本性的重大变化。高校体育课教育内容与中、小学基本类同甚至是重复。因此,有必要根据各学校的体育设施和学生的实际情况创造条件,并制订各种教育计划以满足不同学生群体的需求。比如,可以要求学生根据自己的兴趣和爱好，从大学的第一年开始，在每学期选择一个适合自己的运动项目。这样几年后，他们就可以较为熟练地掌握1 2种体育锻炼具体方法与技能，养成爱好并增加对运动的兴趣，直至形成持久与良好的运动习惯。此外，多样化的项目环境可以为学生提供更多的锻炼选择，极大地增加他们学习的热情，充分尊重和发展他们的个性。随着时间的流逝，"要我学"就会变成"我要学"，自觉锻炼的心理倾向会越来越强，这对学生终身体育锻炼的发展有积极影响。

4.体育课程评价方式要多元化

目前，高校对体育课的评价大多采用最终成绩作为对学生的主要评价方法。这种评价学生成绩的内容和方法，重点是偏向的，所以是落后的。此评估的缺点主要是由于评估与课时同步结束，无法在教学过程中提供及时有效的反馈，也无法帮助师生按时提高教学效果。所以，高校体育课程评价应当是定性评估和定量评估相结合。体育教学作为一项复杂的教育活动，具有许多方面的不确定因素。例如，学生的态度、身体素质、心理素质和其他指标不能通过定量方法来确定。所以，他们能够完成的体育锻炼强度和运动负荷是不尽相同的。体育课教学中如果忽略这些定性指标，则体育教学评价是不完整和不够科学的，所以有必要将自我评估与其他评价相结合。

一般传统的学生评价主要由教师来进行，但从现代教育的角度来看，学生的自尊心也是不可忽视的重要因素。学生对自我的评价更能提供有效的信息，这也应该是大学体育教学目标的要求。此外，还应将统一性评价和多样性评价进行必要的整合。统一评价是对学生的知识、技能和身体能力的统一评价，而评价的多样性始于学习者的发展兴趣，同一学习目标可以在不同时间以不同的方式进行评价，最后应将成果评价与过程评价有机整合起来。由于学生家庭背景、心理水平和身体素质等不同，不可能要求所有学生都达到相同的锻炼效果，所以在最终评价结果时应更加注意运动过程的评价以及运动的客观效果，相应软化对运动成绩的评价。这样就能测试学生是否可以通过运动从原来的基础上得到发展和提高。这是"以人为本"的体育理念要达到的最高境界和水平。

5.高校体育课教学还应积极探索"俱乐部"式教学模式

体育课的"俱乐部"教学模式是我国高校体育课程改革新形势情况下诞生的一种符合时代发展的全新的体育授课方式。在高校体育课教学中，运用"俱乐部"式教学模式，符合现代高校体育课程教学方向，同时可以贴合社会实际的需要，完善主体的需求，同不断进步的社会发展形势接轨，这将会产生极大的社会经济效益。高校必修体育课的消失并不意味着这些学校不关注体育运动，只是变得不再强迫学生参加"填鸭式教学"这类的体育课，让对某些体育项目感兴趣的学生参加与学校俱乐部有关的活动,这样有才华的学生将在俱乐部中脱颖而出,并有机会参加较高水平的体育比赛。

"俱乐部"式教学模式是众多的体育教学模式中的一种,其本质的发展方向依然是为了大学生体质健康的提升作保障,同时兼顾大学生体育文化素养的培养,以达到终身体育锻炼思想在大学生群体内部的根植与生长。高校体育课教学中运用"俱乐部"式教学方式,并运用此学习模式让学生可以根据自己的爱好选择课程,这也是对"以人为本"教育理念的最好诠释。它有助于建立学生的信心,最大化他们的个性,释放他们的潜力,增强他们对运动的热情,并倡导"健康第一"。

6.大力提倡和加强体育课程的网络教学法

直至今日,人们充分认识到了网络教学的重要性。时代在前进、科技在进步、网络在高速发展。互联网普及时代在搞好面对面体育教学的同时,体育课程教学还要充分利用网络资源,展示网络科技的魅力。例如,通过在网上公开授课内容和电子教案,使学生能够及时了解课程的进展情况,并进行有针对性的预习,达到教师和学生间的互动教学。此外,通过播放教学幻灯片还能将复杂技术充分分解,使学生对体育教学产生更加浓厚的兴趣。

二、素质教育视野下的体育教学改革的路径

(一)树立素质教育观念

在素质教育视野下,学校要加强学生的素质教育,将学生对体育的热情放到体育教学中,让学生在大学中有充分的时间进行体育学习。教师在教学过程中要积极调动学生的积极性,使学生对体育产生浓厚的兴趣,这就需要体育老师能够认真教学,手把手地来指导学生,对学生进行相关知识的传授,同时要监督学生进行体育训练。大学也应该改变原先分数至上的观念,重视学生的体育教育,这样才能培养全面型人才,从而促进我国的体育事业的发展。

(二)改变传统的教育方式

大学要进行体育改革必须改变教师的传统教育模式,教师要根据学生自身的特点进行教学,不能仅将传统的知识传授给学生,在教学的过程中,教师要找到适合的教学方法,为学生传授知识的同时交给学生体育精神,这会极大地提升学生对体育的热爱,教师也可以通过分组训练的方式来培养学生的团队精神,合作意识。新的体育教学模式要求教师要认真教学,将体育与实际相结合,使学生认识到体育的重要性。

(三)营造良好的课堂气氛

在传统的体育教学过程中,教师一味地传授体育知识使课堂上毫无生机,而

现在需要合适的教育方式使学生可以有很高的兴致来进行体育学习，这不仅可以使学生学到体育知识，也会使学生对体育的兴趣提升。教师在上课前可以进行适当的符合体育的趣味活动，使学生在上课开始就沉浸在这门课程中。教师在体育的教学过程中，也要进行相关知识的提问，这可以使学生在课前以及课后学习相关的知识，在教学的过程教师也可以考虑通过幽默的方式来活跃课堂氛围，在轻松的环境下学生的学习和接受能力都比较高，这不仅可以使学生感受到体育的魅力，还可以使自己的身体素质得到提升。

三、新媒体信息时代下新型高校体育教学改革

（一）新媒体在高校体育教学中的作用

目前，我国高校体育教学方式和理论教学基础大多数都是参考国外一些著名教育家的相关理论。在教学过程中，占据主导地位的是教师，学生都是被动地接受知识，学习热情基本上是被压制着的，缺乏学习主动性和积极性。新媒体的教学方式主要以信息技术为引导，可以根据学生的实际学习情况来开发与之相对应的教学内容。目前，高校运用新媒体的频率越来越高，开始注重健康第一的指导思想，开始从学生的兴趣入手，全方位提升体育教学质量。

1. 传播体育文化知识

校园传媒有着自己独特的传播方式，可以通过校报、校园广播、校园电视等传播手段全方位、多角度地向师生传送最新的体育热点资讯和体育文化知识，提高了体育教学效果，使学生能够在第一时间掌握最新的体育资讯，丰富了学生的体育知识和体育技能。

2. 传承体育文化

新媒体是传播先进文化最重要的载体，可以通过各种媒介对学生进行体育文化宣传和渗透，还可以播放一系列的视频短片，使学生能够充分了解校园体育文化，扩大校园体育文化的影响力，激发学生进行体育锻炼的热情。

3. 弘扬体育精神

通过新媒体播放我国运动健儿在运动场上的精彩瞬间，可以激发学生的民族自豪感和爱国热情，引导他们树立正确的世界观、人生观、价值观，形成良好的体育道德风尚。

（二）新媒体时代高校体育教学面临的问题

1. 新媒体教学的优势得不到充分发挥

高校的体育教学基本上都是课外的互动教学，课内的理论教学课程较少，教师很少有机会利用网络资源对学生进行教学，甚至没有教师使用新媒体进行教学，

新媒体教学的优势没有得到充分发挥。

2.体育教学资源较少

我国网络体育课程的起步较晚，教学条件仍处于发展的初级阶段，对于开发体育多媒体网络科技业务的要求也比较高，导致我国现阶段的网络体育教学资源较少，教学效果不理想。

（三）利用新媒体推动高校体育教学改革的策略

1.改变陈旧的教学模式

目前，我国越来越重视高校的体育教学，以保证学生的身心健康。因此，对教学手段、教学理论、教学内容、教学方式都进行了全面改革，将新的理论和实践方法应用到体育教学当中，以促进高校体育教学的长远发展。首先，教师可以在课堂利用多媒体设备生动形象地展示出各项体育运动的发展历程。其次，通过微信公众平台加强教师和学生之间的交流，学生可以将自己感兴趣的学习内容传达给教师，使教师在授课过程中更具有针对性。最后，利用多媒体平台对学生进行考核和评价，考察学生的体育能力，发现动作不规范时，教师要及时纠正，并向学生讲解正确的锻炼方法。

2.营造积极的校园体育文化氛围

校园传媒掌握着学校的舆论导向，可以利用校园传媒营造一个良好的校园体育文化氛围，要将体育文化放在校园文化宣传的主要位置。高校要关注一些国际性的体育赛事，可以利用多媒体设备对赛事进行转播，让学生在亲切、轻松、和谐的氛围中对赛事展开讨论。同时，不断宣传正面信息，舆论干预必须做到及时、有效，让学生在校园中能够充分感受到体育文化氛围。

第三节 体育教学改革的策略分析

一、体育教学方法改革策略

（一）及时更新教学内容，强调"精""实""新"

高职院校在体育教育专业的教学内容上要做到与时俱进，并针对自身教学实践的不足之处进行及时完善、补充，这样才能够提高整体的教学效果。教学内容的更新可以分成三个部分进行。

首先是"精"，所谓的"精"就是把体育教育专业课程中的一些内容进行精简、合并，以此来提高教学效果。例如，把一些原本是必修课程里的内容（如体育学）和选修教材中的体育史进行整合，这样既可以避免教学内容的重复，还能够为其他专业课程的学习给予更多的空间。此外，也可以将一些普遍性的运动项目精缩，如在进行篮球或排球课程教学时可以调整教学时长，让学生把课余时间利用起来进行训练。

其次是"实"，即针对高职院校的具体情况，融入一些地方特色性的课程。例如，地处河南或河北地区的院校，可以把一些课程的课时比例进行适当性调整（增加武术类课程的课时），对于地处南方区域的院校可增设一些水上运动内容，以满足学生的学习需要。

最后一点是"新"。"新"就是在教学中融入一些新兴的运动项目，如把街舞、跑酷或者滑板等街头运动项目引入教学内容中，这些项目的引入对学生今后的就业或者发展意义重大。

（二）改变传统的教学策略，重视体育教学的科学性

落实教学改革的目的就是优化整体的教学效果，强化学生的综合能力，为国家与社会培养专业能力强、身体素质好的体育人才。而要实现这个目标就要把以下几个环节的工作落实到位。

首先，高职院校对现有的入门要求进行酌情提高，并运用科学的方式优化生源质量。学校在进行招生的过程中要考虑自身的实际情况，优先选择那些具有潜质的学生，在迎合市场的同时要重视生源质量，为培养合格体育教育人才做好充分准备。

其次，是运用科学的方式提高教师的职业素养和专业能力。校方在人才引进上除了设定严要求、高标准之外，还要运用"请进+走出"的培养机制，再配合公平、公正、合理的奖惩机制来全面性强化教师的职业素养和专业水平。

再次，在具体的教学实践中要采取针对性、科学性的思维方式，加大社会体育指导员以及体育运动相关的志愿者的培养力度，这样既能够解决当前中小学体育教师力量不足的问题，还可以完善现有的专业人才培训机制。如果条件允许，教师可以在教学过程中增加一些体育情感的内容。例如，可以引导学生在现有的运动基础上加入自身感兴趣的内容，这样既能够调动学生的学习热情，强化学生的体育求知欲，还可以培养学生终身运动的意识。但值得注意的是，教师在进行体育情感培养的过程中，要严格按照因材施教的教学态度，确保学生能够具备两到三项运动技能。

（三）体现学生的主体性，个人能力与实践锻炼两手抓

和高职院校其他专业的学生相比，体育教育专业的学生除了要具备扎实的理论课程之外，还要拥有良好的实践能力。要实现这个目标，首先要把学生在课堂教学中的主体性体现出来。传统的体育教学中，教师通常是采用"照本宣科"的

方式完成教学活动，学生依据教师的要求和示范动作进行练习，整个课堂沉闷、无趣，学生无法将自身的主体性和自主意识体现出来，只能够沿着教师的教学思路走。虽然这样的方式对提高学生的专业成绩会起到一定的作用，但对学生的个性发展和创造意识的培养是极为不利的，有一些学生甚至在学习过程中产生了厌学的念头。为了避免出现此类情况，教师在进行教学活动的过程中要重视学生的主体性，把课堂的主动权交由学生掌握。

在后续的体育教育课程或者其他的教学活动中，学生就能够顺利地激发出自主意识和参与意识，让原本被动的学习模式转化为主动式学习。

其次，教师除了要做好专业领域内的基础教育工作之外，还要重视学生个人能力的培养。通过一些针对性的方式发掘出学生的个人潜力，再把学生的能力融入整体的专业教学活动中，这样就可以确保学生将学到的专业知识和体育技能顺利地向综合素质方向进行转变并且内化。最后是增加体育教学中的实践锻炼内容，能够让体育教育专业的学生切实体验不同教学环境中的具体情况，并从中发现自身的不足之处并进行自我完善，全面提高学生的专业素养和专业水平。

二、"互联网+"体育教学改革策略

（一）"互联网+"对高校体育教学所起到的作用和影响意义

在开展实际教学活动中，以往教学模式及教学方法都是相对较为有限的，存在时间、空间的限制，而在"互联网+"模式之下则不会存在这种限制及实际问题，将整体课程规模和影响力进行了一定程度上的拓宽、扩大，也让教育逐渐走向全面化、多元化和开放化。以往教学形态是受限于时间和空间的，在不同时间、空间范围之内所开展相关教学活动，因此教学活动的效率、效果也相对较为有限。

在现如今互联网高度发达不断发展的今天，有关教学不再仅仅局限于课堂，可以拓展到线上和线下，同时，以往交流模式效果和效率较差，尤其学生学习过程中都是由教师讲解并进行自行理解和练习，现如今互联网十分发达，这样的情况不利于学生更好地进行学习和思考，对于学生思维能力和交流能力的发展来说也会存在着一定程度的阻碍和不良影响。而通过"互联网+"则可以较好改变这种不足，改变以往交流方式，线上交流更加开放和多元，学生与教师之间地位更加平等，在不断互换交流的过程中学生知识含量就有所提高。

除此之外，相关方法、模式及环境也对其自身教学理念方面带来了很大程度影响，需要积极认识并修正以往教学理念方面不足之处，才可以更好地提高最终教学质量和教学效果。总体来说，相关大环境及技术视域之下，高校体育教育也需要走向开放化、多元化，需要积极做出有效的教学改革，才可以更好地提高最终教学效果及人才培养的综合质量，提升最终教学与教育的成效，让体育教育在新时代背景下高等人才培养的过程中发挥自身的价值和意义，提高最终教育与教学的成效。

（二）高校体育教学改革策略分析

1. 构建体育教学信息化平台

高校体育教育在新时代背景下需要做出积极有效的改变，特别是现阶段"互联网+"发展十分迅速，所起到的作用和价值也相对较为明显，具体教学及相关操作过程中，需要积极进行信息化平台的建设与构建，从而形成良好的线上相关教学管理模式，提高最终管理及教学工作的实际成效与最终效果。教学活动管理现如今需要逐渐走向多元化和全面化，特别是在实际教学等各方面，需要充分认识到相关技术的价值和意义，有效进行实际性应用，进而提高最终管理与教学的效果在这一过程中，体育教学信息化管理平台所起到的作用十分突出，平台具体在操作过程中可以包括校园体育资讯、在线知识教学、课外体育锻炼签到与记录、社团管理和体育场馆及用地预约、测试数据管理等多方面。

以往教学活动中渗透性相对较差，自身多元化特点也不够明显，很大程度上影响了最终教学与教育的效果情况，不利于最终普遍性教学质量的提高。而在进行教学改革的过程中，采取这样一个平台之后管理合理性及综合性效果就可以得到明显的提高，规避了以往常见教学活动与管理成效方面的问题，带来一个较为积极的影响作用。

以往开展教学活动过程中进行场地的安排和管理难免会出现冲突，其根本原因在于，当出现课程安排变动等情况下，后续安排就会面临一个较大的问题，而相关场地安排方面的问题也会接踵而至。这些问题并不罕见，而利用相关平台开展管理，则可以一定程度上避免出现冲突等问题，提高教学管理的效率和效果。

由此可见，相关平台塑造与构建是教学改革过程中相对基础、相对关键一部分内容，所起到价值和意义也相对较为突出一些，通过有关平台能够实现有效管理，并优化最终管理效果和管理综合成效。

2. 实现立体化混合教学模式的应用

传统体育教学模式中具备一定的单调性，尤其不够关注学生的学习过程，仅仅单独关注教学过程，而对学生的练习等方面仅会关注有关指标，缺乏应有的实际性和全面性，导致很多教学问题的出现，而利用"互联网+"相关模式之后，可以更好地实现立体化混合教学模式应用，并积极关注学生学习兴趣，培养正确的运动习惯，对其成人成才乃至终身发展提供一定程度的支撑和支持。

体育教育与德育之间有着密切联系，而以往教学过程中缺乏对学生自主性、主体性方面的关注，导致整体教育和教学缺乏应有的全面化和实际性，给教学效果带来很大程度的问题。而通过线上线下的联系之后，实现立体化混合教学模式应用，就可以利用线上平台辅助学生进行学习，激发学生的学习兴趣，并让教学形式灵活多变起来，优化与提高最终教学质量和教学成效。而在教学过程中，程序也可以得到一定程度改变，可以将以往先教后学的方法转为一个先学后教的模式，课前组织有序目标性自学，课上积极针对问题进行教学，课后则在线上持续跟进。由此可见，相关教学模式所起到价值和意义也相对较为明显。

3.多元化评价体系

在现阶段高校体育教学过程中，利用"互联网+"可以更好地进行多元化的评价，从而辅助评价指标和评价体系更加科学合理，优化最终效果和最终评价成效，辅助学生对现有体育方面的知识和技能进行一定程度的掌握。最终评价的有效性直接反映着学生现有的能力等情况，因此客观评价所起到的作用十分明显，需要结合实际情况有效进行评价，从而从运动习惯、运动能力等多方面进行多元化评价，并系统进行评价数据的处理和对比。

第四节　体育教学的创新实践路径

一、高等体育院校创新创业教育发展趋势

近年来，随着我国产业结构不断调整与升级，促使第三产业得以迅速发展，以服务业尤为突出。体育产业作为新时代新兴服务行业，其发展趋势日新月异，呈现出旺盛的生命力，给予体育类大学生就业取向由传统就业方式向多元化从业转化的发展格局，更多符合社会需求的体育服务岗位需要具有创新创业素质的体育专业大学生去开拓创业。现阶段，高等体育院校教育仍以注重学生体育理论知识和专业技能培养为主，重视提高学生的专项社会服务水平，而忽略在教育过程中对学生创新创业思维的嵌入，造成学生普遍缺乏创业需要的基本素养和能力，严重制约与影响高等体育院校学生的创新创业选择。通过问卷调查和实地考察，高等体育院校创新创业教育现状如表7-1所示。

表7-1　体育高校创新创业教育情况一览

	开设情况	激励机制	政策保障	课程体系是否完善	服务平台	校企合作
是（%）	86.3	40.2	41.6	38.7	53.2	41.2
否（%）	13.7	32.5	38.5	48.2	44.3	53.2
其他（%）	0	27.3	20.9	12.1	2.5	5.6

首先，通过走访与调查，目前高等体育院校创新创业教育的数量尤为广泛，

但质量相对滞后。相比其他学科，教学师资是影响其质量的主要因素，特别是专任教师的缺乏，已成为其学科建设的主要阻碍。

其次，保障机制缺乏，特别是提高教育质量的激励机制和政策保障尤为突出，部分学校甚至没有与之相匹配的专项资金。

第三，创新创业教育课程体系不够完善。这类问题不仅是高等体育院校创新创业教育的独有问题，也是现阶段高校创新创业教育的共性问题，课程体系不完善，课程教材未能与专项相匹配，其是我国高校创新创业教育发展的瓶颈。

第四，缺乏系统性、科学性的创新创业服务平台，必然导致相应的政策与制度在实际落实时并不能通过系统、科学的统筹与安排，其效果大打折扣。

最后，校企合作深度不够。创新创业教育从理论学习到项目申请、落地，中间历经的所有环节必须由学校知晓，经市场检验，故要求在创新创业人才培养过程中必须融入校企协作的理念。而在教育实际中，极少有学校能形成校企联动培养的协作机制。

诚然，问题是目标实现的方向指引，透过现象看本质，不难发现，我国高等体育院校创新创业教育起步晚，但后劲足，特别是全国体育类创新创业大赛的成功举办以及体育产业在我国的迅速发展，给予高等体育院校创新创业教育发展极大的动力，而现代信息技术的快速发展及其与社会各界融合发展的成功案例又给予其多样化的发展途径。

二、"互联网+"背景下体育院校创新创业教育产教融合路径的内容体系

（一）"互联网+"背景下体育院校创新创业教育产教融合路径的理论基础

深化高等体育院校创新创业教育改革，整体设计需基于体育服务与体育教育的产教融合进一步深化，需符合服务国家和区域体育产业创新发展战略。因此，高等体育院校创新创业教育产教融合路径要理清体育类创新创业人才培养的内涵特质，以"立德树人"为根本任务，重点加强满足体育产业发展现实需求的体育服务人才培养。另外，通过校企联动，构建基于"互联网+"背景下高等体育院校创新创业教育产教融合的校企协同机制，形成协同推进高等体育院校创新创业服务型人才的联合培养。以此，结合现代化信息技术，创新高效创新创业教育路径，促使企业需求和学生发展需求的有效融会。

同时，树立产教融合的创新创业人才培养理念，构建高等体育院校创新创业教学、实践和科研的有融通机制，实现以人才培养为中心，促进学生全面发展。此外，面向社会的体育服务需求实际，搭建提高学生创新创业能力的互联网平台

和项目载体，提高学生信息整合与自主学习能力，引导学生形成一种新的学习方式。

高等体育院校创新创业教育产教融合即将体育产业与创新创业教育密切结合，相互支持，相互促进，使创新创业教育成为人才培养，科学研究，产业服务为一体的产业性经营实体，形成学校与企业互为联动的教育模式。通过学校进一步对接体育产业需求，主动树立融入业界的理念，树立合作共赢的导向意识，并在管理体制、运行机制及资源配置上加快调整，把深化产教融合路径转化为自身调整发展的内在需求。高等体育院校推进产教融合没有统一固定的模式，其最重要的是要根据体育产业需求实际培养人才，面向解决企业和社会实际问题提高其创新能力和服务水平。

（二）"互联网+"背景下体育院校创新创业教育产教融合路径的内容设置

基于"互联网+"的时代背景，拓展高等体育院校创新创业教育路径，深化高等体育院校创新创业教育改革的时代视角，健全高等体育院校高校创新创业教育运行机制，建立以学生发展为核心，以满足体育产业社会服务为目标，以"立德树人"为根本的高等体育院校创新创业教育的时代路径。其内容涵盖师资队伍建设、创先创业科研服务、学生创新创业能力发展、网络平台建设、教育活动标准化、成果转化六大模块，并以内容模块为导向，构建了以互联网为工具的"企业需求导向+学生专业发展导向"和"社会需求导向+学生专项实践导向"相融汇以及"互联网+学校教育+学生实践"相融合的高等体育院校创新创业教育路径。该路径中其六大内容模块既独立发展，又在信息技术的支持下实现信息共享，完成内容建设的互为补充。另外，在路径运行时，通过企业、社会与学生的互为融合，集互联网、教育与实践的互为融合，促进高等体育院校创新创业教育路径不仅满足产教融合的社会发展需求，并在信息技术的支持下不断优化升级。其内容构架设置如下图7-1所示。

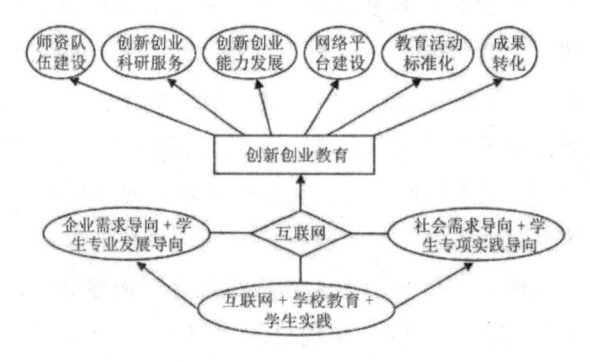

图7-1 "互联网+"背景下高等体育院校创新创业教育产教融合内容体系构架

由图可知，企业与社会需求导向与学生个人发展在网络技术的支持下成互为融汇形式，亦是本研究对体育高校创新创业教育路径的深化改革。首先，通过创新创业与学校专项教育，使学生具备体育产业的基本社会服务能力。通过充分发挥其体育社会服务能力，并由企业和社会市场进行进一步检验，高等体育院校创新创业教育立足于服务体育产业创新驱动需求和服务经济社会发展。主动面向市场需求，由检验结果让学校教育在人才培养结构、质量和水平上主动进行优化调整。另外，创新创业教育的实质是人才驱动，高等体育院校要通过深化创新创业教育教学改革，创新教育路径，使之现代化、科学化，完善创新创业教育体系，促进体育类创新人才的培养质量。

三、"互联网+"背景下高等体育院校创新创业教育的产教融合路径运行策略

高等体育院校创新创业教育随着体育产业的发展正处在快速发展期，为促进教学质量的稳步提高，创新人才培养与体育产业需求的有效衔接，其创新创业教育必须加强推动"互联网+"的课程建设机制，结合产教融合路径，优化创新创业教育的资源配置与信息共享。利用互联网技术加强高校之间、校企之间的联动合作，学生、学校与社会之间的资源互通，建立共建共享共赢的高等体育院校创新创业教育信息平台，不断提升创新创业教育质量，拓展创新创业教育路径。

（一）提高站位，优化创新创业教育理念

创新创业是体育产业社会化发展的重要举措，是健康中国的时代主题。高校重视创新创业教育，主动满足体育社会服务需求，不断深化创新创业教育改革，加强体育创新创业人才培养，要积极转变创新创业教育理念，以符合社会发展的时代要求。创新创业教育具有较强的理论性，而体育社会服务强调社会服务的实践性，必须依托产教融合而不断提高学生的社会服务能力和见识。传统高等体育院校的创新创业教育是以教师为中心，明显不适于对学生能力发展的动态监控和个性化教育。结合"互联网+"的高等体育院校创新创业教育，贯穿于产教融合路径全过程，坚持以问题为导向，以能力发展为目标，以信息共享为途径，不断优化创新创业教育路径，树立基于信息技术的产教融合教育理念。

（二）资源整合，联动创新创业教育信息

体育产业于我国的发展起步晚，资源零散，专业程度不高，正因如此，体育产业在我国的发展速度相对滞后，也对我国体育专业人才培养提出更高要求。互联网的兴起极大促进了社会各行各业的互联互通，通过"互联网+高等体育院校创新创业教育"，实现高等体育院校创新创业教育的产教融合及由大数据精准分析课程体系及教学内容与学生现实需求的契合度。"互联网+教育"的产教融合路径将

创新创业教育融入学科专业建设之中，融入人才培养全过程，充分利用现代信息技术，充分整合学校之间，校企之间，学生与学校和企业之间的动态信息与现实需求，实现以问题为导向的教学、学习与实践互为联动。从教学角度，合理把控学生学习状态，适时调整满足社会需求的教学方向，不断产出体育产业所需的创新创业人才。从企业角度，提出适合企业发展的人才类型，为学校教育方向调整提供依据。从学生角度，适时发现优质学习资源，实现基于信息技术的多元化学习。可见，通过"互联网+教育"的产教融合路径可有效整合社会、企业、学校、学生等各类信息与资源，实现产、学、研协同创新，为高等体育院校创新创业教育和国家创新驱动发展战略助力。

（三）尊重规律，构建创新创业教育课程模块

体育专业大学生创新创业能力的培养必须以循序渐进为原则，以理论教学为基础，以实践教学为重心，通过信息技术工具，整合高等体育院校创新创业教育课程资源和教学实践平台，结合产业发展需求，提供教学引导方向，基于此，将创新创业教育课程模块化。本研究创新创业教育课程模块适宜遵循有序推进教育规律为基础，形成循序渐进式的高等体育院校创新创业教育课程体系。其模块设置包括队伍建设、创先创业科研服务、学生创新创业能力发展、网络平台建设、教育活动标准化、成果转化六大模块。本课程模块体系的循序渐进主要体现在教育过程随学生年级变化的层次性。首先是基础层次，即创新创业教育的基础课程，主要面向低年级学生，以培养学生创新创业意识为主要目标，结合信息技术对学生数据的过程评估，发现学生创新创业潜力。其次是提高层次，主要面向对创新创业具有较强意愿和较高潜力的学生，以培养学生创业知识、创业技巧和创业技能为目标。最后是实践层次，加强学生创新创业实践与理论相结合，以培养学生体育社会服务能力为目标，提供体育产业服务需求，由网络平台提供创新创业环境，实现产教融合的创新创业教育路径。

（四）互联互通，把控创新创业教育过程

以互联网为工具，可把学校、企业、社会与学生在创新创业教育过程有效链接，形成高等体育院校创新创业教育的网络动态系统。在教育资源上，学校之间、校企之间、师生之间实现联动互通，实时共享。在教学活动上，通过课前课后、线上线下、校内校外的师生互动，各高校的课程资源能够得到充分利用。另外，通过互联网教学拉近了教学对象与教师的距离，拓宽产教融合的发展路径。在课程建设上，以互联网为媒介的创新创业课程建设，其目标更加契合体育产业的社会需求，课程内容更加符合学生能力发展需要，课程建设对象更加多元化，形成跨学校、跨行业、跨地域、跨学科、跨专业的创新创业教育课程建设和培育模式，

极大提高了体育类创新创业教育课程的质量。

四、"互联网+"背景下高等体育院校创新创业教育的产教融合路径

（一）创新创业教育工作精细化

互联网的广泛应用提高了信息交流的实效性，资源使用的便捷性。当代高校学生属于互联网应用的"原住民"，善于利用网络辅助学习，诚然，"互联网+"背景下高等体育院校创新创业教育符合时下社会发展趋势，学校体育充分认识这一现状，努力开发"互联网+教育"的教学模式，建立以互联网为支撑的高校创新创业教育网络平台，实现对教学过程的课程建设、考核评价、过程监控、创业服务等内容精细化管理。另外，将体育产业行情动态纳入教育平台，通过对行业需求的分类管理，提供学生实践创业的行业发展实时动态，为其创业方向选择提供现实依据。通过积极推送创业教育、创业服务等实时资讯，开辟线上与线下相结合的创新创业教育产教融合的精细化服务路径。

（二）创新创业教学目标专一化

体育教学通常是以强化学生运动技能，加强基础专业知识为主要目标，在不同专业中运动技术与专业理论的比重各不相同，其教学目标又呈现多样化，势必影响学生创新创业能力，本研究在互联网支持下，整合体育产业实时动态，共享创新创业教学资源，提供创新创业实践网络平台，贯彻以创新创业能力培养为中心的教学策略，坚持把学生创新创业能力培养作为教学目标，坚持以创新创业所需的心理品质、创业意识和创业能力教学主线，兼顾体育专项技术和专业理论，根据学龄按层次开展教学活动，使创新创业教学目标不断集中统一。同时，"互联网+"背景下高等体育院校创新创业教育的产教融合路径也彰显了学生创新创业能力培养教学要求，突出了探究思考、自主学习和主动实践的现代教育特征。

（三）创新创业教育与实践链式服务

"互联网+"背景下的高等体育院校创新创业教育产教融合路径提供学生创新创业学习与创新创业实践以链式服务，将创新创业教育划分为理论学习、创新创业孵化和创新创业转化三个阶段。在理论学习阶段，通过对学生创业能力的初始评估，提供创新创业能力发展的个性化教学方案，实现教学过程的因材施教。在孵化阶段，通过大数据匹配技术，先完成项目自动筛选，再由指导教师精选契合体育产业发展动态的创新创业项目进入孵化阶段。在筛选过程通过竞争激发学生的创作热情，同时选拔适合进入创新创业培养链的优秀项目进行培养。而在转化阶段，通过校企联动，将创新创业项目投入市场化自主运营，在企业的指导下，由市场检验创新创业的可行性。经过一系列的创新创业能力链式培养，实现对学

生创新创业能力渐进式提高。而在其中取得成功创新创业的案例又可反馈于创新创业教育，进一步引导创新创业的教育方向选择。

第八章　课程思政与高校体育教学融合的现状与意义

第一节　高校体育课程思政概述

一、高校体育课程思政的定义及内涵

随着课程思政的兴起，学者们对课程思政的内涵也进行了深入的探讨。尽管对于课程思政内涵的表述各有千秋，但是在本质认识上却保持了同样的看法。著名学者邱伟光认为，课程思政也就是"以课程为载体，以各学科知识所蕴含的思想政治教育元素为契入点，以课堂实施为基本途径的育人实践活动"，简单而言，就是"课程承载思政，思政寓于课程"。高德毅指出，课程思政"是高校将思想政治教育融入课程教学和改革的各环节、各方面，实现立德树人润物无声"的一种课程观。韩宪洲从理念创新、制度创新以及实践创新三个角度分析了课程思政的内涵，认为其核心就是把"做人做事的基本道理、社会主义核心价值观的基本要求、实现民族复兴的理想和责任"融入到各类课程的各个环节和方面。

根据学者们对课程思政内涵的初步探讨，高校体育课程思政强调疏通体育课程的育人渠道，号召体育教师要深入挖掘体育课程中所蕴含的思想政治教育元素，在素材选择、教学设计、话语表达等方面坚持弘扬主旋律，并结合体育学科的特点，将理想信念教育、爱国主义教育、品德修养教育、奋斗精神教育、集体主义教育等内容融入体育教学的各个环节，着力构建德智体美劳全面发展的时代新人，是高校在体育领域更好地达成育人目标所进行的一项基础性、创新性的育人活动。

在理解高校体育课程思政丰富而深邃的内涵过程中，我们应该注意以下几点：

1.从发展维度上来看，应该把高校体育课程思政放在中华优秀传统文化的大熔炉中进行探究，从其本源来看，课程思政的根基厚植于我国优秀传统文化的土

壤中。课程思政就是要挖掘各类课程中的思想政治教育元素，从而在知识传授中实现对学生的价值引领。落实到体育教学活动中，高校体育课程思政的开展，不仅是要塑造学生健康的体魄，而且要以高校体育课程中所蕴含的思想政治教育元素涵养学生的职业道德素养和思想政治素养。作为思想政治教育的培植土壤和重要源泉，中华优秀传统文化在塑造人的品性、培育人的行为方面起着不可忽视的重要作用。其中，中华优秀传统文化所呈现的"立德正心，修身为本"的修身之道、"天下兴亡，匹夫有责"的报国情怀、"鞠躬尽瘁，死而后已"的献身精神等，都为思想政治教育的开展提供了可深入挖掘的教育资源。在文化思想多元迸发的今天，高校体育课程思政传承了中华优秀传统文化的精髓，既育体又育德，凸显了对学生的价值引领，不仅为新时代高校思想政治教育工作开辟了新道路，而且有利于弘扬民族文化，彰显文化自信。

2. 从理论维度上来看，马克思主义关于全面发展的人的思想，是我们全面认识和理解高校体育课程思政的理论基础。中国共产党自成立以来就非常注重对马克思主义理论的传承，历代领导人关于高校教育人、培养人的论述不仅是对马克思主义理论的继承，也是从我国社会发展出发对教育所提出的基本要求。从毛泽东高瞻远瞩地指出"应该使受教育者在德育、智育、体育几方面都得到发展"，到邓小平所倡导的培养"有理想、有道德、有文化、有纪律"的"四有新人"，再到江泽民胡锦涛关于加强学生文化知识教育与思想道德教育并举的重要论述，充分体现了我国对高校育人工作的重视。从党的十八大召开到当前全面小康收官的关节点，习近平总书记总是在各类重要场合以及讲话中涉及到高校育人的重要性，他认为，高校作为立德树人的重要场所，要在全方位遵循党的教育方针的基础上，"培养德智体美全面发展的社会主义建设者和接班人"。在继往开来的新时代征程上，高校体育课程思政的孕育可以说传承了马克思主义关于全面发展的人的思想，强调专业技能培养、思想道德素质与个体全面发展的关系，展现了高校育人的实质，是在体育领域对马克思主义关于全面发展的人的思想的创新发展。因此，只有以人的全面发展为指导，我们对高校体育课程思政的认识才更加科学、准确、全面。

3. 从实践维度上来看，高校体育课程思政是高校落实立德树人根本任务的重要举措之一。古人云："大学之道，在明明德，在亲民，在止于至善。"高校作为培养优秀人才、塑造合格传承人的主要阵地，承担着立尚德树新人的重要使命。如何造就一批既具有丰富知识和扎实本领的专业人才，又具有高尚思想品德和良好道德素养的时代新人，是高校亟需回答的时代课题。课程思政的提出强化了各类课程所承载的思想政治教育功能，增强了各专业教师育人育德的意识，更加明确了高校要"培养什么样的人，为谁培养人"这一时代任务，凸显了高校立德树人的教育性和价值性。在体育领域，高校体育课程思政的实施要求体育教师在深入挖掘各体育学科的思想政治教育元素的基础上，将思想政治教育融入体育教学的各个环节和方面，借助体育课程的平台，向学生传授立身处世的基本道理，引导学生奉行社会主义核心价值观的真谛，启发学生树立兼济天下的崇高理想以及为了这个伟大理想而努力奋斗的责任感、使命感，从而实现体育课程与思想政治理论课协同育人的目标。不可否认，高校体育课程思政的开展将为培养21世纪的综合型优秀人才发挥不可替代的作用，是高校在体育领域落实立德树人根本任务的时代选择。

二、高校体育课程思政的特征

高校体育课程思政是新时代高校在体育领域推进思想政治教育工作的重要抓手，作为一种全新的教育理念，高校体育课程思政呈现出客观性、政治性、实践性等鲜明特征。

客观性。高校体育课程思政的出现不是人们主观臆造的，它的产生有其客观性。从高校体育课程思政产生的背景来看，它是教育实践活动以及课程体制改革的结果。长期以来，人们存在着这样一种思想误区：认为高校思想政治教育工作的开展依托于思想政治理论课这一核心课程，而且思想政治教育成果是否能达到预期高度也最终取决于思想政治理论课开展的到位与否。但是，思想政治教育是一个长期的系统的复杂工程，仅仅依靠思想政治教育理论课来提高思想政治教育的成效是远远不够的。为改变高校思想政治教育存在的"孤岛"现状，各高校逐渐跳出原有的思维定式，打造"大思政"格局，尝试挖掘各类课程中蕴含的思想政治教育元素，推动各课程与思想政治理论课共同发挥育人育德的作用。诸如此类的教育教学体制改革是人类重要的社会实践活动，自人类进入阶级社会以来，便是客观存在的并伴随着人类社会的发展而不断发展变化。高校体育课程思政是人们在教育教学实践中不断探索的结果，体育教学体制改革的客观性决定了高校体育课程思政的客观性。从高校体育课程思政的实施条件来看，高校体育课程思政能否顺利开展，还受到一定的人力资源、物质设施以及环境因素等客观条件的影响，这也是高校体育课程思政客观性的表现。

政治性。中国共产党自成立伊始，在推进民族复兴的洪流中，也紧抓意识形态的建设，极其重视高校思想政治教育在坚守意识形态阵地中的重要作用。以马克思主义理论教化学生，以先进的思想花火点燃学生成长发展所需要的科学的理论灯塔，指引学生在实践中体验、感悟社会主义核心价值观，是高校开展思想政治教育的重要使命，不仅关乎意识形态的传播，而且从办学方向上体现了高校的社会主义性质。作为思想政治教育工作的创新实践，高校体育课程思政在提出伊始,就坚持以马克思主义为指导,以全面提高受教育者的思想道德素质为目标,为思想政治教育工作的开展注入了活力。可以说,高校体育课程思政是为达到思想政治教育目的、完成思想政治教育任务服务的,这是高校体育课程思政实施的价值体现,也在根本属性上体现了高校体育课程思政的政治性特征和要求。坚持高校体育课程思政的政治性,用马克思主义意识形态教育学生、引导学生,确保其在社会生活中占据主导地位,这是高校体育课程思政顺利开展并取得实质性效果的重要保证。

实践性。在教学环境方面,高校体育课程思政的教学活动是在开放的、空旷的场地条件下进行的,或者室内或者室外,多采取集体活动的形式,且必须借助一定的体育器材,增强了高校体育课程思政的实践性;在教育对象方面,大学体育是除思想政治理论课外,大学生所必须参加的必修课,来自各个专业各个领域的大学生需要通过彼此的接触与交往来完成运动任务,也正是在这样的人际交往中,提升了大学生为人处世的能力,为大学生以积极的心态融入社会提供了良好的实践平台;在教学内容方面,高校体育课程思政的开展依托于丰富多样的体育教学项目,不同的运动项目对学生素质提出了不同的要求,在体育运动中,既有技能技巧的训练,也有意志品质的培养,既追求健康、强健、健美,又尊崇公平、公正、公开,向往团结、合作、友爱,且大学生可以根据自己的兴趣爱好自主选择课程内容,大学生需要在自身的参与中完成运动任务,习得运动技能,不仅考验大学生的身体素质,而且锻炼大学生的心理承受能力,不仅锻炼了学生的动手能力,而且有助于提升学生的思维能力,集中展现了高校体育课程思政实践性强的特征,也正是在这样具有感染力的实践性活动中,增强了大学生的情感认知,推动大学生在知、情、意、行中得以统一。

三、高校体育课程思政的功能

第一,培育时代新人的功能。这主要是指高校体育课程思政对塑造大学生的品德、促进大学生的发展所起的作用。培养德才兼备的人才是社会对高校人才培养所提出的基本要求,也是高校开展课程思政所要达到的重要目标。具体来说,高校体育课程思政对大学生品德发展所起的作用主要体现在以下几个方面。第一,引导大学生树立正确的政治方向。高校体育课程思政通过挖掘体育课程中的思想政治教育资源,将其渗透到体育学科的教学设计中,在对大学生进行运动技能教导时,润物无声式地陶冶大学生的人生观、价值观、世界观等,因时利导地引导大学生在内心深处根植起正确的文化立场、国家理念、历史观点,厚植大学生的国家自豪感、民族认同感和历史使命感,这有助于从思想上对大学生形成一种强大的凝聚力和导向力,能更好地引导大学生的思想和行为向着社会所要求的方向发展。第二，激励大学生形成良好的行为习惯。如果在开展高校体育课程思政过程中，对于大学生的教育只是停留在思想观念层面，而忽视对大学生行为习惯的规范约束，大学生思想和行为的统一就难以实现，很容易造成其行为越轨现象的发生。这样的教育是不全面的、不完善的。因此，高校体育课程思政在实施过程中，从学科自身特点出发，既关注学生正确的道德观、法治观的形成，又善于从体育运动的规律出发，引导大学生自觉遵守社会法律规范和道德行为准则，督促大学生在法律允许的范围内开展创造性活动。第三，引导大学生实现自身人格的完善。高校体育课程思政的开展，弥补了运动技能传授与价值引领相分离的教育缺陷，在体育教学过程中愈渐关注对大学生健全人格的培育，也更加重视引导大学生真正善用马克思主义世界观和方法论正确认识社会、认识自己，以积极主动的心态参与社会生活，从而帮助大学生在运动中形成崇高的思想境界和健康的心理素质。

第二，厚植教师育人意识的功能。这主要是指高校体育课程思政对提升体育教师的政治素养、提高体育教师的育人意识所起的作用。正所谓："师者，所以传道授业解惑也。"在全国高校思想政治工作会议上，我们注意到，习近平总书记专门强调，作为高校教师，不仅要做传道者，而且要明道、信道，他指出，"传道者自己首先要明道、信道。高校教师要坚持教育者先受教育，努力成为先进思想文化的传播者、党执政的坚定支持者，更好担起学生健康成长指导者和引路人的责任"。从这一角度出发审视高校体育教师所扮演的角色，不难发现，高校体育教师作为高校体育课程思政的直接开展者，必须坚持明道、信道、传道的统一。明道就是要求高校体育教师要深刻认识和把握社会发展的基本规律和人类社会的基本美德，要明确的认识到我国高等教育最终是为中国特色社会主义建设服务的，要清楚自己身上所肩负的立德树人的重要使命；信道就是要求高校体育教师要坚守并切实捍卫马克思主义理想信念的根基，深刻认识到马克思主义基本原理在指导人们认识世界、改造世界过程中的引领作用，在实现中华民族伟大复兴的征程中，坚定道路自信、制度自信、文化自信以及理论自信，坚信我国定然会在惊涛骇浪中永耀国威；传道就是要求高校体育教师应在教育教学过程中引导学生在正确认识世情、国情、党情的基础上，积极投身于民族复兴的时代征程中，通过实践活动的开展淬炼学生的爱国主义精神和时代担当。高校体育课程思政的推行，是新时代高校体育教师在体育领域对"传道授业解惑"的生动呈现——高校体育教师不仅要具备扎实的体育理论知识和运动技能，而且要具有高尚的思想品德素养；不仅要向学生传授运动技能，而且要引导学生树立正确的价值观念。因此，高校体育教师必须及时转变观念，加强政治理论的钻研，多渠道提升自我的思想理论素养，积极探索本学科所蕴含的思想政治教育资源，在教学活动中注重言传与身教的结合，教书与育人的统一。

第三，强化体育学科文化属性的功能。这主要是指高校体育课程思政对体育学科文化的传承与发展所起的作用。作为学科的灵魂，学科文化根植于具体的学科，是某一学科"学科知识、学科规训制度、群落学术生活样态、学科思维的总和"，是推动学科不断向前发展的重要影响因素，是学科永葆生命力的源泉。高校体育课程思政的开展，立足于体育学科的发展，深入发掘体育学科课程中所蕴含的思想政治教育元素，可以说，高校体育课程思政实施的过程也就是教育者向受教育者传授本学科所规定和要求的知识和方法、行为规范、伦理规范、道德规范、价值观和信念的过程，而行为规范、伦理规范、道德规范、价值观和信念等均属于文化范畴。从这一层面讲，高校体育课程思政的开展促进了体育学科文化的进一步传播。一方面，高校体育课程思政的顺利开展推动学生在教师的指导下对学科中所包含的知识理论体系、研究方法、学科思维以及学科中必须遵守的规范、准则有了深入的了解，有助于学生的价值观念以及行为模式朝着符合学科发展要求的方向迈进，进而潜移默化的影响自身的社会行为习惯；另一方面，学生在自我的学习和实践活动中，受体育学科周围环境的影响，也会获得一定的思想道德知识，形成一定的思维方式和行为方式，从而以更加严谨的态度和饱满的热情投身于学科文化的学习与探索中，推动该学科文化的发展。当然，高校体育课程思政的开展并不只是为了机械地进行体育学科文化传播，更重要的是为了让学生在接受优秀学科文化熏陶的过程中，深刻认识我国的优秀文化，从而不断地对其进行整合和创新，增强文化自信，为建设社会主义文化强国而努力奋斗。

第四，提升高校教育质量的功能。这主要是指高校体育课程思政对提升大学教书育人水平所起的作用。提升大学育人能力，巩固大学的持续竞争力，需要在培育人上下功夫，提升办学水平，突出办学特色，从而为国家输出优质人才，满足社会、企业对大学生素质的要求。而且，人才培养的质量也是衡量大学教育质量的重要因素，高校体育课程思政的推行，要求体育学科充分发挥课堂教学的主渠道，坚持知识传授和价值塑造相结合，教会学生踏实做人、认真做事，有助于从整体上提升大学教育质量。第一，从教学理念上讲，高校体育课程思政恪守协同育人。全国高校思想政治工作会议上，习近平总书记倡导，高校其他各类课程理应与处于核心课程地位的思想政治理论课共同发挥育人作用。高校体育课程思政的提出，将思想政治教育融入了体育学科中人才培养的各个环节、各个方面，实现了课堂教学中运动技能传授和思想政治教育的融合，不仅增强了体育运动的人文性，使教学内容更加丰富、生动，而且弥补了在体育课程教学中出现的育人环节的缺失，扩大了高校构建"大思政"格局的学科基础。第二，从教学特点上讲，高校体育课程思政坚持价值引领。高校体育课程思政的提出，旨在发掘体育课程中的思想政治教育元素,并将其融入课堂教学的过程中。这一教学过程区别于思想政治理论课,并非是对学生进行思想政治教育的系统理论知识的传授,而是在内容上突显该课程中所蕴含的思想政治教育的价值理念和育人思想,将社会主义核心价值观渗透到体育运动的教学中,在潜移默化中使学生形成正确的世界观、人生观以及价值观,实现对学生的价值引领,这在一定程度上直接影响着教学质量的"增值"以及大学教育质量的提升。

第二节 高校体育课程思政设计的理论基础

一、马克思主义人的全面发展理论

优质的教育,不仅要注重知识和技能堆叠的厚度,更应该关注体质、意志、道德品质和综合素养的高度,这是新时代建设高水平的全面发展的人才培养体系必须回答和解决的课题。基于马克思主义人的全面发展理论的视角,总结概括出高校体育课程思政设计所遵循的理论指导方针。

马克思认为,下一代必须接受自由而全面发展的教育,而不是受旧的分工体制的蒙蔽,将脑力劳动和体力劳动相分离。他说:"未来教育对所有已满一定年龄的儿童来说,就是生产劳动同智育和体育相结合。"在当时的马克思的思想观念中,他认为培育全面发展的人的唯一的方法,就是将生产劳动同智育和体育结合起来。在军事上,针对当时普鲁士士兵在军事训练上存在的弊端,马克思提出,为了向新的制度过渡,应该加强对士兵的体育和军事训练。在教育上,他主张通过体育的力量来增强学生的体魄,磨练其意志,并指出,开展教育,就是要做好这三件事情——第一,智育。第二,体育……第三,技术培训……在生活上,马克思批判资本家对工人人权的剥削,认为工人长期与机器为伴,没有机会参加"任何体育、智育或精神方面的消遣",可见,马克思极其重视人的全面而自由的发展,值得我们深思、借鉴。

"培养德智体美劳全面发展的社会主义建设者和接班人",是马克思关于人的全面发展理论,在当代党的教育方针范畴的最新发展理论和实践成果。早在社会主义建设初期,人的全面发展就是毛泽东的一贯主张,认为,学生在"德育、智育、体育几方面都应该得到发展"。同时,毛泽东指出,又红又专的劳动者,应该是德、智、体全面发展的劳动者,这应该成为社会主义国家开展教育所追求的根本目标,其中,德能够解决理想信念这个"红"的问题;智能够解决教育工作这个"专"的问题;体则为"又红又专"问题的解决提供了基础。在改革开放的春风中,我们党的教育方针得到进一步的发展,要明确"教育为社会主义现代化建设服务……培养德智体美全面发展的社会主义建设者和接班人"。

党的十八大以来,习近平总书记曾明确指出,要"优先发展教育事业",并强调,要办好人民满意的教育,提升素质教育发展,推进教育公平,"培养德智体美全面发展的社会主义建设者和接班人"。新时代、新形势,促进人的全面发展对教育也提出了新的要求,习近平总书记基于对人才培养的重要认识以及高校要培养什么样的人的思考,指出,"要努力构建德智体美劳全面培养的教育体系",立德树人应该贯穿思想道德教育、文化知识教育等各个环节。这彰显了中国特色社会主义制度下学校教育的培养目标。习近平总书记认为,办学要尊重立德树人的规律,以辩证的思维指出,"人无德不立,育人的根本在于立德"。并指出,基础教育要加强对学生的思想政治教育、品德教育以及社会主义核心价值观的教育,塑造学生自尊、自立、自信、自强的品质。在谈及高校的发展时,习近平总书记明确指出,"高校立身之本在于立德树人"。党的教育方针的历史演变,集中展现了我国对教育事业的重视与育人规律的遵循。在课程思政的教育理念下,积极推动高校体育课程改革,创新高校体育育人方法,提高体育在高校人才培养中的质量和水平,适应新时代背景下培育德智体美劳全面发展的社会主义建设者和接班人的诉求,就显得尤为必要。

二、人本主义教学理论

17世纪,作为一门重要的学科,教学论应运而生。最早对"教学论"一词进行应用的,一位是德国的教育家拉特克,认为教学成功的一个基本要求是懂得教的技巧;另一位是捷克大教育家夸美纽斯,在其著作《大教学论》中,对现代教学的原理和原则都进行了深入的剖析。随着学者们对于教学理论的深入研究,形成了教学理论领域"百花齐放"的局势。其中,人本主义教学理论的形成与发展成为了当前影响我国教学实践的重要理论之一,对新形势下我国高校体育课程思政的开展具有积极的参考价值。

美国学者弗兰克在其著作中强调,教育应该"满足人的基本需求",使人"向自我实现"的方向发展,才能使自己"成为最好的人"。人本主义教学理论的出现,打破了传统的以应试教育为中心的社会格局,更加注重人的素质教育,关注人自由而全面的发展,实现了教育的转型,回归了教育的本质。从哲学角度来看,人本主义教学理论将人的生命、人本身的存在放在了知识的前面,认为教育的本质既然是育人,那么就应该以人为中心,在教学活动中重视人的个性和才能的塑造,提高自我适应社会发展的能力,真正成为社会中的人。尼采尔认为,相较于我们所要学习的知识,生命这个个体显然更加重要,并指出,培养一个有良好的情感、态度以及正确价值观的创造者,是教育的首要任务。弗洛伊德则通过精神分析指出，现代教育应该把培育具有全面发展的人生观以及健全人格的学生作为追求的目标，使其成为一个对社会发展有益的人。从心理学角度来看，人本主义教学理论主张人的全面发展，倡导在教学过程中实现对学生的思想、态度、情感以及价值观的教育，认为，一个全面发展的人是有条件的——既在知识的学习和理解方面能力出众，又具有良好的情感和正确的价值观。而教育的重要作用，就是通过创造机会引导、培育学生的品格以及价值观，帮助学生实现全面发展。罗杰斯认为，教育应该培育具有独创性和责任感的人，帮助学生实现自我。并在心理咨询方法的基础上提出了非指导性教学，认为在教学活动中，必须重视师生关系的构建，教师在教学活动中承担着"促进者"的角色。对于人本主义教学理论中所蕴含的教学思想，可以从以下几个主要方面进行详细论述。

在教学目标上，人本主义教学理论强调自我价值以及全面而自由的发展。从马斯洛的需求层次理论来考虑人本主义中自我价值的实现，不难发现，从满足最基本的生理需求到逐渐在社交以及尊重需求中获得满足时，也就愈接近自我价值的实现。在教学活动中，自我价值的实现涵盖了诸多方面，主要表现为学生潜能的激发以及价值观的正确塑造；而全面发展则主要是指学生在德智体美各方面的均衡发展以及探究能力、创新能力、人际交往能力……的提升。高校体育课程思政坚持以人为本的理念，在激发学生运动潜能、增强学生体魄的同时，注重通过潜移默化的情意教育引导学生在价值观念形成中坚持正确价值取向，磨砺其意志品质，锤炼其集体精神，使其成长为合格的社会主义建设者，这是对人本主义教学理论的继承与发展。在教学原则上，人本主义教学理论倡导构建和谐的师生关系、营造和谐安全的教学氛围，鼓励教师要善于尊重学生、积极关爱学生，使学生在有爱的学习环境中增强学习的自信。马斯洛在论述其内在学习理论时指出，教师不仅要关注学生的学习，也要对学生的发展表示尊重，构建师生良好的合作关系，帮助学生实现自我发展。高校体育课程思政的开展，要借鉴人本主义教学理论的教学原则，既要构建和谐的师生关系，也要创造积极的生生关系，使学生在和谐的人际交往中增强为人处事的本领。在教学方法上，人本主义教学理论批判以往的规范化管理模式，而注重对学生的启发与引导，特别是感受性的训练方法，更容易在教学过程中使学生加强情感体验，形成正确的价值观。高校体育课程思政具有实践性、感染性强的显著特点，借鉴人本主义教学理论所倡导的教学方法，在体育运动中加强对学生的引导和启发，使学生在参与体育运动中形成良好的品格，健全的人格，是体育课落实立德树人目标的有效形式。

当前，在我国体育教学实践中，重技术动作教授、轻精神价值引领的问题依旧突出，体育教学工作者对于人的全面发展的理解，还不够深刻、彻底。以人本主义教学理论作为高校体育课程思政的理论基础，在尊重学生个人潜能的基础上，对学生进行思想、价值的引领，遵循了以人为本的发展规律，有助于在教学中满足学生全面发展的需要。

三、社会中心课程理论

一般而言，课程论就是将课程作为对象进行专门研究的理论。随着课程实践的不断发展，课程论也在不断地繁荣和分化。1949年，泰勒在其专著《课程与教学的基本原理》中，围绕学校的教育目标、教育经验、经验的组织以及目标的实现四个角度，探讨了课程原理问题，是现代课程理论的基石。20世纪中叶以后，现代课程理论划分为多个流派，这些课程流派的争鸣，也对我国课程理论的发展产生了深远影响。根据体育课程教学形式多样、实践性强的特征，以及高校体育课程思政培养时代新人的任务，应用社会中心课程理论指导高校体育课程思政的开展就更为科学。

社会中心课程理论将课程设计的中心放在了现实社会中存在的问题上，注重搭建课程与社会、教育和社会相联系的桥梁，主张学生从教科书以及作业中解放出来，从社会实践活动中提升学生解决社会实际问题的能力。这种课程观强调从现实世界中获取知识的重要性。社会中心课程理论的主要代表人布拉梅尔德，从其所处的时代出发，认为教育承担着重要的职责促进世界发生变化。而要达到这样的目标，必须采取有效的途径——学习。这为高校体育课程思政扭转以往体育教学中唯技术动作、唯分数论的局面，提升学生人际交往能力、实践能力等奠定了理论基石。在组织方式上，社会中心课程理论倡导设计教学法，尤其是在一些团体活动中，要创设情景使学生向着共同的目标努力，发扬团体协作的精神。在角色定位上，社会中心课程理论认为，教师是构建团队、创造合作环境的促进者，学生是处于团队情境下的个体，在团体行动下学得技能、收获经验。

借鉴社会中心课程理论，实行高校体育课程思政，对高校体育课程进行改革，需要做好几方面的工作。第一，社会中心课程理论注重课程、教育、社会的联系，将改造世界的目标寄希望于教育，认识到了教育的重要性、课程的重要性，值得高校借鉴。在开展高校体育课程思政的过程中，要明确高校体育课程思政开展的目标，在向学生传授知识的同时，实现对学生的精神引领，落实立德树人这个时代性的任务，为社会培养人，为民族塑造人。第二，社会中心课程理论倡导学生在实践中学习，在集体合作中完成任务。这就为高校体育课程思政的开展提供了方法上的思路——教师要善于引导学生在体育运动这一特殊实践中领会体育运动中所蕴含的育人思想；发挥体育课所具有的集体性活动的优势，使学生切身体验竞争合作、诚信互助等人生品质的重要性。第三，社会中心课程理论同样注重师生关系的构建。因此，为了推动高校体育课程思政的顺利开展，必须解决好教师和学生的关系问题。作为课程活动的组织者,体育教师要尊重学生的能动性,激发学生运动的积极性和自信心。在为学生创造适宜的学习环境的同时,也要及时给自己"充电",自觉关注社会发展,善于从社会中学习相关学科知识,并将其应用于课程设计中。

第三节 高校体育课程思政的必要性与可行性

一、高校体育课程思政的必要性

第一,是实现立德树人根本任务的需要。在我国,古人有"三不朽"之说,即立德、立功、立言。其中,居于首位的是立德,这就向世人揭示了一则人生信条:德是为人处世、求学求真的基础。对于处于时代洪流下的新青年,立德是第一要务,也是人生的必修课。习近平总书记向来重视立德的问题,他说:"高校立身之本在于立德树人。"并以辩证的思维方式指出:"人无德不立,育人的根本在于立德。"高校作为培育高素质人才的主要阵地,办好社会主义大学,就要在人才培养上尊重立德树人的规律,切实抓住树人的核心,真正牢筑立德的根基。具体来说,造就立志于实现中华民族伟大复兴的千秋伟业的时代新人,高校就必须凝聚各门各类学科的育人力量,在立德树人的"大考"中做出好文章,这是站在党和国家长远发展的历史征程上做出的重要安排。高校体育课程思政的开展是高校贯彻党的教育方针,将立德树人这一根本任务内化为体育教学的各环节、各方面的生动而具体的体现,不仅致力于提升大学生的体魄,使其拥有健康的身体素质,而且更加关注大学生的品德修养,在引导大学生奉行社会主义核心价值观上开足马力,扭转了体育课堂上唯运动技术、唯达标成绩而论的顽瘴痼疾,有助于大学生在道德品质以及身体素质上实现双赢。

第二,是加强高校三全育人的需要。《关于加强和改进新形势下高校思想政治工作的意见》中明确提出,要坚持全员、全过程、全方位的育人格局。全员从育人主体上指出,学校的所有教师都肩负着育人的使命;全过程从时间维度上指出,要把思想政治教育从学生入学绵延至离校;全方位从空间维度上指出,要将学校内的各部门、各业务等串联起来,形成文化育人、实践育人、教书育人……的大格局。这一部署,既能够整合当前我国的教育资源,也是对当前育人格局的一次重构。当前,我国正处于实现中华民族伟大复兴的重要历史时期,对人才培养的目标更加明确,对人才培养的要求更加严格。积极整合优质的育人资源,打造各学科联合育人的格局,是高校在新时期必须编织好的"育人网"。而且,我们也必须关注这样一个现实问题:社会经济的迅猛发展以及各种文化的相互激荡给大学生自身的身心发展创造了更多的优越条件的同时,也带来了一定的消极影响。多渠道夯实大学生人格历练的基石,以及塑造大学生的意志品质,在实践中锻炼大学生的自我判断能力,提升其独立选择能力,已然成为了目前高校开展思想政治教育不容忽视的重要问题。高校体育课程思政的实施,是对体育教师育人意识和责任的激发;是对体育课程的育人优势以及体育课程所具有的教育资源的充分发掘;是将思想政治教育的核心内容融入体育教学的各个环节的体现。这一举措,是高校对构建三全育人格局的具体响应和落实,奏响了高校在高校体育课程思政三全育人中的"交响乐"。

第三,是体育课程与思想政治理论课同向同行的需要。党的十八大召开至今,以习近平总书记为中枢的党中央把高校思想政治教育工作提高到了前所未有的高度。全国高校思想政治工作会议意义深远,习近平总书记发起时代号召,"要用好课堂教学这个主渠道……使各类课程与思想政治理论课同向同行,形成协同效应"。在党的十九大报告中,习近平总书记明确指出,要"加强和改进思想政治工作"。全国教育大会非同凡响,习近平总书记鼓励各学校与时俱进,"要努力构建德智体美劳全面培养的教育体系","要树立健康第一的教育理念,开齐开足体育课,帮助学生在体育锻炼中享受乐趣、增强体质、健全人格、锤炼意志"。上述重要讲话实则表明一个主旨:高校思想政治教育工作的开展与改革是进一步加强和改进思想政治工作的重要途径,推动高校思想政治教育工作取得实效性进展离不开高校其他课程的相互配合和支持。体育课程作为高校课程的一个重要构成因素,在高校课程中扮演着重要的角色,与思想政治理论课有着同样的育人目标,对于促进人的全面发展具有重要作用。高校体育课程思政的实施响应了党的教育方针,将体育课纳入了对学生进行思想熏陶、政治引领这一轨道上来,是体育课程和思想政治理论课同向同行的具体举措。

二、高校体育课程思政的可行性

第一,体育课程蕴含着丰富的思想政治教育元素。毛泽东在《体育之研究》一文中指出:"体者,载知识之车而寓道德之舍也。"这也就是说,人们在进行体育运动时,会面临运动带来的困难,正是在克服困难的进程中,体育运动在潜移默化中培养了人的运动道德、陶冶了人的运动情操。体育作为全面发展教育的重要组成部分,能够使学生在体育锻炼中"享受乐趣、增强体质、健全人格、锤炼意志",蕴含着体育独特的育人优势。一是体育运动需要对学生的身体施加一定负荷量。学生在体育运动中会产生一系列肌肉酸痛、呼吸困难等生理反应,不可避免会使学生对体育运动产生排斥抗拒心理,这就要求学生积极克服体育运动中出现的困难,练就顽强的毅力。在这一过程中,不仅增强了学生体质,而且有利于锤炼学生的意志。二是体育运动强调学生要将一定的规范性意识牢记心中。在体育运动的参与过程中，队列队形、团体比赛、动作技术等都有相应的规则限制，这就要求学生在参与体育运动时严格遵守纪律，增强服从意识。三是体育活动项目具有多样性，在培养学生的运动能力的同时，也使学生在运动中收获了乐趣。且不同的运动项目对学生素质提出了不同的要求。在体育运动中，既有技能技巧的训练，也要有意志品质的培养，既追求健康、强健、健美，又尊崇公平、公正、公开，向往团结、合作、友爱，有助于学生在享受运动带来的快乐时提升个人的人格魅力。由此可见，体育中思想政治教育功能异常显著，这与高校矢志不渝地开展大学生思想政治教育是相辅相成的，为高校体育教师育人工作的开展提供了资源优势。

第二，体育课教学形式直观、多样，有助于更好实现思想政治教育的功能。潜移默化是思想政治教育的最高境界，它往往通过把教育的意向、目的隐藏在与之相关的载体中，使个体能够在耳濡目染、亲身体验中，不知不觉达到预设的效果。大学生世界观、人生观、价值观的确立，以及行为规范的养成，都需要有动态的品德实践和体验的过程。高校体育课作为公共课程，是一门实践类课程。在体育课堂上，体育教师或通过肢体语言向学生示范运动技巧、或通过口语表述向学生介绍运动规范、或采用多媒体画面向学生呈现教学内容；学生或通过自我练习掌握运动技巧、或通过与他人合作练习提升运动能力……在这样直观、生动、多样的教学形式中，大学生能够在自我运动参与和亲身体验中感知体育精神，对在体育运动中所展现出来的规则意识、竞争意识、合作意识、责任感等，更容易获得直接的情感冲击，会让大学生产生一种不由自主的融入感和参与感，从而更加深刻地接受这一教育，是对大学生进行思想政治教育并更好地实现思想政治教育功能的重要途径。

第三，体育教学环境有助于强化思想政治教育的效果。从物质环境层面讲，体育教学主要是在空旷的室内或者室外进行的，学生并非井然有序地坐于规划好的座位上，老师也并非居于三尺讲台上，而是共处于一个开放的、互动的环境中。高校体育课程思政在这样相对轻松的教学环境中开展，学生更容易在情感上、在实践中感知体育所倡导的精神及其思想内涵。从心理环境层面讲，在体育教学环境中，存在着一种特殊的人际关系：学生要处理好学生与学生的关系，也要处理好学生与教师的关系，教师要处理好教师与教师的关系，也要处理好教师与学生的关系。在这样的人际交往互动中，教师在掌握学生心理规律的基础上，因地制宜对引导学生感悟运动中所传递的思想价值；学生在与他人相处的过程中，懂得合作、诚信等品质的重要性。这种在运动中弘扬德育、在参与中感知德育的寓教于行的教学环境，能够在一定程度上激起学生对思想政治教育的认同和理解，从而促进学生达到知、情、意、行的高度一致，提升并巩固思想政治教育的效果，拓宽了思想政治教育时效性增强的渠道。

第九章　课程思政与高校体育教学融合的途径

第一节　高校体育课程思政设计的基本原则

一、以马克思主义为指导的原则

作为立党立国的根本指导思想的马克思主义，也是高校坚持社会主义办学方向的根本指导思想。高校作为宣传社会发展主流思想的重要阵地，各专业各学科在开展教育教学工作中，都应该以马克思主义为指导。在高校体育课程思政设计中坚持以马克思主义为指导的原则，就是说高校体育课程思政的开展应始终与我国社会主义发展的要求保持一致，坚持正确的政治导向，传播优秀体育文化，彰显社会主义核心价值观。

第一，巩固马克思主义在高校意识形态教育中的指导地位。当前，针对敌对势力对我国文化实行西化、分化的图谋依旧严峻的局势，以及青年学生在市场经济的冲击下造成的思想动荡、信念缺失等问题，高校必须坚守主流阵地，发挥其在意识形态教育中的中流砥柱作用，积极多角度、全方位做好高校的思想政治教育工作。在高校体育课程思政中坚持马克思主义的指导，就是要积极挖掘蕴含在高校体育课程中的思想政治教育资源，发挥体育课在思想政治教育中的促进作用，增强高校体育课程思政的方向性。譬如，体育课程中的集体性运动项目的开展，要求学生善于处理集体与个人的关系，保持与他人良好的伙伴合作关系，这是对大学生进行集体主义教育的有利时机；运动竞赛中，要求学生自觉遵守规则，明确自己的职责，这有助于提升学生敢于担当的责任感和遵守组织纪律的意识……这些丰富的育人资源能够使学生在体育运动中得到教育和启发，既达到了锻炼身体的目的，又能够有效引导学生从意识形态的高度抓住社会所抛出的准绳。1994

年1月，在全国宣传思想工作会议上，江泽民指出，"要在坚持建设有中国特色社会主义理论和党的基本路线的指导下，大力倡导一切有利于发扬爱国主义、集体主义、社会主义的思想和精神，大力倡导一切有利于改革开放和现代化建设的思想和精神，大力倡导一切有利于民族团结、社会进步、人民幸福的思想和精神，大力倡导一切用诚实劳动争取美好生活的思想和精神"。这一讲话精神引领了高校进行爱国主义、集体主义、社会主义思想工作的方向，是高校体育课程思政创新发展马克思主义，对学生进行意识形态教育所不容忽视的时代内容。

第二，把社会主义核心价值观融入高校体育课程思政的各个环节。作为马克思主义道德价值理论在中国的本土化发展，社会主义核心价值观始终坚守马克思主义的立场，坚持马克思主义的观点和方法，从整体上将国家、社会、公民紧密地结合在一起。高校体育课程思政是高校坚持立德树人、培育新时代优秀人才的重要举措，将学生的身体素质与精神价值素养和民族的繁荣发展融为一体，旨在培育合格的社会主义建设者，这是对马克思主义的继承与创新。高校体育课程思政的开展要善于从社会公德、职业道德以及个人美德等视角引导学生，营造社会主义核心价值观培育的情景和氛围，使其像空气一样成为学生成长发展必不可少的营养元素，使大学生能够在体育运动中增强对社会主义核心价值观的深入理解。同时，倡导、弘扬社会主义核心价值观必须要有"领头雁"。作为开展高校体育课程思政的第一责任人，体育教师必须做到言行一致，以身作则，积极关注社会发展，了解国家方针政策，自觉提升自己的政治敏锐性和政治鉴别力，能够站在维护党和国家利益的高度、站在建设社会主义现代化强国的高度，积极推动体育课程的改革，真正成为中华优秀体育文化和中国特色社会主义核心价值观的传播者，真正成为让学生满意、社会放心的教育工作的行家里手，以自身的人格魅力感染学生，做到"学为人师，行为世范"。

二、问题导向性原则

英国哲学家培根说过这样一句话：凡事若以肯定开始，必以问题结束；以问题开始，必以肯定结束。强化问题意识，坚持问题导向，是开展高校体育课程思政教育教学实践活动的逻辑起点。

一方面，坚持问题导向性，就要做到敢于正视问题、善于发现问题。当前，在高校体育课程中存在着以下几个方面的突出问题：从体育教师的综合素质层面来讲，部分院校注重对学生德育、智育的培养，而忽视了体育在培养学生健全人格中所起的积极作用，因此，缺乏对体育教师的教育教学能力的关注与重视，直接导致部分体育教师在教学活动中"厚此薄彼"——重视学生的体育运动能力，而对学生其他方面的引导教育有所懈怠；从教学理念层面来讲，绝大多数体育课程的开展只是为了完成学时任务，注重达标成绩，把体育课堂当作了进行单调的运动训练的场所，未能真正理解体育的价值和内涵；从教学内容层面来讲，虽然强调速度、标准，却忽视了体育精神的塑造，对于技术动作的讲授占据了较多时间，对于体育历史以及优秀体育文化则鲜有涉及，课堂理论教学的开展也微乎其微，教学内容缺乏生动性和感召力，未能发挥体育课程的育人优势。这些问题是进行高校体育课程思政设计不容忽视的现实问题，也是高校体育课程思政开展的重要突破口。

另一方面，坚持问题导向性，必须做到科学研究问题，精准解决问题。《关于深化体教融合促进青少年健康发展的意见》中明确指出，学校要加强体育工作，帮助学生在体育锻炼中享受乐趣、增强体质、健全人格、锻炼意志，培养德智体美劳全面发展的社会主义建设者和接班人。结合当前我国体育课程中存在的一些问题，该意见的出台为更好地发挥我国学校体育的育人优势指明了方向，也为高校体育课程思政的开展提出了要求。因此，高校体育课程思政在开展过程中要切实解决好以下问题。一是要在提升体育教师的综合素质上下功夫。在涵养自己的政治素养、道德素养、思想素养的过程中，体育教师要自觉学习和探索习近平新时代中国特色社会主义思想，使真理的旗帜时时在自己的脑海中飘扬，进而在教学实践中践行以人为本、立德树人的真谛，在向学生传授运动技巧的同时，找准时机、创造时机引导学生树立正确的价值取向。二是要积极拓展高校体育课程的教学内容，立足课堂主阵地，从大学生的需求出发，把增强大学生体质与坚定大学生理想信念相结合，把倡导健康的生活方式与推动大学生积极"走下网络、走出宿舍、走向操场"相结合，把普及体育文化知识和传授运动技巧相结合，把体育强国梦教育融入课堂教学中，运用高校体育课程实践性优势，引导学生在认知、情感、行为中保持一致，发挥高校体育课程的育人作用。三是要挖掘体育的教育功能。体育课以培养运动技能为中心，但是随着人们对健康生活方式的追求以及精神文化需求的提升，体育也展现出了越来越大的价值和意义，挖掘体育的教育功能，弘扬积极、团结、拼搏、向上、坚持等体育精神，促进大学生的全面发展，让大学生在运动中感知、理解体育精神，已经成为体育课改革的新曙光。在强国梦背景下，培养高质量的体育人口是实现体育强国的必要条件，为了避免体育人口的流失，学校作为主要的育人阵地，无疑是对学生进行终身体育教育的最重要的渠道之一。

三、可操作性原则

对高校体育课程思政设计进行研究，目的在于为高校体育课程思政的实施提供可借鉴的思路与方法，使体育教师在课堂教学实践中自觉融入思想政治教育元素，实现体育课堂教学过程中知识传授和价值引领的有机结合，推动高校体育课程思政的顺利开展。因此，对于高校体育课程思政的目标设计、内容设计、实施设计等必须便于体育教师理解、掌握、认可，并且主动付诸于教学实践活动，这就要求在对高校体育课程思政进行设计时突出可操作性。

第一，高校体育课程思政设计应从现实情况出发，在目标设计、内容设计以及实施设计等方面，都要综合考虑学生的实际需求、本学校体育教学的实际情况以及社会发展的要求。比如在制定高校体育课程思政的目标时，既要考虑体育教师的执行水平和质量，也要考虑大学生的接受认可能力，要善于结合学校的办学风格和特色以及当前体育课程中存在的问题来拟定目标，在言语表达上更要注意简明扼要、通俗易懂、切实可行，避免目标制定的理想化和空洞化。在高校体育课程思政内容设计方面，要求体育教师不仅要善于从高校体育课程中撷取多彩、丰富的思想政治教育因素，还要本着与时俱进的教学理念，积极从时事热点中筛选出适合作为课堂教学内容的丰富素材。同时，为达到理想的教育效果，体育教师要对所选取的内容进行整合分析以及组织安排，做好高校体育课程思政教学的前期准备工作，这是作为一名教师应该具备的职业素养。

第二，突出高校体育课程思政设计的可操作性，要在融进共性的基础上，突出体育课程的特性。高校体育课程思政的实施不仅要遵循课程思政所倡导的育人思想，还要着重考虑高校体育课程的教育教学原则和规律。不同于其他的学科教学，体育课程是学生通过自身身体运动参与的课程，具有极强的实践性和感染力。在体育教学活动中，老师和学生同处于开放空旷的环境中，或室内教学，或室外授课，体育教师不仅要通过语言表述来传达信息，更要通过自身高标准的动作示范来引导学生进行学习模仿，以规范技术动作。这是高校体育课程开展的实践性优势。因此，高校体育课程思政的开展就要立足于体育课程的优势，既不能把体育课上成思想教育课，又要借助丰富多样的体育课程内容，将蕴含在体育运动中的思想政治教育因素通过体育教师的循循善诱，贯穿于体育教学的全过程，使大学生在参与体育运动的过程中实现情感的升华，以"盐溶于水"的方式培育其爱国心，增强其报国志。

第二节 高校体育课程思政目标设计

一、高校体育课程思政的目标体系及其关系

从高校体育课程思政目标的结构层面来讲，由于各所大学面临的实际情况以及体育课程设置的不同，可以从不同的角度去构建高校体育课程思政的目标体系。

课程思政的实施，有其所要达到的预期结果。在2016年12月召开的重要会议——全国高校思想政治工作会议中，党的领导人和各高校大家深入探讨了思想政治教育工作的相关问题，习近平总书记号召各高校在开展教育教学活动中，要始终将立德树人贯穿其中，在着力为"思想政治教育亲和力和针对性"的提升筹谋的同时，要不断精准发力，使学生茁壮成长的发展需求和期待得以实现，全力推动"各类课程与思想政治理论课同向同行"，实现众学科协同育人的美好蓝图。深入领悟习近平总书记所倡导的核心思想要义，使各类课程在教育教学过程中能够实现"价值性和知识性相统一"、"显性教育和隐性教育相统一"，积极构造全员、全过程、全方位的育人格局，打造高校"思政共同体"，培育和造就有理想、有道德、有担当、有知识、有纪律的新时代合格建设者和优秀接班人，是高校开展课程思政的出发点。它反映了新时代对大学生的要求，也是高校教育工作者为落实立德树人的根本任务理应认同的教育理念，是各高校必须统一遵循的总要求。

高校体育课程在高校课程体系中的地位举足轻重，和其他课程一同担负着育人的职责和使命，都致力于国家教育目的和教育目标的实现，满足大学生健康成长发展的需求。高校体育课程思政的实施是对课程思政的具体贯彻落实，是对体育课程中所蕴含的思想政治教育资源的充分挖掘和运用。它是各高校根据自身的实际体育教学情况开展的教育实践活动，是思想政治教育活动在体育课程中的生动呈现。从这个意义上讲，高校体育课程思政目标就是课程思政目标在体育教学活动中的具体化，是大学体育开展课程思政所要坚持的总体方向，体现的是体育教学活动中普遍的、宏观的、总体的、终极的教育价值。

各年级各项体育运动项目的课程思政目标是高校体育课程思政目标的下位概念，反映的是各个学校在各个年级以及各项体育运动中对受教育者，即大学生所提出的特殊要求，是高校体育课程思政目标在各项体育运动项目中的具体化。也就是说，在高校体育课程思政开展的过程中，根据不同的体育课程内容、体育实践活动，高校体育课程思政的目标也应该有所侧重。

三者的关系是，课程思政目标决定高校体育课程思政目标的状态、内容和方向，高校体育课程思政目标的制定要体现课程思政目标的要求，高校体育课程思政目标决定各年级各项体育运动项目的课程思政目标的状态、内容和要求，各年级各项体育运动项目的课程思政目标的制定要体现出高校体育课程思政目标的要求。

二、高校体育课程思政目标设计的依据

水有源，树有根，一切事物都不是凭空产生与发展的，均有其出现的历史必然性，换句话说，一切事物的产生与发展皆有理可依有据可循。高校体育课程思

政目标的设计自然也有其遵循的基本依据。

首先，大学生全面发展的需要是高校体育课程思政目标设计的最基本依据。需要，是社会生活中的个人，在面临生活中所出现的这样或者那样的欠缺时，企图通过一定的方式以获得满足的一种常见的心理状态，它通常以外在的生活境遇或者个人自身的机能所表现出来的要求呈现在我们的头脑中。高校体育课程思政遵循以人为本的理念，其基本职能就是在促进大学生身体机能健康发展的同时，实现对大学生的精神引领，提高和巩固大学生的思想道德素质。因此，高校体育课程思政目标的设计应该充分了解大学生所思、所想，满足大学生身心发展需要和规律，只有这样，高校体育课程思政目标才是科学的，才有利于在实践中发挥指导作用。否则的话，不仅难以达到目的，反而起到消极的作用，使大学生失去了对于学习体育课的兴趣。

其次，当今社会的形势要求也是高校体育课程思政目标设计可遵循的依据。大学生的个体发展总是与社会发展交织在一起的。当前，我国正处于全面建成小康社会和建设社会主义现代化强国的重要历史机遇期，培养既具有健康的体魄，又具有良好的心理素质；既具有专业的职业技能，又具有高尚的职业道德的堪当大任的21世纪新人，是高校落实立德树人的根本任务，向未来社会的发展以及全人类的共同进步事业交出满意答卷的一个重要环节。高校体育课程历来被高校视为众多课程中的重要组成部分，在淬炼人、培养人、塑造人的过程中具有重要的育人价值，在推进健康中国建设中发挥着应有的促进作用。面对社会的变迁和发展，高校体育课程思政目标的设计应体现出这些要求，更应该反映出未来社会发展的趋势。

最后，高校体育课程思政目标应根据体育学科的发展进行设计。从文化学的角度来看，文化的基本构成和集中体现就是分门别类的学科，而课程设置的目的主要包括两个方面的内容，继承人类的文化遗产以及发展人类的文明。体育学科在本质上呈现并传承了体育文化的内在构成要素，汇集了体育文化的精髓，是学生掌握体育知识、继承体育文化的基本途径。高校体育课程思政的开展需要体育知识、优秀体育文化的支撑，因此，体育学科的知识和发展理应成为设计高校体育课程思政目标的基本依据之一。

三、高校体育课程思政目标确定的原则

长期以来，我国的教育实践经验表明，学校课程目标的确定并不是一锤定音的结果，而是需要得到众多学科专家和教师的广泛认可。因此，在确定高校体育课程思政目标时应遵循以下基本原则：适应性、可行性、相融性。

适应性，即高校体育课程思政目标的确定应综合考虑大学生的心理特征以及

知识层次。大学生作为知识层次较高的社会群体，其理解能力、判断能力、接受能力皆得到了明显提高，所以，高校体育课程思政目标的制定应该从大学生这一群体的实际状况出发，力求实现高校体育课程思政目标与大学生的自我发展完善的高度契合。同时，由于所处地区、学校办学特色、以及大学生所处年级等客观差异性的存在，设计者在确定目标时，既要体现国家教育目的的普遍性，也要根据各自地区、学校、年级群体的实际情况体现其特殊性。

可行性，即高校体育课程思政目标应该是大学生在体育课程中所能达到的力所能及的目标，是大学体育教师在教育教学实践活动中可以接受的、能够执行的目标。因此，设计者在制定高校体育课程思政目标时，要充分考虑目标实现的有利因素和不利条件，注重目标的可操作性。如果该目标脱离了学校实际情况，忽视了体育学科的特点以及大学生的接受程度，过于理想化，即使其再完美，也无异于空中楼阁，终究是纸上谈兵。

相融性，即指设计者在确定高校体育课程思政目标时，应注重推进大学生个人目标和课程目标相融合。当前，关于"不忘初心、牢记使命"主题教育活动正在如火如荼地进行，作为大学生，每个人都有自己所要坚守的初心、践行的使命，而这也正是大学生的个人奋斗征程。在风起云涌的时代洪流下，无论恪守怎样的初心，都始终要和中华民族复兴的伟大梦想有着千丝万缕的联系，都要弘扬社会正能量。学校课程目标的严格落实，在引导大学生树立正确的价值取向和奋斗目标方面，作用不可忽视。因此，在制定高校体育课程思政目标时，要善于将大学生的个人目标和课程思政的目标完美融合在一起，这样不仅能够激发大学生参与体育运动的兴趣和热情，还能达到良好的教育效果。

四、高校体育课程思政目标的定位

定位，一般是指通过勘察等方式指出或确定方位。南朝刘勰指出："《诗》有恒裁，思无定位，随性适分，鲜能通圆"。这里的定位含有一定的规矩或范围的意思。高校体育课程思政目标决定着高校体育课程思政开展的方向，对于高校体育课程思政内容的选择和教学方法的选取具有重要的影响。对高校体育课程思政的目标进行定位，就是要明确高校体育课程思政顺利开展所具备的条件、所实施的历程以及最终所要达到的效果。

条件目标，是指为实现高校体育课程思政目标所拥有的主观条件以及客观条件，主要包括体育教师的数量和质量、运动场地以及器材设备、体育运动项目类别和体育经费等条件。具体表现为体育教师的数量是否充足、体育教师是否具有强烈的育人意识、学校在运动场所的设置以及器材设备的配置上是否完善、体育课程的开展是否丰富多样、体育经费是否充足等。如表9-1所示。

表 9-1 高校体育课程思政条件目标

条件分类	内容	具体表现
主观条件	体育教师的数量和质量	体育教师队伍强大 体育教师有信仰、重师德
客观条件	运动场地以及器材设备体育运动项目类别 体育经费 ……	运动场所和器材设备完善 体育课程教学内容丰富多样 体育经费充足 ……

过程目标，是指在一定的体育教学阶段中，高校体育课程思政目标实施的经过或发展的历程，主要包括对于高校体育课程思政的研究、体育教学、体育教师的学习进修等实施措施、经历。具体表现为大学体育教师是否积极主动研究课程思政并挖掘高校体育课程中所蕴含的思想政治教育资源、是否在体育教学中对大学生进行价值观的渗透、学校是否定期组织大学体育教师进行政治理论学习等。

效果目标，是指高校体育课程思政目标的最终实施效果，主要包括学校体育过程的教育、教养、发展等达到的实际效果，具体表现为心理健康目标、道德品质目标以及社会适应目标（如表9-2所示）。值得提出的是，在我国近代史上，有两位著名的历史人物曾对学校体育的重要性及目标进行了深刻论述，一位是中国共产党创建时期的重要领导人之一——恽代英，另一位则是中国共产党的伟大领袖——毛泽东。恽代英同志在《学校体育之研究》一文中提出，"救文弱之弊"、"保学生之健康"、"改良社会风俗"、"屏绝少年入恶之门"和"正娱乐"等教育思想，他所倡导的体育观值得我们很好地学习与继承。恽代英同志指出，"学生不但使之强健，且应使之知所以强健之理；不但应使之健康，且应使之所以保健康之法"，并倡导所有学生都应该将体育作为一种习惯，经常锻炼，他说："学校之所谓体育，应对各学生，无论其体质强弱，平均加以注意"。可以看出，恽代英同志十分重视体育的重要作用，希望通过体育来启发民众，割除社会之陋习，增强民众体质。而在1917年发表于《新青年》杂志中的《体育之研究》，毛泽东同志则根据当时的国情，从辩证唯物主义的高度全面阐述了体育的意义、作用以及体育和教育的关系等。文章开头就指出了当时我国所面临的严重问题，足以表明毛泽东当时的复杂心境。他这样抒发内心的感慨："国力荼弱，武风不振，民族之体质日趋轻细，此甚可忧之现象也。"这足以表明他强烈地渴望民族体质能够提高的决心。毛泽东在文章中明确提出：体育的目的，不仅在于养生，还在卫国。体育的效用在于：强筋骨，增知识，调感情，强意志。毛泽东指出了体育对于身体、知识、情感和意志的重要作用，这为我们在新时代深入研讨高校体育课程思政的目标具有极大的参考价值。

表 9-2　高校体育课程思政效果目标

目标分类	主要表现
心理健康目标	1.培养积极的自我价值感 2.提高调控情绪的能力 3.形成坚强的意志品质 4.具有预防心理障碍和保持心理健康的能力
道德品质目标	1.厚植爱国主义情怀 2.具有敬业精神 3.懂得尊重他人 4.具有团队协作意识
社会适应目标	1.具有和谐的人际关系、良好的合作精神和体育道德 2.具有积极的社会责任感

第三节　高校体育课程思政内容设计

一、高校体育课程思政内容选择的指导原则

作为构成课程的基本要素，课程的内容与课程的设计、课程的目的、课程的评价、课程的实施之间有着千丝万缕的联系，课程内容影响着课程设计的组织，课程目的决定着课程内容的选择，课程评价检测着课程内容的效应，课程实施推动着课程内容的实现，从这个意义上讲，课程各个环节的开展都是围绕课程内容这个基本问题展开的。因此，为使课程内容的选择与课程价值观、课程结构观以及课程设计观相符合，在选择高校体育课程思政的内容时，要遵循一定的原则。

此外，高校体育课程思政的开展不是新开了一门课，而是借助体育课程的平台，挖掘体育课程中的思想政治教育因子，使学生在身体机能得到锻炼的同时，潜移默化地提升自己的内在品质。因此，高校体育课程思政内容的选择理应从高校体育课程本身出发，综合考虑高校体育课程的特点和规律。根据学者们对高校体育课程内容选择的相关研究，从以下几个方面探讨了高校体育课程思政在内容选择上应注意的原则。

第一，健身性和价值性相结合的原则。即在选择课程内容时，既要使所选择的体育运动紧扣体育课程的主要目标，坚持健康第一的指导思想，使大学生在体育运动中掌握运动技能，增强体魄，也要重视挖掘蕴含在体育运动中的思想政治教育资源，发挥这些教育资源在引领大学生树立正确的价值观方面的重要作用，使大学生在不知不觉的体育运动中提升自强、自信、自立、坚毅、勇敢、顽强等

意志品质和尊重他人、团结友善、遵纪守法等道德品质。

第二，时代性和传承性相结合的原则。即在选择课程内容时，既要使所选择的内容紧跟时代步伐，贴近生活实际，能够反映出当前体育教学内容改革的最新成果，满足大学生在新时代对体育运动的发展需求，又要注重弘扬我国民族优秀传统体育文化，善于将传统的体育运动项目引进校园体育课堂，让学生在丰富多彩的体育运动中感悟中华文化的魅力，进一步增强大学生的文化自信心和自豪感。

第三，科学性和可行性相结合的原则。即在选择和构建高校体育课程思政内容时，既要保持所选择的内容与体育学科发展相适应，与高校体育课程的教学内容具有直接的相关性，尊重各高校体育课程的设置和安排，尊重体育教学的规律与特点，又要考虑学校体育课程的实际情况以及大学生的可接受能力，以确保高校体育课程思政的顺利开展。

第四，预设性和发展性相结合的原则。即在选择和确定课程内容时，既要尽可能选择那些相对成熟的、稳定的、科学的、正确的高校体育课程所蕴含的思想政治教育资源来填充课程内容，从而确保既定目标的实现，又要主动关注社会发展，为课程内容增加新的符合社会发展要求以及大学生健康发展需要的课程资源，增强高校体育课程思政的社会适应性。

二、高校体育课程思政的主要教育内容

《高等学校课程思政建设指导纲要》中提出，课程思政建设要围绕政治认同、家国情怀、文化素养等内容供给，对学生系统进行中国特色社会主义教育和中国梦教育、社会主义核心价值教育、法制教育等，提升学生的理想信念以及高校育人成效。结合大学体育所蕴含的思想政治教育资源，高校体育课程思政的开展，要在以下几个方面引导大学生在体育运动中树立正确的价值观念、坚定理想信念的基石，激发大学生建设社会主义现代化强国的责任感和使命感。

第一，身心健康教育。新时代，大学生不仅要具备丰富的知识、开拓创新的科学精神，也必须保持健康的身体和心理，这样才能在日益竞争激烈的社会中赢得主动权。体育课程以人体自身运动为中介，在提高学生身体健康的同时也有助于增进学生心理健康。首先，大学生在参与体育运动时，需要视觉、听觉、触觉等感觉器官的配合，从而来感知动作的要领，形成运动记忆，这一过程有助于促进大学生思维的灵活性，提升其认知能力；其次，大学生在参与体育运动的过程中，使得产生情绪的有关各皮下中枢的调节能力得以改善，不仅对于大学生的情感自控能力具有积极作用，而且能够使大学生在积极健康的情绪中克服体育运动过程中带来的外界以及自身思想上的各种障碍，磨炼大学生的意志品质；最后，在体育运动中，来自各个班级各个专业的大学生广泛接触，扩大了人际交往的范

围，容易使大学生在体育运动中消除心理冲突，产生亲近感，有助于提高大学生的社会适应能力。因此，充分发挥高校体育课程的独特优势，在高校体育课程思政开展中对大学生进行身心健康教育，使大学生形成完整的健康观，这不仅是高校体育课程思政在开展过程中不容忽视的主要内容，也是大学在人才培养中的客观要求。2020年，面对突如其来的新冠肺炎疫情，体育在线教学也随之展开，体育教师在强调技能教学的同时，也积极向学生普及、推广健康知识，对学生进行心理疏导，增强了学生抗疫的信心。后疫情时期，高校要积极完善体育课程的心理健康教育以及健康教育内容的设计，通过体育课程加强对学生的身心健康教育，提升体育课程开展的价值。

第二，理想信念教育。我国体育事业在历史洪流中曲折前行，从1932年刘长春"单刀"赴奥运到2008年中国成功举办奥运会，中国人民凭借着坚定的理想和信念，在体育领域赢得了一场又一场没有"硝烟的战役"。在中华人民共和国成立70周年之际，中国女排更是以11战全胜的战绩夺得2019年女排世界杯冠军，向祖国献礼。一部部体育奋进史正在彰显着我国体育健儿用理想信念铸就的体育强国梦。高校体育课程作为向大学生传授体育历史、体育文化、体育知识、体育技能的重要课程，体育教师理应将这些鲜活生动的教育素材通过各种途径展现在体育课堂上，使大学生在体育运动的过程中加深对我国体育事业发展的认识，自觉将个人的发展融入中华民族的伟大复兴的征程中，增强其责任感和使命感。而且，随着我国改革开放向纵深发展，人们在享受着物质充盈带来的幸福感时，也面临着思想上的巨大挑战。尤其是思想比较活跃、对于新生事物有着较强接受能力的大学生，在价值观方面更容易受到外部环境的冲击。因此，借助体育课程感染力强的特点，发挥高校体育课程在加强大学生的理想信念教育方面的作用更是刻不容缓。

第三，爱国主义教育。爱国主义是每一个中国人最真挚、最朴素的深沉情感，是每一位中华儿女最自然的情感流露。《新时代爱国主义教育实施纲要》是中共中央国务院近期印发的重要文件，该文件旗帜鲜明地指出，"培养社会主义建设者和接班人，首先要培养学生的爱国情怀"，这就需要"充分发挥课堂教学的主渠道作用"。在高校体育课程思政开展过程中，要将爱国主义纳入教学的主要内容，加强对大学生的爱国主义教育。因此，体育教师在组织教学活动时，要从体育课程的学科背景出发，积极引导大学生了解新中国成立以来特别是改革开放以来我国在体育事业中取得的伟大成就，培养大学生的爱国之情，砥砺强国之志；要善于通过各种体育教学活动以及典型事迹激发大学生的爱国热情，为爱国主义教育提供强有力的理论支撑。同时，要鼓励大学生把爱国热情转化为强大的学习动力，用扎实的专业知识武装头脑，用日常的实际行动表达爱国之心。

第四，集体主义教育。在高校体育课程思政中开展集体主义教育，就是要引导大学生正确把握集体利益和个人利益的关系，当两者发生冲突时，能够自觉坚持集体利益高于个人利益的原则。作为一种集体性活动，从教学内容到教学形式，从教学方法到教学要求，体育教学都呈现出鲜明的集体性特征，这就要求学生们在参与体育运动时，既要充分发挥个人的力量，也要懂得彼此间的密切配合的重要性，通过共同合作来完成某一活动。在这一进程中，个人与集体、个人与个人之间的认知、态度以及情感，会通过大学生的实际行动表现出来，体育教师的责任就在于运用这些有利的条件和形式，对大学生进行集体主义教育，让大学生在自身参与中自觉树立起团结协作、服从组织、遵守纪律等优良道德品质和作风。

第五，民主法治和组织纪律教育。个体社会化的过程也就是人的社会化的过程，作为社会中的一员，大学生终究要步入社会，成为一个被社会所接纳和需要的人，这就要求其必须掌握一定的行为规范和价值体系，遵守社会生活准则。大学体育是在体育教师的直接组织下进行的一个具有规范性、约束性的社会活动，在课堂教学活动中，大学生不仅要掌握一定的运动技术，更要具备规范意识，遵守各项运动的基本规则。体育教师可以充分借助这样的优势，将民主法治和组织纪律教育融汇其中，让大学生在真实情景体验中理解、感悟社会主义核心价值观所倡导的"自由"、"平等"、"法治"等要义，进一步强化大学生的道德规范意识。同时，在体育教学中，严格贯彻课堂堂规，加强对课堂纪律的管理，如严格执行考勤制度、引导学生自觉爱护公共体育设施等，也是对大学生进行遵纪守法教育和组织纪律教育的必要内容。

第六，奥林匹克精神教育。奥林匹克运动会起源于希腊雅典，展现了人类的文明与进步。法国历史学家、教育家 P. de 顾拜旦对奥林匹克运动有着高度评价，指出，奥林匹克运动会"是由青春、美丽和力量三者所结合而成的"，人们聚集在这里"瞻仰过去并寄望未来"。长期以来，奥林匹克精神更是激励着运动员积极参与体育运动，勇于追求进步并不断超越自我。奥林匹克运动会的会徽由蓝、黄、黑、绿、红五色环圈组成，象征着五大洲的团结，以及全世界运动员的平等、友谊；奥林匹克精神是"公平、友谊、进步"；奥林匹克格言是"更快、更高、更强"，强调"重要的不是胜利，而是参与"。将奥林匹克精神教育纳入高校体育课程思政的教育内容，引导大学生以沉着、勇敢、顽强的毅力克服体育运动过程中生理以及心理负荷所引起的困难，并培养大学生善于处理人际关系的能力，养成尊重对方，关心他人、诚实友善的良好作风，以实际行动弘扬和彰显奥林匹克精神，随之逐步成为大学生的日常行为习惯，不仅丰富了高校体育课程思政的内容，而且有利于在实践参与中进一步规范大学生的道德、作风和行为。

三、高校体育课程思政内容组织的基本方式

为了加强高校体育课程的育人作用，推动高校体育课程思政目标的实现，使大学生在增强体魄的同时也能得到心灵的净化，讲规矩、讲道德、讲品行、讲信仰，扬起理想信念的坚定风帆，就需要对高校体育课程中选择出来的思想政治教育资源进行合理组织，强化其教育效果。20世纪中期，美国著名课程理论专家泰勒就课程内容如何组织的问题，提出了三项基本准则：连续性、顺序性、整合性，对后世课程专著产生了重要影响。

长期以来，我国在课程内容组织方面呈现出了三种常规的方式，即直线式和螺旋式、纵向组织和横向组织、逻辑顺序和心理顺序。但是，由于学科的不同，课程内容组织采取的方式自然也就有所差异。根据体育课程实践性强的特点，在组织高校体育课程思政内容时，应注意以下几个方面。

第一，螺旋式为主、直线式为辅的组织方式。开展高校体育课程思政，不以让大学生掌握理论、概念以及原理等抽象的内容为主要目标，而是让大学生在掌握身体锻炼方法以及增强体魄的同时，通过体育课程中所蕴含的思想政治教育因素的熏陶，提高自身的思想道德素质，加强对主流意识形态的认同，积极投身于社会主义现代化建设事业的洪流中。因此，要结合体育教学过程中，教学环境比较开放、教学空间比较宽阔，而且教师和学生始终处于运动状态等体育课独有的特点，对于具有锻炼价值以及蕴含品格塑造、思想引领的内容，要循环往复的加以练习，采用螺旋式的方式来组织课程内容，以达到良好的教育效果。比如，通过日常的体能训练项目，培养大学生不怕苦、不怕累、勇于坚持等良好的心理品质；通过团体合作项目（如：羽毛球、篮球、体操等），加深大学生对合作精神、集体意识的认识；通过运动实践中角色的分工，使大学生正确认识自己职责，增强其责任感、使命感。而对于体育课程中所涉及到的体育运动项目的历史发展过程等方面的理论知识，体育教师则可以采用直线式的组织方式传递给学生。

第二，横向组织和纵向组织相结合的组织方式。高校体育课程思政是以高校体育课程为载体，以课程中所承载的思想政治教育资源为内容所开展的教育实践活动，这就要采取横向组织的方式，打破学科间的界限，将学校体育活动和思想政治教育联系起来，实现二者之间的融合，倡导大学生强体魄、树理想、讲道德、有文化、守纪律，为大学生关注社会、融入社会提供更多的机会。同时，在安排课程内容时也要注意课程要素的纵向衔接性。大学期间，由于学生们在每个学期都会有不同的体育学习内容，这就要求体育教师要加深对各个体育运动项目的纵向衔接的研究，在课程内容的安排上要注重各学期课程内容中所涉及的思想政治教育资源的相互联系。只有在课程内容的安排上构建一个纵横连接的整体网络系

统，高校体育课程思政的开展才能取得预期的效果。譬如，在课程设置上，要注意个人技能类课程与群体技能类课程的衔接，使大学生既能正确认识自己的价值，又能懂得团结协作、尊重他人的重要性。

第四节 高校体育课程思政实施设计

一、高校体育课程思政实施的基本原则

第一，实事求是的原则。在探索国民振兴的道路上，毛泽东同志言简意赅地指明了实事求是的内涵，指出："'实事'就是客观存在着的一切事物，'是'就是客观事物的内部联系，即规律性，'求'就是我们去研究"。在高校体育课程思政实施过程中坚持实事求是的原则，就是要立足体育教学的实际情况以及大学生的思想状况开展课程思政，努力探求体育课程中的思想政治教育元素，探寻出开展高校体育课程思政的客观规律，从而提升高校体育课程思政的时效性。一方面，体育教师要树立强烈的育人意识和责任意识，深入挖掘、了解、把握高校体育课程中所蕴含的思想政治教育元素，在体育教学活动中，以教学内容为基础，以教学内容中孕育的思想观念为依据，将体育教学活动和大学生的思想实际、生活实际紧密联系起来，在体育活动中加深大学生对社会主义核心价值观的认同和践行，既不偏离体育教学的范围，又能提升大学生的思想认知水平。另一方面，体育教师要坚持与时俱进，善于用发展的眼光看问题，自觉关注社会发展以及有关体育教学内容的热点、焦点问题，要根据社会发展、体育课程改革需要以及大学生的发展状况，及时调整教学内容、教学方法以及教学手段，推动高校体育课程思政实践活动的常变常新。

第二，潜移默化的原则。古人云："人在少年，神情未定，所与款狎，熏渍陶染，言笑举动，无心与学，潜移暗化，自然拟之。"坚持潜移默化的原则，就是要在体育教学活动中，采用渗透式的教育方式，使大学生的心灵与情操在不知不觉中受到感染与熏陶，实现思想内化和行为外化相统一。这就要求高校体育课程思政在开展过程中，要构建积极和睦的教学环境。一是体育教师在教学过程中要积极与大学生交流沟通，及时解决大学生在体育运动中遇到的心理或者身体上的难题，通过这样的人性关爱方式，激励大学生在参与体育运动时要时常保持乐观向上的心态，用运动的热情点燃大学生参与体育运动的激情。二是要借助体育课堂的开放性和实践性，通过分组练习拉近教师与学生、学生与学生的距离，使大学生在体育活动中自觉养成互帮互助、文明礼貌、诚实守信等习惯。三是发挥校园体育文化对大学生的思想和行为所产生的积极作用，通过校园体育文化的"无言

之教"，向大学生传递体育课程中所蕴含的爱国主义、集体主义、荣辱观等内容，达到"随风潜入夜，润物细无声"的效果。

第三，言传身教的原则。以身作则，行为世范，是开展高校体育课程思政必须遵守的基本原则。体育教师作为高校体育课程思政的直接组织者，其教学态度、教学作风、教学技能、言语表达能力以及日常外表形象等，对大学生有着直接的吸引力。大学体育教师在教学工作中无私奉献，以实际行动展现其对社会主义核心价值观的维护与践行，能够对大学生产生极大的影响力和感染力。坚持言传身教的原则，就是要求大学体育教师在开展课程思政的过程中，能够以身作则，自觉做到言行合一。一是体育教师要不断加强政治理论的学习，提升自己的内在修养，在体育教活动中向大学生传递正能量，将主旋律教育贯穿于丰富多彩的体育教学活动中，使大学生在体育课堂上既能够掌握运动技能，也能够形成健康的心理状态和高尚的道德情操。二是体育教师要言行一致，自觉践行所提倡的思想和价值观念，遵守课堂堂规和运动规则，以严明的纪律约束自己的行为，以规范的动作为大学生做示范，以尽职尽责的态度影响大学生的言行。

第四，循序渐进的原则。"不积跬步，无以至千里；不积小流，无以成江海"。人的道德品质的形成有一个循序渐进的过程，这就决定了高校体育课程思政的开展要达到预期的目的，就需要有一个量的积累的过程，就要尊重大学生的思想品德形成和发展的规律，从而达到"积跬步"、"至千里"，"积小流"、"成江海"的效果。因此，在体育教学活动中，体育教师要根据体育教学内容，做好思想政治教育元素的积极引导工作，把思想政治教育信息和体育运动项目衔接起来，通过语言表达或者行为模仿等方式，引导大学生在体育运动过程中逐渐提升情感认知，形成正确的价值观念。

二、影响高校体育课程思政实施的因素

高校体育课程思政实施就是把高校体育课程思政的计划付诸于高校体育课程教学实践的过程，是迈向成功的体育课程改革和提高体育课程育人水平的重要保证，是实现高校体育课程思政目标的最基本的途径。但是，在具体的实施过程中，存在着很多影响课程思政实施的因素。美国著名学者帕森（J. L. Patterson）指出，教师的专业发展、课程改革策略的运用以及课程实施的计划是影响课程实施的三个主要因素。我国学者陈侠认为，学生、教师、教科书、教学设备是影响课程实施的主要因素。

汲取国内外学者的研究经验以及高校体育课程思政开展的要求，影响高校体育课程思政实施的主要因素有：

大学体育教师的特征。大学体育教师作为高校体育课程思政实施的核心，是

引导高校体育课程思政成功实施的决定性力量。大学体育教师对高校体育课程思政实施的影响主要表现在以下几个方面。第一，大学体育教师的态度。体育教师在体育教学中具有一定的自主权，对待这种自主权，有的体育教师会采取开放、积极地态度，自觉关注课程思政教育理念，并乐于探索体育课程中课程思政的融入路径，还有一部分体育教师在面临新的教育理念时，则缺乏热情和活力，采取了封闭式的态度，既不愿意借鉴别人在开展课程思政教学活动中的经验，也不愿意在教学组织中尝试开展课程思政，这就严重影响了高校体育课程思政的实施。第二，大学体育教师的能力。高校体育课程思政的实施对大学体育教师提出了更高的要求——扎实的专业知识、高尚的道德品质、较强的科研能力、强烈的责任意识等。但是，每个体育教师的知识才能、组织能力是不同的，这就致使那些有能力开展高校体育课程思政的老师在课程实施中"如鱼得水"，反之则"步履维艰"。第三，体育教师间的合作。体育课程中涉及的运动项目丰富多样，如果开展不同运动教学的体育教师能够互相学习，积极交流、彼此配合，广泛合作，高校体育课程思政的实施便增加了更多的成功机会。

大学生的特征。在高校体育课程思政开展过程中，大学体育教师起着引导大学生将感知、思维和实践紧密结合在一起的主导作用。但是，体育教师的主导作用只是高校体育课程思政实施中的一个方面，如果没有大学生的积极配合，不仅体育教师的主导作用难以发挥，高校体育课程思政的目标也无从实现。作为高校体育课程思政开展过程中的学习主体，大学生在这一过程中的主体性不容忽视。第一，大学生的能动作用。在高校体育课程思政开展过程中，需要体育教师精心组织教学活动，也需要大学生的积极参与和主动配合。如果大学生在这一过程中抱着"不作为"的态度，只是消极、被动地接受体育教师的教育，高校体育课程思政的实施自然无法正常进行。第二，大学生的评价反馈作用。高校体育课程思政实施的过程也是也就是体育教师和学生双向交流信息的一个互动的过程。在这个过程中，体育教师需要借助多样的传播媒介对大学生进行行为引导，指引大学生在体育锻炼中增强自我的思想道德素养，大学生将其内化并在自身的言行中表现出来，如大学生的学习态度、遵守纪律的状况、与同学相处的状况等。体育教师通过这样的反馈信息能够及时进行教学反思，并做出适当的调整，从而保证高校体育课程思政能够产生良好的教育效果。因此，大学生是高校体育课程思政实施过程中的根本因素。

学校的特征。学校是落实课程思政教育理念的重点单位，高校体育课程思政的成功实施离不开学校的领导、管理、配合。第一，学校的环境。高校体育课程思政的实施需要一定的教学设备、教学资料等物理环境和蕴含在校园中的校风、学风等心理环境的支撑。如果高校积极完善体育教学设备，注重体育课程在育人中的重要作用，对于高校体育课程思政的实施则具有积极地正面意义。第二，学校的支持机制。一是要加强对大学体育教师的针对性、系统性培训，帮助体育教师积极转变观念，提高其投身体育课程改革的热情，不断提升体育教师的政治觉悟、思想高度、育人意识。二是要为体育教师参观学习提供人力和活动上的支持，通过"请进来"和"走出去"相结合的方式，帮助体育教师解决课程思政实施过程中的困难。

高校体育课程思政本身的特征。高校体育课程思政本身的一些特征也是影响高校体育课程思政实施的不可忽视的因素。第一，高校体育课程思政的可行性。高校体育课程思政能否顺利实施，取决于它是否满足大学生全面发展的需要、能否能被体育教师所认可、接受、操作，是否符合当前体育课程教学实践的需要。第二，高校体育课程思政的复杂性。如果高校体育课程思政的开展过于复杂，增加了体育课程教学的难度，或者是在教学过程中对于如何将运动中所孕育的思想政治教育因素传递给大学生上存在转化的困难，甚至不易被体育教师所理解，也不利于高校体育课程思政的实施。

三、高校体育课程思政实施的基本要求

高校体育课程思政实施的过程也就是高校体育课程思政的教学过程。为改变当前高校体育课程中存在的重技术动作讲授、轻精神价值引领；重运动技巧的训练、轻理论知识的教育等现实问题，作为高校体育课程开展的主要组织者，体育教师在高校体育课程思政实施的具体教学活动中，要注意以下几点要求：

第一，紧扣体育锻炼加强对大学生精神的塑造。开展各项体育运动项目的训练，是我国高校体育课程的主要教学形式，体现了体育课程实践性强的显著特征，对于增强大学生体魄、提升其运动技能具有非常重要的作用。但是一味地进行简单、枯燥的运动训练而导致体育精神教育的缺乏，无异于遗失了体育的真谛。反之，在体育教学活动中，既注重体育锻炼，鼓励大学生积极参与体育运动，又能够及时挖掘体育运动中所孕育的公正、公平、团结、进步、吃苦耐劳、勇于拼搏等体育精神，微观上，能够提升大学生的道德水准，增强大学生的文明素养；宏观上，能够进一步提升学校的办学质量，带动社会的发展。

第二，紧扣体育理论向大学生教授相关知识。体育理论作为高校体育课程中不可缺少的一部分，是大学生从理性层面认识体育开展的意义以及价值的重要方式。然而，由于体育学时较少、体育课程内容单调等原因，当前我国体育教学中，对于体育理论课的安排，可以说是屈指可数，不仅切断了体育教学过程中内容拓展的渠道，而且容易造成大学生在体育运动发展知识、人体健康知识等知识层面的断层。紧扣体育理论向学生传授体育相关知识，不仅可以解决体育教学中重技

术轻理论的现实问题，还有助于大学生掌握科学的运动与健康知识，指导大学生顺利开展体育锻炼。譬如，在当前疫情袭扰学生正常的学习计划的特殊时期，体育教师可以通过"云教育"，积极向学生宣传防疫、抗疫常识，鼓励学生通过适当的体育锻炼增强自身免疫力，与病毒作斗争。

第三，紧扣体育历史积极向大学生传播优秀体育文化。我国体育发展有着悠久的历史，蕴含着优秀的文化印记。从原始社会时期，人们为生存而进行的求食和攻防活动，到奴隶社会时期，孔子在兴办私学时提倡的六艺教育以及流传至今的不朽名作《孙子兵法》，再到封建时期蹴鞠、舞蹈、武术等娱乐性、健身性体育项目的兴起等等，均体现了一定历史时期的文化知识以及文化现象，也反映了体育、德育、美育之间的紧密联系。可以说，体育历史折射着文化的缩影，是对大学生开展道德教育和审美教育的不可忽视的内容和载体，是高校体育课程思政教学活动中不可缺少的部分。

第四，紧扣体育强国梦筑牢大学生理想信念的基石。实现伟大复兴的中国梦离不开体育强国梦的支持。2014年索契冬奥会上，习近平总书记在看望中国体育代表团时，鼓励奥运健儿要"把个人梦和体育强国梦汇入到实现中国梦的伟大奋斗中"。在后来的讲话中，习近平总书记也曾着重强调，"体育承载着国家强盛、民族振兴的梦想"。中国从"东亚病夫"中崛起，继而努力实现从"体育大国"到"体育强国"的蜕变，这不仅仅是体育赛场上运动健儿荣耀的绽放，更是一个国家综合实力的彰显、民族精神的弘扬、人民健康的体现。因此，在高校体育课程思政中紧扣体育强国梦，引导大学生深刻理解习近平总书记关于"体育强则中国强"、"中国梦"等重要论述，增强大学生的民族观、国家观、责任感、使命感就显得尤为重要。

第五节　高校体育课程思政效果评价设计

一、高校体育课程思政效果评价的原则

为保证对高校体育课程思政开展状况的评价的效果，提高对高校体育课程思政开展状况的评价的质量，在对高校体育课程思政进行评价时应坚持客观性、全面性、发展性、多样性的原则。

客观性原则，是指评价者，即院校领导、体育教师、大学生在对高校体育课程思政进行评价时，应尽可能地保证所获取信息的准确性、全面性，要基于高校体育课程思政开展的真实情况，以实事求是的态度做出客观、真实的评价，避免主观色彩的干扰。譬如，在对高校体育课程思政的实施效果进行评价时，既要实

事求是地了解大学生在认知、情感、行为方面的变化,也要综合考察体育教师的职业道德、授课能力、教学备课情况等,不能主观臆断,也避免掺杂个人的主观情感,在对相关信息的准确掌握的基础上再做出正确的判断和评价。

全面性原则,即在对高校体育课程思政进行评价时,要涵盖高校体育课程思政计划的各个环节、各个阶段。既要对高校体育课程思政的宏观层面进行评价,也要对高校体育课程思政的微观层面进行评价。

发展性原则,是指对高校体育课程思政进行评价,目的是为了调动体育教师开展育人工作的积极性,促进大学生的进一步发展,从而推动高校体育课程思政的顺利开展,而不是为了找差距、划等级。正如布卢姆所说:评价不是一种进行选择的工具,而是为了改进教学、促进个体的发展。比如,通过学院领导检查、考核方式,督促体育教师充分挖掘体育运动中的教育因素,并在课堂教学中对大学生进行爱国主义、集体主义的引导,肯定课堂教学的成功之处,对于潜在问题提出可行的解决方案。这在促进大学生的自我发展,提高体育教师教学能力的同时,也助力于高校体育课程思政开展质量的提高。

多样性原则,是指对高校体育课程思政评价时,为了确保评价的科学性,增强评价结果的说服力,要善于采用多样的评价方法和手段。既要重视他人评价,也要重视自我评价;既要开展定期性评价,也要配之以经常性的评价。

二、高校体育课程思政效果评价的内容

在设计高校体育课程思政评价时,确定要评价的范围是什么,十分必要,有助于信息的收集和分析。根据课程评价的相关理论,从两个层面对高校体育课程思政评价的内容加以考察。

宏观层面。这主要涉及对高校体育课程思政计划和实施成效的评价。高校体育课程思政计划和实施成效的评价是依据高等教育的总目标和高校体育课程标准,对大学开发和实施高校体育课程思政的情况进行的评价。其目的是为了更加深入地了解高校体育课程思政开发和执行的科学性和可行性;总结经验,发现高校体育课程思政实施中存在的需要改进的环节,促进高校体育课程思政的不断完善。高校体育课程思政计划的主要评价内容应该包括:(1)高校体育课程思政计划是否符合教育培养目标、是否与社会发展要求相适应;(2)高校体育课程思政计划是否有利于促进大学生的全面发展;(3)是否制定了高校体育课程思政的规范性文件,如教学计划等;(4)是否建立了挖掘和运用高校体育课程中蕴含的思想政治教育资源的长效机制;(5)高校体育课程思政效果的评价,主要包括对大学生学习效果的评价(大学生的体能、心理素质、价值取向、社会适应性等)和体育教师教学效果的评价(体育教师的专业素质和课堂教学情况);(6)高校体育课程

思政实施保障状况，包括体育教师的师资配备及培训、校园体育文化建设、体育场所及体育设备，等等。对这些方面的评价所获取的评价反馈，对于解决高校体育课程思政的潜在问题，促进高校体育课程思政的持续性发展具有积极作用。

微观层面。这主要涉及对高校体育课程思政目标的评价、内容的评价、实施的评价。高校体育课程思政目标是高校体育课程思政开展的起点、方向、蓝图，是衡量高校体育课程思政实施效果的准绳。对高校体育课程思政目标进行评价，主要是为了判断其目标是否符合大学生成长需求，能够促进大学生的进一步发展，是否和国家的教育宗旨以及学校的培养目标相一致，是否科学、可行，在通过一定的努力之后能够实现。通过科学全面的评价，发现存在于高校体育课程思政计划中的问题，并加以改进，这对于制定正确而有效的高校体育课程思政目标以及高校体育课程思政的实施，都具有重要作用。高校体育课程思政内容是指为高校体育课程思政服务的主要资源。对高校体育课程思政内容进行评价，主要是判断其选择的内容是否符合体育课程标准以及主流价值观的要求，是否能够彰显课程思政的教育理念和高校体育课程的价值，对课程内容横向、纵向组织的安排是否科学合理。对高校体育课程思政实施的评价，不仅要考察实施的结果，还要着重对高校体育课程思政的教学过程进行评价。通过全面记录高校体育课程思政实施的过程，发现影响高校体育课程思政实施的有利因素和不利条件，在反馈的基础上对高校体育课程思政的实施不断加以调整和完善，有利于推动高校体育课程思政目标的实现。

三、高校体育课程思政效果评价的指标

大学体育是构成我国高等教育有效课程配置的必然组成部分，为推动高校体育课程思政的顺利开展，需要构建一整套与学校体育教学工作相吻合的高校体育课程思政评价指标体系，多角度、多渠道对高校体育课程思政的教学工作进行督导，注重高校体育课程思政教学效果的有效性提升。

纵观我国目前在教学督导过程中存在的重形式、轻内容；只"督"不"导"等常见问题，不难发现，这些问题的存在，究其原因，还在于督导体制的不科学、督导规范的不成熟、督导标准的不明确。因此，高校体育课程思政评价指标体系的建立，不仅要在强化督导队伍上下功夫，更要严把评价指标的细节关，落实到具体操作维度上，就要从"5个维度、15个指标"加以评估。

需要明确的是，高校体育课程思政评价指标体系的建立，是结合体育课程以及课程思政的特征，在原有的课程评价指标体系的基础上建立起来的，而并非脱离了原有的框架另辟蹊径。维度一是途径。教育者自身的素质是大学体育教师开展课程思政，实现育人目标的最基本的要素；教学方法作为传递教育信息的重要

渠道，是实施高校体育课程思政教学过程中不可缺少的环节；而在教学过程中要把握育人方向，就必须掌握先进教学理念。维度二是工具。高校体育课程思政的开展不是对学生进行纯粹的思想政治理论教育，也不是单纯地传授运动技巧，而是通过体育课堂中的运动内容，潜移默化地引导大学生提升道德素养，既要提升大学生对于体育学科知识的认知，提高大学生的身体素质，也要通过体育运动培养大学生的体育精神。维度三是关键。从思想引领的视角出发，引导学生形成正确的三观，这是实施课程思政必须关注的层面。维度四是核心。着重强调大学生身心及人格素养的培育，既符合体育学科的特征，又明确了课程思政的目标。维度五是目标。指明了高校体育课程思政的最终目标，是回归于社会主义的和谐稳定。

参考文献

[1] 王道斌.高校体育教学中篮球教育的现状与创新——评《现代高校篮球教学理论与方法研究》[J].中国高校科技，2022，(3)：16-16

[2] 陈鹏，卢德林.互联网背景下高校体育教学模式创新理念分析——评《体育教学的信息化教学理论与实践研究》[J].科技管理研究，2022，42（1）：5-5

[3] 万忠玉.基于多元智能理论的高校体育教学路径探析——评《体育教学与模式创新》[J].教育发展研究，2021，(11)：1-1

[4] 韩燕.互联网背景下高校体育教学模式创新理念分析——评《体育教学的信息化教学理论与实践研究》[J].中国油脂，2021，(8)：38-39

[5] 王道平."互联网+"背景下高校体育教学创新发展研究[J].当代体育科技，2021，11（16）：107-109

[6] 银小芹."互联网+"背景下的高校体育教学改革探索[J].创新创业理论研究与实践，2020，(7)：44-45

[7] 王永良，雷莉莉，黄凯轩.供给侧结构视域下石家庄高校优质体育课程资源共享机制[J].农家参谋，2020，648（5）：256-256

[8] 庆郭."课程思政"理念融入高校体育课程的途径分析[J].教学方法创新与实践，2021，4（1）：14-14

[9] 王国军，王士雄.地方本科高校体育专业教师教学能力评价方法探讨[J].创新创业理论研究与实践，2020，3（10）：174-175

[10] 张玉龙.高校体育教学发展现状及改革措施研究[J].哈尔滨职业技术学院学报，2020，(1)：43-44

[11] 程瑾.体育舞蹈专业课程思政与创新思维融合育人之内涵解析[J].教育科学发展，2021，3（8）：167-169

[12] 国翠翠，王雅静.高校体育教学方法与创新教育的探讨和研究[J].教

育研究，2022，5（2）：54-56

[13] 沈兆鑫，赵富学.行动者网络理论视域下高校体育课程思政建设研究[J].沈阳体育学院学报，2023，42（3）：40-47

[14] 智永红，姜艳.创新体育教学模式构建新型师生关系——评《新时代高校体育教学理论解析与模式创新研究》[J].山西财经大学学报，2022，44（11）：1-1

[15] 胡伟.以人为本的教育理念在高校体育教学中的应用实践——评《新时代高校体育教学理论解析与模式创新研究》[J].科技管理研究，2022，42（9）：13-13

[16] 兰文军，吴芳.终身体育理念下高校体育教育理论与实践创新——评《高校体育教育创新理念与实践教学研究》[J].教育理论与实践，2022，42（30）：3-3

[17] 蔡林林.基于多元智能理论的高校体育教学——评《体育教学与模式创新》[J].中国教育学刊，2022，(3)：36-36

[18] 蔺浩，刘勇.基于多元智能理论的高校体育教学的路径探析——评《体育教学与模式创新》[J].教育发展研究，2020，40（20）：3-3

[19] 张立双.高校体育理论课程教学与实践教学探析——评《体育教学与模式创新》[J].人民长江，2023，54（4）：8-8

[20] 邓伟涛，孙玉林.新媒体视域下的高校体育教学创新——评《新媒体视阈下大学体育理论与实践》[J].皮革科学与工程，2022，32（6）：5-5

[21] 文沫霏.体育理论教学与实践活动研究——评《体育教学与模式创新》[J].教育理论与实践，2020，40（8）：2-2

[22] 张瑞先.基于创新教育理念的高校体育教学方法的理论与实践探究[J].冰雪体育创新研究，2021，(9)：136-137

[23] 王龙龙.基于创新教育理念的高校体育教学方法的理论与实践探究[J].青少年体育，2020，(2)：100-101

[24] 孟丽娜.运用CBE教学理论对应用型高校体育教学模式创新研究[J].田径，2021，(7)：18-20

[25] 赵东明.多元智能理论视域下高校体育专业网球教学理念创新及评价机制优化研究[J].体育科技，2020，41（6）：139-140

[26] 张柏铭.高校体育理论课程教学与实践教学探析——评《体育教学与模式创新》[J].中国教育学刊，2022，(9)：1-1

[27] 徐海峰.新时代背景下高校体育实践教学优化路径——评《体育教学新论》[J].教育理论与实践，2022，42（14）：3-3

[28] 周遵琴.有效教学理论在高校体育教学中的应用 [J].内江科技，2020，41（1）：51-52

[29] 陈姜华.高校体育舞蹈教学创新发展研究 [J].教育理论与实践，2020，40（21）：62-64

[30] 孙楚宁.多媒体技术在高校体育教学中的应用研究 [J].灌篮，2021，（1）：69-69

[31] 李立志."课程思政"视域下高校体育课程与思政教育协同育人路径研究 [J].休闲，2021，（7）：1-1

[32] 王合霞，文唐亮.新时期高校体育教学训练与教育创新研究——评《高校体育教学创新方法论》[J].中国高校科技，2022，（10）：11-11

[33] 彭艳霞."北冰南移"发展理念下我国高校冰雪体育教学发展路径研究 [J].冰雪体育创新研究，2022，（10）：31-33

[34] 姚文超.立德树人理念下高校体育教学环境的营造与优化 [J].豫章师范学院学报，2022，37（2）：44-48

[35] 亚力昆·赛依都.冰雪运动进校园背景下高校体育教学困境与优化路径 [J].冰雪体育创新研究，2022，（1）：28-30

[36] 周斌.高校体育课外活动同课堂教学的有机结合探讨 [J].创新创业理论研究与实践，2020，（12）：18-19

[37] 马越，汪现义，雍彤韬.高校体育专业《游泳》课程教学改革研究 [J].创新创业理论研究与实践，2021，（16）：24-26

[38] 王丛.基于"互联网+"背景下高校体育翻转课堂的研究 [J].创新创业理论研究与实践，2020，（17）：141-142

[39] 蔡小璇.高校体育课程教学创新实践分析——以街舞为例 [J].速读，2021，（4）：171-171

[40] 郭美娟.终身体育背景下的高校体育教学改革创新研究——评《高校体育教育：终身体育背景下的改革与发展》[J].中国高校科技，2021，（10）：14-14

[41] 王明慧，黄多.课程思政背景下高校公共体育教学创新研究 [J].运动-休闲：大众体育，2020，（12）：1-2

[42] 张紫薇.文化创新与传承背景下高校体育教学改革研究 [J].汉字文化，2020，（3）：160-161

[43] 曹林铎，张济琛.高校体育理论课"金课"建设研究 [J].文体用品与科技，2022，（2）：86-88

[44] 刘波，傅鸿浩.教育信息化背景下普通高校在线体育教学实践与展望 [J].创新人才教育，2021，（1）：16-22

[45] 谭小丰，宋名芳."互联网+教育"背景下高校体育专业排球教学模式创新路径研究［J］.湖南工业大学学报：社会科学版，2020，25（2）：123-128

[46] 张孛伊.我国普通高校体育教学改革中的问题与思考［J］.冰雪体育创新研究，2020，（3）：37-38

[47] 刘莹.高校体育教学中开展拓展训练的意义——评《大学体育教育理论知识与运动实践研究》［J］.中国高校科技，2020，（6）：109-109

[48] 赵春燕，李燕飞.基于网络教学环境下的高校体育课现状与改进措施研究［J］.冰雪体育创新研究，2020，（12）：33-34

[49] 上官福忠.普通高校体育教学改革的理论与实践研究［J］.当代体育科技，2020，10（14）：177-178+180

[50] 郭利利.教育思想在高校体育教学中的应用研究——评《高校体育教育创新理念与实践教学研究》［J］.教育理论与实践，2021，41（36）：3-3

[51] 郑原.高校体育课程思政建设路径分析——评《新时代高校课程思政教学创新研究》［J］.科技管理研究，2022，42（17）：13-13

[52] 游松辉.体育强国建设背景下高校足球教育的创新与实践［J］.食品研究与开发，2020，395（22）：254-254

[53] 赵丹.高校体育文化教育创新策略与发展方向研究——评《高校体育文化教育研究》［J］.中国学校卫生，2020，41（2）：1-1

[54] 张杨生.高等院校体育教学改革的现状与目标思考——评《新时期体育教育理论与实践新探》［J］.科技管理研究，2021，41（17）：13-13

[55] 邱红武.高校体育信息化教学管理探析——评《体育教学的信息化教学理论与实践研究》［J］.科技管理研究，2020，40（13）：255-255